深圳市十二号线轨道交通有限公司
SHENZHEN LINE 12 RAIL TRANSIT CO., LTD.

政府和社会资本合作（PPP）模式下城市轨道交通建设管理创新与实践

——深圳市轨道交通 12 号线 PPP 项目建设期管理成果总结

傅思良　黄抗强　刘锦辉　黄　武
程治纲　巫建平　王杰燃　　　　编著

西南交通大学出版社
·成　都·

图书在版编目（CIP）数据

政府和社会资本合作（PPP）模式下城市轨道交通建设管理创新与实践：深圳市轨道交通 12 号线 PPP 项目建设期管理成果总结 / 傅思良等编著. -- 成都：西南交通大学出版社，2024.9. -- ISBN 978-7-5774-0095-2

Ⅰ.F532.6

中国国家版本馆 CIP 数据核字第 20247GW713 号

Zhengfu he Shehui Ziben Hezuo（PPP）Moshi xia Chengshi Guidao Jiaotong Jianshe Guanli Chuangxin yu Shijian ——Shenzhen Shi Guidao Jiaotong 12 Hao Xian PPP Xiangmu Jiansheqi Guanli Chengguo Zongjie

政府和社会资本合作（PPP）模式下城市轨道交通建设管理创新与实践
——深圳市轨道交通 12 号线 PPP 项目建设期管理成果总结

傅思良　黄抗强　刘锦辉　黄　武　程治纲　巫建平　王杰燃　编著

策 划 编 辑	韩　林
责 任 编 辑	孟秀芝
助 理 编 辑	赵思琪
封 面 设 计	墨创文化
出 版 发 行	西南交通大学出版社 （四川省成都市金牛区二环路北一段 111 号 西南交通大学创新大厦 21 楼）
营销部电话	028-87600564　028-87600533
邮 政 编 码	610031
网　　　址	http://www.xnjdcbs.com
印　　　刷	四川煤田地质制图印务有限责任公司
成 品 尺 寸	185 mm × 260 mm
印　　　张	12.75
字　　　数	300 千
版　　　次	2024 年 9 月第 1 版
印　　　次	2024 年 9 月第 1 次
书　　　号	ISBN 978-7-5774-0095-2
定　　　价	89.00 元

图书如有印装质量问题　本社负责退换
版权所有　盗版必究　举报电话：028-87600562

编写委员会

主 编：傅思良　黄抗强　刘锦辉　黄　武

　　　　程治纲　巫建平　王杰燃

副主编：王明月　万定勇　张江尧　钟南杰

参 编：（按姓氏笔画排序）

马　力　王新宇　占汶之　卢天恩

田国豪　刘成东　刘启洋　许鸿凯

杨乃倩　杨树雄　杨家智　肖　欣

吴　越　吴贞桢　吴绍华　吴俊婷

汪材林　张　燕　张文瑞　张清林

张漪寒　陈力楠　陈佑鸿　陈佰佳

林映彬　周大治　周玲珑　庞冠竣

郑育平　钟东海　钟威信　姚国如

秦　艳　陶　琨　曹　雯　梁　珂

赖义坚　谭　婷　魏健明

深圳地铁 12 号线 PPP 项目是深圳市政府在特区成立四十周年之际，为推进中国特色社会主义先行示范区和粤港澳大湾区"双区"建设，通过公开招标引进专业化社会资本在城市轨道交通工程的首批试点项目。采用 PPP 投融资模式，引入市场竞争机制，充分发挥社会资本的专业分工优势，为深圳市轨道交通领域引进先进的管理技术和经验，是轨道交通投融资机制的改革创新。同时与社会资本签订特许经营协议，构建切实有效的线路运营考核评价机制，有助于降低政府财政压力，进一步推广全生命周期单线核算模式，科学评估轨道线路运营质量，提高城市轨道交通运营管理水平和服务能力，提升城市轨道交通设施的运行效率、经济效益和社会效益。

2020 年 11 月 27 日，深圳市十二号线轨道交通有限公司由深圳市特区建设发展集团有限公司、深圳市地铁集团有限公司与中国电力建设股份有限公司共同出资正式成立，负责深圳地铁 12 号线 PPP 项目的投资建设、运营管理和维护、资产更新及追加投资等业务。

公司在推进 PPP 项目实施过程中，秉承"政府好的典范、股东好的回报、乘客好的体验、员工好的归属、行业好的标杆"的"五好"经营宗旨，秉持"资源共享、优势互补、诚实守信、合作共赢"的发展理念，规范合同管理、科学筹划资金、完善管理制度、严控工程质量安全、精细化制定运营管理方案，深圳地铁 12 号线于 2022 年 11 月正式开通运营，为总结建设期各项工作的成功经验，特组织团队编制《政府和社会资本合作（PPP）模式下城市轨道交通建设管理创新与实践》，希望此书经验总结对深圳和国内其他城市的 PPP 城市轨道交通建设有所裨益。

作 者
2024 年 7 月

目录 CONTENTS

第一篇　项目概述及背景

第一章　城市轨道交通行业 PPP 项目概述 ……………………… 002
第一节　PPP 模式含义 …………………………………………… 002
第二节　国内城市轨道交通 PPP 项目发展现状 ………………… 003
第三节　城市轨道交通 PPP 模式发展趋势 ……………………… 008

第二章　深圳市轨道交通 12 号线 PPP 项目实施背景 ………… 009
第一节　深圳市轨道交通 12 号线 PPP 项目实施可行性 ……… 009
第二节　深圳市轨道交通 12 号线 PPP 项目概况 ……………… 011

第二篇　项目经营管理

第三章　PPP 项目经营发展总体设计 …………………………… 018
第一节　治理体系建设策划 ……………………………………… 018
第二节　规章制度体系建设 ……………………………………… 022

第四章　项目公司成立及政企合作关系管理 …………………… 024
第一节　项目公司成立 …………………………………………… 024
第二节　项目公司内部运作机制 ………………………………… 026
第三节　PPP 项目合同履约管理 ………………………………… 028

第五章　项目公司内部管理体系建设 029
- 第一节　项目公司企业文化融合应用 029
- 第二节　项目公司组织架构与薪酬体系 032
- 第三节　项目公司人才育成建设 036
- 第四节　1+4+N 合约管理体系建设 049
- 第五节　行政后勤服务与赋能 059

第六章　PPP 投融资模式探索 065
- 第一节　融资规划 065
- 第二节　会计核算新模式 067
- 第三节　财务管理经验 069

第七章　商业管理模式探索 070
- 第一节　地铁商业的发展现状 070
- 第二节　PPP 运作模式下的商业管理 072

第三篇　建设管理

第八章　关键合同管理实践 080
- 第一节　依托深铁建设的建设管理模式探索 080
- 第二节　"站前站后一体化"的施工管理探索 083
- 第三节　PPP 模式下的设计承继模式探索 087
- 第四节　PPP 模式下的监理管控探索 089

第九章　PPP 模式下成本管理 093
- 第一节　PPP 模式下设备成本节约 093
- 第二节　新技术应用及科研创新 097

第十章　建设工程管控 115
- 第一节　建设工程安全管控 115
- 第二节　工程进度管控 123
- 第三节　PPP 模式下施工质量一体化管控实践 131

第十一章　工程接口管理 …………………………………… 133
　第一节　A、B 部分中间交接管理 ………………………… 133
　第二节　基于 PPP 模式的政府专项验收组织分析 …………… 142

第四篇　运营筹备管理

第十二章　建设运营一体化模式探索及运作方案实施落地 …… 148
第十三章　资源共享降本提效 ………………………………… 155
第十四章　委外项目运作管理 ………………………………… 167

附　录 ……………………………………………………… 190
参考文献 …………………………………………………… 194

01

第一篇

项目概述及背景

第 一 章
城市轨道交通行业 PPP 项目概述

第一节　PPP 模式含义

PPP 即公私合营关系，是由政府部门引入社会资本，由政府部门和社会资本进行合作的一种开发模式。广义的 PPP 融资模式包含 BT、BOT、OT、TOT、TBT 等类似的多种模式，具体含义见表 1-1-1。上述几种方式均属于 PPP 融资模式的衍生模式，合同的包装方式略有不同，但是融资模式的核心内容都是公私合营性质。

表 1-1-1　融资模式含义

融资模式	英文全称	含义
PPP	Public-Private-Partnership	公私合营
BT	Build-Transfer	建设-移交
BOT	Build-Operate-Transfer	建造-运营-移交
OT	Operate-Transfer	运营-移交
TOT	Transfer-Operate-Transfer	移交-经营-移交
TBT	是 TOT 模式与 BOT 模式的融资方式组合，TOT 的实施是辅助性的，以 BOT 模式为主	

第二节　国内城市轨道交通 PPP 项目发展现状

近年来，我国各大城市轨道交通建设借助 PPP 模式探索解决在建设成本、运营补贴、服务创新方面所面临的瓶颈束缚，并以此为契机，逐步转变轨道交通建设投融资模式，降低政府财政压力，从而进一步加快推动我国轨道交通建设，不断提升轨道交通运营管理质量，为各城市经济建设高质量发展贡献力量。

截至 2022 年年底，全国共有 37 个城市、78 条线路（共 81 个项目）涉及 PPP，总投资额超过 14 451.38 亿元，具体可见表 1-1-2，其中：

（1）已开通的涉及 PPP 的线路 38 条（共 39 个项目），最早的线路是北京市轨道交通 4 号线，于 2009 年开通。已开通的项目投资总额超过 7 450.76 亿元，线路全长 1 298.71 千米，车站 788 座。

（2）部分站段开通、部分在建的涉及 PPP 的线路 10 条，项目投资总额 2 568.12 亿元，线路全长 370.19 千米，车站 230 座。

（3）在建中的涉及 PPP 的线路 29 条，项目投资总额超过 4 878.83 亿元，线路全长 937.79 千米，车站 497 座。

（4）尚未开工的涉及 PPP 的线路 1 条。项目投资总额 224 亿元，线路全长 50.40 千米，车站 28 座。

表 1-1-2　国内城市轨道交通 PPP 项目发展现状表

序号	城市	项目名称	项目总额/亿元	线路全长/千米	车站/座	合作年限/年	公示时间	状态
1	天津	天津地铁 2、3 号线存量	589.68	60.74	46	30	2020	已开通
		天津地铁 1 号线（含东延线）存量	389.33	42.07	32	—	2020	部分开通
		天津地铁 7 号线一期工程	196.81	26.47	21	26	2019	在建阶段
		天津地铁 11 号线一期工程	187.60	22.60	21	26	2019	在建阶段
		天津地铁 4 号线	236.78	22.00	17	26	2019	部分开通
		天津地铁 8 号线一期	236.14	18.60	17	26	2019	部分开通
		天津市轨道交通 Z4 线一期工程	341.97	43.70	24	25	2020	在建阶段
		天津地铁 8 号线延伸工程 PPP 项目	50.09	4.80	4	25	2021	在建阶段
		天津地铁 11 号线延伸工程 PPP 项目	57.66	3.84	3	24	2021	在建阶段
		天津市轨道交通 Z2 线一期工程（滨海机场站—北塘站）PPP 项目	255.77	39.16	14	21	2021	在建阶段
		合计：11 条线路（10 个项目）						

续表

序号	城市	项目名称	项目总额/亿元	线路全长/千米	车站/座	合作年限/年	公示时间	状态
2	北京	北京市轨道交通4号线	153.00	50.00	35	30	—	已开通
		北京市轨道交通14号线	495.00	43.80	30	30	2014	已开通
		北京市轨道交通16号线	495.00	50.00	—	30	2015	已开通
		亦庄新城现代有轨电车T1线	27.00	13.10	15	30	2016	已开通
		北京市轨道交通新机场线	149.90	41.36	5	30	2016	已开通
		合计：5条线路						
3	青岛	青岛市红岛至胶南轨道交通工程R3线（13号线）	136.50	70.00	23	25	2014	已开通
		青岛1号线	399.91	59.97	—	25	2016	已开通
		青岛市红岛至胶南轨道交通工程13号线二期	140.24	40.12	—	25	2016	已开通
		青岛地铁8号线（B包）	387.00	61.40	18	25	2017	部分开通
		青岛4号线（A包）	229.19	30.70	—	25	2016	已开通
		青岛4号线（B包）						
		合计：5条线路						
4	重庆	重庆轨道交通4号线（民安大道—石船）	200.00	48.50	23	34	2019	部分开通
		重庆轨道交通5A线（已更名为18号线）（富华路—跳磴南）	240.00	29.07	19	34	2019	在建阶段
		重庆市轨道交通延长线跳磴至江津段（B包）	62.80	28.22	7	28	2019	部分开通
		重庆市郊铁路璧山至铜梁线工程PPP项目	86.42	37.35	9	20	2021	在建阶段
		合计：4条线路						
5	贵阳	贵阳市轨道交通2号线一期	194.59	27.60	24	30	2016	已开通
		贵阳市轨道交通2号线二期	76.39	13.00	8	29	2017	已开通
		贵阳市轨道交通3号线一期	322.31	43.03	29	30	2018	在建阶段
		贵阳市轨道交通S1线一期工程	172.52	30.32	13	29	2020	在建阶段
		合计：3条线路（4个项目）						
6	乌鲁木齐	乌鲁木齐市轨道交通2号线一期	162.00	19.35	16	35	2016	在建阶段
		乌鲁木齐市轨道交通3号线一期	173.88	21.20	19	35	2016	在建阶段
		乌鲁木齐市轨道交通4号线一期	168.00	29.45	16	35	2016	在建阶段
		合计：3条线路						

续表

序号	城市	项目名称	项目总额/亿元	线路全长/千米	车站/座	合作年限/年	公示时间	状态
7	徐州	徐州市城市轨道交通1号线一期工程	162.78	21.97	18	25	2015	已开通
		徐州市城市轨道交通2号线一期工程	169.79	24.15	20	25	2016	已开通
		徐州市城市轨道交通3号线一期工程	135.30	18.13	16	25	2016	已开通
		合计：3条线路						
8	南京	南京地铁5号线	196.13	37.40	30	—	2016	在建阶段
		南京至马鞍山城际铁路/南京地铁S2号线/宁马线（马鞍山段）PPP项目	97.83	27.75	—	29	2021	在建阶段
		滁州至南京城际铁路（滁州段）一期工程	94.00	32.95	8	30	2018	在建阶段
		合计：3条线路						
9	成都	成都轨道交通18号线一期	347.00	41.40	7	26	2016	已开通
		成都轨道交通9号线一期	199.78	22.18	13	26	2017	已开通
		成都轨道交通17号线一期工程	171.50	26.14	9	26	2017	已开通
		合计：3条线路						
10	昆明	昆明市轨道交通4号线	266.00	43.39	29	30	2016	已开通
		昆明市轨道交通5号线	213.51	26.45	22	30	2016	已开通
		昆明轨道交通9号线	224.00	50.40	28	30	2016	规划阶段
		合计：3条线路						
11	哈尔滨	哈尔滨市轨道交通2号线一期工程	204.73	28.70	19	25	2015	已开通
		哈尔滨市轨道交通3号线二期工程	264.58	32.00	30	25	2015	部分开通
		合计：2条线路						
12	大连	大连地铁5号线	188.45	23.80	18	25	2016	在建阶段
		大连地铁4号线	14.50	27.57	20	25	2018	在建阶段
		合计：2条线路						
13	深圳	深圳市轨道交通12号线（A包）	325.49	40.00	33	—	2020	已开通
		深圳市轨道交通13号线（A包）	202.7	22.40	16	—	2020	在建阶段
		合计：2条线路						
14	太原	太原市轨道交通2号线一期工程（B部分）	60.30	23.65	23	28	2019	已开通
		太原市城市轨道交通1号线一期	223.39	33.63	28	30	2020	在建阶段
		合计：2条线路						

续表

序号	城市	项目名称	项目总额/亿元	线路全长/千米	车站/座	合作年限/年	公示时间	状态
15	呼和浩特	呼和浩特市城市轨道交通1一期工程	146.80	21.93		30	2016	已开通
		呼和浩特市城市轨道交通2号线一期工程	193.13	27.27	24	30	2017	已开通
		合计：2条线路						
16	芜湖	芜湖市轨道交通1号线	146.33	30.46	25	30	2016	已开通
		芜湖市轨道交通2号线		15.79	11	30	2016	已开通
		合计：2条线路						
17	天水	天水市有轨电车示范线工程（一期）	24.46	20.17	17	27	2017	已开通
		天水市有轨电车示范线工程（二期）	64.08	21.60	19	30	2020	在建阶段
		合计：1条线路（2个项目）						
18	西安	西安市地铁临潼线（9号线）一期工程	149.88	25.14	15	30	2016	已开通
19	三亚	三亚有轨电车示范线	14.69	8.37	15	25	2016	已开通
20	合肥	合肥轨道交通2号线	—	27.08	24	11	2016	已开通
21	福州	福州市轨道交通2号线机电设备PPP项目	212.60	30.62	22	27	2016	已开通
22	南平	南平武夷新区旅游观光轨道交通（武夷新区轻轨）	27.58	26.17	10	15	2016	已开通
23	杭州	杭州地铁5号线	375.90	56.21	39	28	2017	已开通
24	文山州	文山州城市轨道交通现代有轨电车示范项目4号线（含支线）一期	29.51	21.11	19	30	2017	已开通
25	南昌	南昌轨道交通3号线工程（B部分）	71.29	28.50	22	28	2019	已开通
26	温州	温州市域铁路S1线一期工程	199.57	53.51	19	30	2019	已开通
27	郑州	郑州轨道交通3号线	206.08	31.30	27	30	2016	部分开通
28	绍兴	绍兴市城市轨道交通1号线	196.94	34.10	24	30	2019	部分开通
29	广州	广州市轨道交通十一号线	208.22	43.20	31	30	2016	在建阶段
30	台州	台州市域铁路S1线一期	228.19	52.40	15	30	2017	已开通
31	弥勒	红河州弥勒市城市轨道交通建设项目（一期）	28.06	18.85	19	30	2017	在建阶段
32	东莞	东莞市城市轨道交通1号线一期改造项目	329.39	58.00	21	26	2019	在建阶段
33	无锡	无锡至江阴城际轨道交通工程（锡澄靖城际轨道交通）	143.40	30.40	9	29.5	2019	在建阶段

续表

序号	城市	项目名称	项目总额/亿元	线路全长/千米	车站/座	合作年限/年	公示时间	状态
34	长沙	长沙市轨道交通6号线B部分	388.47	52.00	35	29	2020	部分开通
35	武汉	武汉市轨道交通12号线工程（A部分）	—	59.90	37	30	2020	在建阶段
36	金山	金山至平湖市域铁路（独山港至海盐段）PPP项目	83.32	52.00	7	34	2022	在建阶段
37	宁波	新建宁波至舟山铁路PPP项目	208.25	76.40	7	36	2022	在建阶段
合计	37个城市	78条线路（81个项目）	14 451.38	2 598.06	1 408	—	—	—

第三节　城市轨道交通 PPP 模式发展趋势

一、PPP 模式政策环境

自 2014 年以来，PPP 模式作为一种政府和社会资本合作的投资模式，在政府投融资各个领域，特别是基础设施建设和公共服务领域得到了广泛应用。PPP 在经历 2014—2017 年的高速发展和 2018—2019 年的调整之后，2020—2021 年进入了新的发展阶段，重新焕发活力。由于 PPP 操作过程中项目具有涉及领域广、资金需求大、管理机构多、实操规范少等特征，在实际操作中存在许多不规范现象，引发了诸多问题。国家各部委为整治 PPP 操作过程中存在的问题，陆续以通知、意见、指引、决定的形式出台了《政府投资条例》《关于依法依规加强 PPP 项目投资和建设管理的通知》《关于推进政府和社会资本合作规范发展的实施意见》《政府和社会资本合作（PPP）项目绩效管理操作指引》《政府和社会资本合作（PPP）综合信息平台信息公开管理办法》《关于加快加强政府和社会资本合作（PPP）项目入库和储备管理工作的通知》《关于进一步推动政府和社会资本合作（PPP）规范发展、阳光运行的通知》等若干部门规章和规范性文件。为解决各部委文件存在相互冲突和矛盾的问题，2016 年 7 月，国务院将 PPP 的立法权收归国务院法制办。直到现在，我国 PPP 模式发展虽缺乏统一的 PPP 立法指引，但基本政策框架已成型，市场逐步趋于理性化、规范化。

二、城市轨道交通 PPP 模式发展前景展望

未来几年，我国城市轨道交通将仍处于高位发展时期，年新增运营里程将继续突破 1 000 km。预计至 2025 年，我国开通运营城市轨道交通的城市将达到 50 个，运营里程将超过 13 000 km。其中，上海和北京将分别形成 1 000 km 以上的庞大轨道交通网络。

经过 2017 年开始的严格规范管理，清退整改了不适合采用 PPP 模式的项目、推进缓慢的 PPP 项目以及不合规范的 PPP 项目，PPP 在库项目的质量得以提升。虽然受财承空间严格限制以及日趋严格的监管的影响，近年来 PPP 市场成交规模有所下降，但项目发起的增加和立项规模的增大，为未来 PPP 市场的预期和可持续性定下了积极基调。虽然我国的 PPP 条例尚未出台，但是 PPP 模式的各项管理制度的顶层设计都已较为成熟，在绩效管理、合同管理方面都有可操作性强且体系化、细节化的规则。相比其他基建投资模式而言，PPP 模式仍是更加成熟、规范的投资模式，是重要的"前门"通道。预计未来很长的时间里，PPP 模式仍会持续稳定地推进发展。

第 二 章
深圳市轨道交通 12 号线 PPP 项目实施背景

第一节　深圳市轨道交通 12 号线 PPP 项目实施可行性

一、国家政策支持

近年来，国务院及国家各部委相继出台鼓励和允许社会资本参与城市基础设施建设和运营的政策。《国家发展改革委关于开展政府和社会资本合作的指导意见》（发改投资〔2014〕2724 号）指出：PPP 模式适用于城市轨道交通等交通设施，各地新建的市政工程项目等应优先考虑采用 PPP 模式建设。《财政部关于印发政府和社会资本合作模式操作指南（试行）的通知》（财金〔2014〕113 号）规范了 PPP 项目从项目识别、准备、采购、执行到移交各环节工作。财政部发布的《政府和社会资本合作项目财政承受能力论证指引》（财金〔2015〕21 号）、《PPP 物有所值评价指引（试行）》（财金〔2015〕167 号）分别规范了 PPP 项目财政承受能力论证及物有所值评价工作，有序推进了项目实施，并有效防范和控制财政风险。

二、社会资本 PPP 经验日益丰富

2013 年以来，我国把推广运用 PPP 模式作为推进治理能力现代化的一项体制改革，强化规范实施，推动政府转变职能，鼓励社会资本公平竞争。经过几年的改革实践，我国 PPP 市场已初步建立，社会资本 PPP 实践经验日益丰富。目前，我国的北京、杭州、南京等城市，均已在轨道交通项目（如北京 4 号线、14 号线、16 号线、新机场线，杭州 1 号线、5 号线，南京 5 号线等）中采用 PPP 模式引入社会资本。轨道交通工程建设单位、运营商、设备供应商等社会资本方积累了一定的轨道交通 PPP 项目经验，有利于深圳市轨道交通 PPP 项目的顺利推进。

三、深圳市城市轨道交通 PPP 成功经验先例

深圳市轨道交通 4 号线二期工程 BOT 项目为国内首批轨道交通类 PPP 项目，于 2007 年开工建设，2011 年开通运营。项目通过 BOT 方式引入香港铁路公司，由其负责轨道交通 4 号线二期工程投资及建设，同时深圳市政府将 4 号线一期工程租赁给香港铁路公司，由其负责 4 号线整条线路的运营维护，运营期为 30 年，期满后无偿移交给深圳市政府。项目通过一次性确定财政补贴、分期付款形式，在合同签订阶段即明确项目建设及运营期 30 年全周期资金缺口，明确了政府与社会资本的权责义务。通过深圳市轨道交通 4 号线 BOT 项目，深圳市政府已积累了轨道交通 PPP 项目经验，有利于后续线路 PPP 工作的开展。

四、深圳市轨道交通 12 号线项目可行性

深圳市轨道交通 12 号线位于深圳市西部发展轴，是联系原特区内外的轨道骨干线路，线路串联人口密集区域，线路客流效益良好，有稳定的票务收入来源。同时，线路途经城市核心区，沿线车站人气旺，车站附属商铺租金及广告价值均较高，可为社会资本提供可观的非票务收入。项目稳定的现金流，有助于社会资本获得合理分红，便于更好地吸引社会资本参与。

第二节 深圳市轨道交通 12 号线 PPP 项目概况

一、A、B 资产包模式的特点介绍

一方面，12 号线总投资 412.92 亿元，投资规模较大，若采用纯 BOT 模式整体由社会资本投资建设，则投资额过高，社会资本难以完全承担，且可供选择的潜在社会资本较少，不利于实现充分竞争。同时，根据 12 号线项目里程碑计划，项目于 2022 年年底开通运营，若采用纯 BOT 模式，无法保证项目按期开通运营。

另一方面，12 号线采用 PPP 模式的核心意图为引入优质的社会资本及优质运营商。为减少运营单位与建设单位之间的争议，建议由项目公司负责与运营关系密切的设备及车辆采购安装工作。

综上所述，将 12 号线项目拆分为 A、B 两部分：A 部分由市财政投资、深圳市地铁集团负责建设；B 部分由项目公司负责投资建设。建成后统一由项目公司负责运营维护，运营期满后无偿移交给市政府。

根据"建设服务运营、保障工程进度、社会投资适中"的基本原则，将 12 号线建设工程内容划分为 A、B 两部分：A 部分主要为土建工程、装饰工程以及给排水、消防、动力照明、通风空调等常规设备部分；B 部分主要包括铺轨工程、通信、信号、自动售检票系统等系统设备及车辆。其中，12 号线海上世界站至南油站全部投资划归到 A 部分。

A 部分总投资约 325.49 亿元，由深圳市地铁集团负责建设；B 部分总投资约 87.43 亿元，采用 PPP 模式由项目公司负责投资建设。

二、PPP 项目交易结构和运作机制

（一）项目投融资结构

12 号线建设工程总投资约 412.92 亿元，其中 PPP 项目（即 B 部分）投资约 87.43 亿元，由项目公司负责投资建设。项目资本金比例为 35%，约 30.60 亿元，由项目公司的股东出资，其余资金 56.83 亿元由项目公司通过多元化融资渠道筹措，项目资金须根据项目建设进度及工程建设需要及时到位。根据项目公司股权架构，政府出资人代表与社会资本按照 2%∶98%的比例占股，政府出资人代表出资约 0.61 亿元，社会资本出资约 29.99 亿元。

（二）PPP 项目合同

PPP 项目合同是政府方与社会资本方依法就 PPP 项目合作所订立的合同，包含股东协议、承继合同、资产租赁协议等子协议。其目的是在政府方与社会资本方之间合理分配项目风险，明确双方权利义务关系，保障双方能够依据合同约定合理主张权利，妥善履行义务，确保项目全生命周期内的顺利实施。PPP 项目合同是其他合同产生的基础，也是整个 PPP 项目合同体系的核心。

PPP 项目合同主要包括项目名称、合作方式及期限、各方主要权利及义务、项目公司构成、竣工验收、运营服务要求、运营协调机制、移交机制、履约保障、临时接管、提前终止、合同变更、争议解决等内容。

（三）项目回报机制

项目公司投资回报主要包含三部分：

1. 票务收入

项目公司在执行市政府制定的运营票价及优惠政策的前提下，实际获得的客运服务票务收入。

2. 非票务收入

项目公司可以在合作期限内从事相关法律允许的其他业务，包括在本项目设施范围内依据相关法律开展零售、商铺、广告、移动通信服务、提款机服务及其他商业经营。

3. 可行性缺口补助

可行性缺口补助通过运营收入补助机制体现。为充分发挥社会资本运营优势，PPP 项目采用影子票价模式，即政府在招标文件中明确运营期历年客运量，并制定影子票价调整机制，同时通过公开招标确定运营初始年影子票价，进而根据测算公式计算当年可行性缺口补助。

三、A 部分建设工程概况

（一）前期工程

本工程包含站点及区间及车辆基地范围的交通疏解（含交通监控）、给排水（含水工及岩土）、110 kV 及以上、20 kV 及以下电力、通信、燃气、照明及绿化改迁（不含恢复阶段）工程的临时及恢复阶段。

（二）主体工程

本工程范围包括但不限于车站、区间、供电、通风空调等。

1. 土建工程

（1）车站。

车站包括车站的主体结构（包括纳入 A 部分概算的"自然形成空间"）、车站装饰、出入口通道、风亭、导向标识等站内外附属设施、预留孔洞、设备基础及预埋件（包括后期因设备招标调整的孔洞及预埋件）、盾构井（轨排井）封堵及回填、隔墙砌筑及防火门窗以及与既有线的衔接改造、杂散电流监测网及防护端子预埋、管线悬吊保护、建构筑物保护及加固等工程以及专项技术措施。

（2）区间。

区间包括区间隧道主体、联络通道及泵站、区间风井、工作井、预埋滑槽（含配套 T 型螺栓及垫片）、预留孔洞、设备基础及预埋件（包括后期因设备招标调整的孔洞及预埋件）、杂散电流监测网及防护端子预埋以及与既有线的衔接改造、桩基处理、管线悬吊保护、建构筑物保护及加固等建筑工程以及专项技术措施。

2. 供电

供电包括主变电站（所）的房屋土建工程（建筑、结构、岩土、基坑、装修等）及动力照明（含综合接地）、通风空调、给排水及水消防、综合管线等常规设备的采购、安装及调试工程，同时负责35 kV及110 kV进出线电缆通道工程的土建及电缆通道引起的市政管线改迁工程。包括海上世界站至南油站的40.5 kV开关柜、1 500 V直流开关柜、钢轨电位限制装置、整流变压器、动力变压器、整流器、排流柜、交直流电源装置、再生逆变回馈吸收装置、AC 35 kV电力电缆和供电车间部分设备的采购。

3. 通风空调

通风空调包括通风空调系统设备、智能环控系统及与既有线的衔接改造工程的设备采购、安装及调试，以及综合支吊架及抗震支吊架的采购、安装。

4. 给排水与水消防

给排水与水消防包括给排水及水消防系统，以及与既有线的衔接改造工程的设备采购、安装及调试。

5. 动力照明

动力照明包括动力照明系统，以及与既有线的衔接改造工程的设备采购、安装及调试。

6. 车辆基地

车辆基地包括车辆基地的土建工程、轨道、道路、分隔栏网和标示（自动行车区与非自动行车区）、导向标识、装饰装修、附属工程、室内外给排水及水消防、动力照明、燃气及燃气报警、通风空调、综合支吊架及抗震支吊架、绿化工程等，以及室内外地下各专业的管、沟、槽等预留预埋工程。

7. 人防

人防包括全线的车站、车辆基地、区间的人防工程。

8. 运营控制中心

运营控制中心包括运营控制中心土建及常规设备的改造工程、工艺设备及大屏等设备采购、安装及调试，线路侧接入NOCC（运营控制中心）的光纤骨干网络。

9. 车站客运设备

车站客运设备包括海上世界站至南油站的电扶梯采购及安装、调试工程。

（三）同步建设地铁主体工程

同步建设地铁主体工程，A、B包划分范围同主体工程原则一致。12号线会展南站、会展北站与20号线同步建成开通所必需的设备采购、安装及调试，由先行开通的20号线负责实施。

四、B 部分建设工程概况

B 部分建设工程范围包括但不限于控制中心、车站、区间、车辆基地、主变电所。B 部分负责系统联调、总联调及相应政府专项验收、初期运营前安全评估。

1. 车辆

车辆包括本工程车辆设备的采购、运输、保管、调试,以及车辆检修管理信息系统的采购、安装及调试。

2. 轨道(不含车辆基地)

轨道包括前期准备及辅助设施工程施工,区间正线及车站配线、联络线、出入线、无缝线路铺设、道岔铺设,联络线与既有线路的改造接驳,车挡、线路及信号标志、钢轨涂油器等轨道附属设备的采购、安装及调试,备品备件的采购移交,区间疏散平台、人防门施工安装配合及轨行区管理。

3. 供电系统

供电系统包括本工程主变电所 110 kV 及 35 kV 电气一、二次系统和变电所综合自动化系统工程的设备采购、安装及调试工程。主变电所电源侧(供电局侧)接入系统工程,主变电所 110 kV 及 35 kV 进出线电缆通道工程的电缆及电缆支架的采购、安装及试验工程,同时负责主变电所施工安装工程的电力质监、与市供电部门签订调度并网协议和供用电合同等。

供电系统还包括本工程正线变电所(牵引降压混合变电所、降压变电所、跟随变电所、再生制动能量回馈装置)、环网电缆(含环网电缆支架)、牵引网、电力监控系统、杂散电流防护系统、供电车间、与既有线的衔接改造等工程的设备采购、安装及调试工程。其中,海上世界站至南油站的 40.5 kV 开关柜、1 500 V 直流开关柜、钢轨电位限制装置、整流变压器、动力变压器、整流器、排流柜、交直流电源装置、再生逆变回馈吸收装置、AC 35 kV 电力电缆和供电车间部分设备已由 A 部分完成采购,设备安装及调试工程由 B 部分实施,同时负责设备到场移交。

4. 信号系统

信号系统包括本工程信号系统、车辆段生产管理信息系统、NOCC 接入、与既有线的衔接改造的信号系统设备及材料采购、安装及调试,以及全自动运行 RAMS(可靠性、可用性、维修性和安全性)认证、一致性协调管理工作、与相关系统的接口配合工作。

5. 综合监控系统

鉴于线网云项目正在报政府立项中,综合监控系统因云平台建设分工,B 部分不含云平台,云平台纳入 A 部分采购、安装、调试。具体方案包括本工程综合监控系统、隧道沉降监测系统、NOCC 接入以及与既有线的衔接改造等设备采购、安装及调试。由 A 部分的"线网生产云"为 B 部分综合监控系统提供计算、数据库资源、数据中云资源以及云桌面资源,包括为综合监控业务系统提供计算及存储资源,为综合监控系统服务提供数据库服务，为综合监控业务系统提供客户端服务，为综合监控系统提供数据中台的大数据基础工具服务等。

6. 环境与设备监控（BAS）

环境与设备监控包括本工程环境与设备监控系统以及与既有线的衔接改造等设备采购、安装及调试。

7. 火灾自动报警（FAS）

火灾自动报警包括本工程火灾自动报警以及与既有线的衔接改造等设备采购、安装及调试。

8. 通信系统

通信系统包括本工程范围内的专用通信系统（含频率申请）、警用通信系统（警用通信为代建）以及与既有线衔接改造、NOCC接入工程，设备采购、安装及调试。

9. 乘客信息系统

乘客信息系统包括本工程范围内的乘客信息系统以及与既有线衔接改造、NOCC接入工程，设备采购、安装及调试。

10. 安防系统

安防系统包括本工程安防网络系统、视频监控系统、门禁系统、求助报警系统、安检设备以及与既有线的衔接改造、NOCC接入等设备采购、安装及调试。

11. 气体灭火系统

气体灭火系统包括本工程的气体消防系统以及与既有线的衔接改造等设备采购、安装及调试。

12. 自动售检票系统

自动售检票系统包括本工程自动售检票系统、与既有线的衔接改造和接入CLC（线路中心又叫多线路控制中心）或ACC（轨道交通清分中心）工程的设备采购、安装及调试。

13. 站台门

站台门包括本工程站台门系统的采购、安装、设备调试、验收和相关管线的敷设，以及提供站台门系统所有预埋件并配合土建进行施工。

14. 车站客运设备

车站客运设备包括本工程（除海上世界站、工业六路站、四海站、南油站）自动扶梯、电梯、楼梯升降机的采购、安装、设备调试、验收以及相关管线的敷设。

15. 运营控制中心

运营控制中心包括车辆调度系统、各系统接入NOCC、接入NCC（轨道交通网络运营控制中心）设备采购、安装及调试。

16. 车辆基地

车辆基地包括本工程工艺设备、工艺标识标牌、厨房设备以及车场智能化等设备的采购、安装及调试。

第二篇

项目经营管理

02

第三章 PPP项目经营发展总体设计

第一节 治理体系建设策划

一、指导思想和发展思路

"十四五"期间，项目公司始终坚持以习近平新时代中国特色社会主义思想为指导，全面落实股东会、董事会的决策部署，以体系建设、队伍建设、工程建设、优质运营为主要抓手，以人为本，构建和谐环境，为公司可持续发展筑牢基础。主要发展思路体现在以下三个方面。

1. 内部管理与外部经营协调发展

严格规范内部管理机制，掌握主流体系管理思想，将公司管理体系思想融入日常经营管理工作中去，并引入符合市场经济规律和企业家成长规律的国有企业领导人员管理机制，探索与企业市场地位和业绩贡献相匹配、与考核结果紧密挂钩、增量业绩决定增量激励的薪酬分配和长效激励约束机制，激发公司管理的内生动力。同时推进外部经营的协调发展，识别并积极主动维护利益相关方的外部关系，为公司发展拓宽道路。

2. 管理效率与经营效益"双效"提升

公司内部管理上应着力提升效率，主要体现在推进复合型人才培养、促进岗位融合、提升用人效率、突出目标管理、简化事务性流程、提高决策效率。公司在经营方面应秉承市场化的原则，在客流量稳步增长的趋势下，全面开拓广告、通信及商业资源开发，引入先进经营模式，提高非票务收入，保障股东良好的投资回报。

3. 社会责任和企业责任齐抓共管

项目公司具有履行社会责任和企业责任的双重使命，其作为12号线的运营商，为深圳市民提供优质、准时、快捷的运输服务是其不可推卸的社会责任。同时，项目公司在PPP项目的经营管理中，也具有深化轨道交通领域市场化改革、推进单线核算和全生命周期成本管理、降低政府资金压力的企业责任，只有对社会责任和企业责任齐抓共管，才能实现轨道交通领域PPP模式创新实践的成功落地。

二、战略总体目标

1. 人力资源发展方面

坚持人才强企战略，努力营造有利于人才脱颖而出的氛围与环境，把用事业造就人才、用平台历练人才、用机制激励人才、用制度保障人才作为人才发展主线，把创新岗位深度融合的人才培养机制、创新人岗匹配的人才选用机制、创新注重实践贡献的人才评价机制、创新横纵贯通的人才交流机制、创新价值导向的人才激励机制、创新内外兼修的人才引进机制贯穿"十四五"工作全过程，打造 PPP 项目的行业人才洼地，为企业战略发展提供人才保障。

2. 财务管理方面

以维护股东权益为目标，健全财务内控体系，筑牢风险防线，打造"管理型""价值型"财务，提升成本效益和提高运作效率。以在"十四五"末期完成 PPP 项目合同约定的投资战略为目标，并做好合理的运营期财务策划。

3. 党建及企业文化方面

坚持以习近平新时代中国特色社会主义思想为指导，全面落实新时代党组织建设要求，着力构建高素质、专业化干部员工队伍，发挥基层党组织战斗堡垒作用，为企业战略发展建立坚强的组织保障。同时以培育员工的价值认同感和组织凝聚力、增强企业核心向心力为目标，全面加强企业文化建设，培育、弘扬、践行社会主义核心价值观，为项目公司的改革与发展提供强大的文化支撑和精神动力。

4. 安全管理业务方面

未来五年，项目公司以"体系和标准建安、培养和合力助安、创新和效益强安"为出发点，以建立"建设+运营+安全"三位一体化的安全管理为抓手，围绕双重预防、安全标准、复合型人才培养、应急建设四项基本任务开展工作，全力防范化解临时用电、高处作业、三防、消防、危险作业等重点领域和区域安全风险。构建高效的应急组织，优化的应急预案管理和指挥协调体系，以提升项目管理公司的应急处置能力和效率，筑牢公司发展的安全生产底线。

5. 生产经营风险控制方面

生产经营风险主要包括客流风险、联合体合作风险、资金风险、工程风险、政策法律风险、政府履约风险等。上述风险因素可通过合同条款、保险及制度设计进行有效规避和分散风险，并根据具体情况制定针对性的风险防范及化解措施，以实现对风险的有效控制。

6. 工程建设业务方面

以 12 号线建设工程工期为依据，充分发挥股东方同为 A、B 部分工程建设管理主体和施工总承包的优势，全面控制建设质量、安全、进度及投资等环节，优化建设合同管理及信息管理，全力实现 2021 年 12 月"全线长轨通"、2022 年 11 月"具备开通试运营条件"的战略目标。

7. 运营管理业务方面

运营筹备期以初期运营前安全评估要求及招投标文件、PPP 项目合同要求为目标，围绕"人、机、料、法、环"五要素开展运营筹备工作，确保 12 号线高水平地如期开通。运营期以乘客需求和效率提升为导向，践行"数智赋能卓越运营"发展理念，推动新技术应用，持续提升运营体系服务能力和运行效率，为乘客提供安全、周到、快捷、舒适的出行体验。战略目标为2023—2025年运营期内无责任乘客死亡事故、无责任较大行车事故，列车正点率、运行图兑现率、列车服务可靠度、百万乘客有效投诉率等关键指标均达到PPP项目合同要求。

8. 商业管理业务方面

对地铁附属广告、商铺、通信资源及其他空间、场地、资产等资源进行合理有效的开发、利用，开展多元化经营，实现将乘客流量兑现为经营价值，继而以反哺地铁的建设、运营为最终目标，为地铁的可持续发展助力，以达到2025年商业经营收入7 000万元的战略目标。

三、经营宗旨

在推进PPP项目实施和管理的过程中，项目公司将秉承"政府好的典范、股东好的回报、乘客好的体验、员工好的归属、行业好的标杆"的五好经营宗旨，秉持"资源共享、优势互补、诚实守信、合作共赢"的发展理念，完善项目公司日常管理制度、精细资金筹划、规范合同管理、严控工程质量安全，精细化制定后期运营管理方案，严控风险。项目公司全体员工将统一目标、全力攻坚，努力实现"五好"目标！

（1）政府好的典范：借助PPP模式，探索解决轨道交通建设在建设成本、运营补贴、服务创新所面临的瓶颈束缚，逐步转变轨道交通建设投融资模式，降低政府财政压力，进一步加快推动深圳市轨道交通建设，提升深圳市轨道交通运营管理质量。

（2）股东好的回报：找准公司定位，以维护股东利益为准绳，在公司组织架构、岗级设置、薪酬体系、财务融资、运营模式、维保模式等方面敢于创新，构建具有优势竞争力的PPP项目全生命周期管理体系和绩效体系，能高水平地做好项目运营，回报各方股东。

（3）乘客好的体验：推进单线核算、全生命周期成本管理，建立市场化的考核评价体系和激励约束机制，提升运营服务水平，实现准点、优质、快捷，为市民乘客带来更好的出行体验。

（4）员工好的归属：优化公司的薪酬、福利机制，形成良好的公司文化，让员工对公司的理念产生深层次的认同感，并逐步提高员工的安全感、公平感和价值感，最终提升员工对公司的归属感。

（5）行业好的标杆：通过建立公司清晰的战略、创新的机制、优秀的文化、高效的运营并加以整合来支撑良好的绩效，实现公司可持续发展，从优秀迈向卓越，打造"高标准定位、高质量运营、高绩效结果"的轨道交通行业PPP模式标杆企业。

四、管理体系

深圳地铁12号线PPP项目是深圳市通过公开招标引进专业化社会资本在城市轨道交通工程的首批试点项目，是轨道交通投融资机制的改革创新，承担着深圳市政府推广地铁全生命周期单线核算、科学评估轨道交通运营质量的重大使命。项目公司的治理水平是决定公司是否能高效、高质量管理运作的关键因素，也是今后公司是否能为轨道交通领域输出先进的管理经验和技术的先决条件。

全新的轨道交通创新模式，需要全新的创新管理理念来帮助公司实现高质量管理。为实现深圳市政府对轨道交通 PPP 项目的高标准定位，公司在管理体系的建设上科学选取卓越绩效模式，以卓越绩效为管理体系框架，并结合"精益管理+三标管理"有效落地，逐步建立"三位一体"的轨道交通 PPP 模式管理体系。三者之间以目标为主线，围绕目标开展工作，并以目标管理为手段，通过目标有机地结合在一起，形成"周而复始、往复循环、螺旋上升"的科学管理体系，如图 2-3-1 所示。

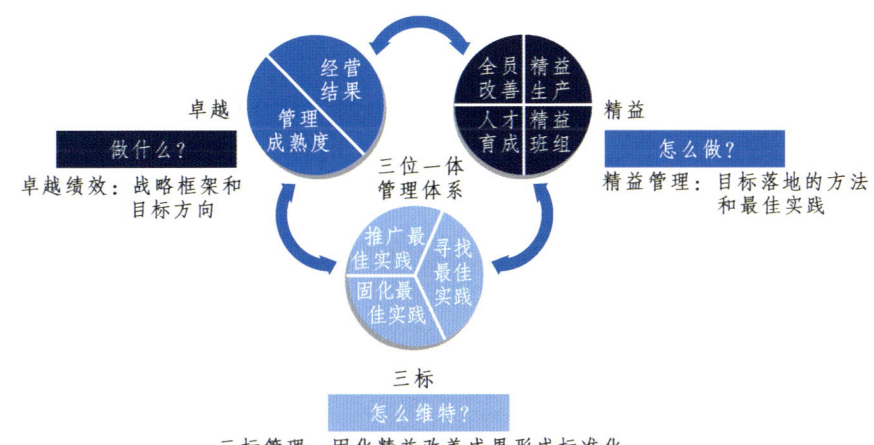

图 2-3-1　三位一体管理体系理论模型

五、管理体系建设实施步骤

公司"三位一体"城市轨道交通 PPP 模式管理体系采用"三步走"实施路径。

（1）对标《卓越绩效准则》，全面导入"卓越绩效"。

建立卓越绩效整合型管理体系，从经营结果和管理成熟度两个维度系统梳理各业务板块工作模式和业务流程，运用科学的管理工具和方法，建立自上而下的指标库，实现"公司重担千人挑，人人头上有指标"的结果导向，助力公司战略目标的实现。

（2）运用"精益管理"。

从精益生产优化、精益班组打造、人才育成系统建设、全员改善文化形成四个方面，优化维保工作流程和改善维保工作方法，提升公司整体工作的效率和质量。

（3）对标 ISO（国际标准化组织）国际标准。

建立符合质量、环境、职业健康安全标准的三标管理体系，将卓越绩效、精益管理最佳组织实践固化到规章制度体系中，实现最佳实践利益最大化。逐步推行"三位一体"管理体系，解决做什么、怎么做、怎么维持的问题。

第二节　规章制度体系建设

一、规章制度体系框架

为建立一套科学的运营期规章制度体系，从规章制度顶层设计出发，对标国际 ISO 标准，以质量、环境、职业健康安全三标管理体系标准为依据，科学化、系统化建立公司运营期规章制度体系文件。总体按照"先急后缓"的实施原则开展运营期规章制度体系建设。

（一）ISO9000（质量管理体系）

实施 ISO9000 标准有如下优点：

（1）可规范工作流程及工作方式。
（2）使服务质量得到稳定的提升，提高顾客的满意度。
（3）可通过高质量的产品来提高企业的竞争优势。
（4）可减少工作中的差错和返工，从而提高效率，降低成本。
（5）规范化的工作要求可激发员工士气，最终可获得管理体系注册、证书，赢得顾客和市场的信任。

（二）ISO14001（环境管理体系）

实施 ISO14001 标准有如下优点：

（1）可改善环境管理，减少浪费和降低能耗。
（2）可提高效率，降低企业运营成本。
（3）能证明合规性，扩展业务机会。
（4）能履行法律义务，赢得更多利益相关方和顾客信任，为企业未来的改变做好充分准备。

（三）ISO45001（职业健康安全管理体系）

实施 ISO45001 标准有如下优点：

（1）可以提高企业的安全管理和综合管理水平，促进企业管理的规范化、标准化、现代化。
（2）可以减少因工伤事故和职业病所造成的经济损失和因此所产生的负面影响，还可以提高企业的信誉、形象和凝聚力。
（3）可以提高职工的安全素质、安全意识和操作技能，使员工在生产、经营活动中自觉防范安全健康风险。
（4）可以增强企业在国内外市场中的竞争力。
（5）可以为企业在国际生产经营活动中吸引投资者和合作伙伴创造条件。
（6）可以促进企业的安全管理与国际接轨，消除贸易壁垒，是企业的第三张通行证。

（7）可以通过提高安全生产水平，从而改善和企业和员工（以及相关方）之间的关系。

二、规章制度体系优化

规章制度体系常见问题有：数量较多，内容较为分散，规范性有待提高，日常管理难度较大；缺乏专业类别设计，分类体系不够清晰；规章清理修订不够及时，未定期公布有效/失效规章目录等。针对公司建章立业阶段，两级规章体系的建设需要从以下两方面进行设计。

（一）管理层级

项目公司运营规章制度管理分为公司级、部门级管理。公司级规章体系适用公司范围内的政策、管理事项及流程等基础通用标准，各部门均需遵照执行，例如管理手册、管理办法、程序文件、应急预案、术语汇编、行车组织等。部门级规章体系适用本部门的管理事项及流程，或适用本部门或本部门主导的专业标准。

（二）构建思路

整合规章制度内容，提高规章规范性，减轻规章日常管理难度。分专业类别设计，明确分类体系，对每一类别的内涵及范围进行明确规定，尽可能地减少分类间的交叉重复。两级规章体系建立需遵从全面性、科学性、可行性、指导性、前瞻性。

第四章
项目公司成立及政企合作关系管理

第一节　项目公司成立

一、基于合同履约要求的项目公司注册关键要素

项目公司注册需完成 9 项关键工作。从启动公司注册工作起，总计用时 98 天，较 PPP 项目合同要求提前 60 天完成注册，具体见表 2-4-1。

表 2-4-1　公司注册关键要素表

序号	工作阶段	注册要素	所需时长/天
1	第一阶段	委托注册代理机构	20
2		公司名称、住址、经营范围	
3		收集董监高、财税、社保人员信息	
4	第二阶段	股东协议、股东会议案（含公司章程）、董事会议案的各股东内部审批程序	62
5		召开第一次股东会、董事会、监事会	
6	第三阶段	签订股东协议、公司章程	16
7		出具股东会、董事会、监事会决议	
8		企业登记申请书、场地使用证明	
9		获得营业执照	

二、项目公司第一次股东会、董事会议题范围探讨

（一）第一次股东会、董事会会议议案

（1）第一次股东会议案：同意设立深圳市十二号线轨道交通有限公司；同意《深圳市十二号线轨道交通有限公司章程》；委派公司董事；委派公司董事长兼任法定代表人职务；委派公司监事。

（2）第一届董事会第一次会议议案：聘任公司总经理；聘任公司副总经理；聘任公司财务总监。

（二）会议议案提报

第一次股东会、董事会、监事会议案需提报各股东单位进行前置审批，一般情况下第一次会议仅审议公司注册所必需的议案。

（1）股东会审议：公司设立、公司章程、委派董事、委派监事、确认公司法定代表人。

（2）董事会审议：聘任总经理、根据总经理提名聘任副总经理、财务总监等高级管理人员。

（3）监事会审议：在股东会委派的监事会成员中选举监事会主席。

三、基于"股东联席会机制"探索项目公司成立前重要事项的决策方式

由于三家股东单位内部的前置审批程序和增加授权单位管理的环节中议案提报股东会审议的前置审批时间较长，而股东联席会机制可方便公司集中向股东单位汇报议案内容，并促进股东单位相互之间的沟通交流，提高前置审批及会议决策效率，避免股东会上出现三家股东意见不统一的情况。并且可在股东会后增加股东联席会对近期需提报股东会的议案进行汇报讨论。

第二节 项目公司内部运作机制

一、项目公司决策议事机构的组建及运作

决策议事机构包括股东会、公司党委、董事会、监事会、经理层。股东会是最高权力机构，是董事会和监事会的委托机构，接受董事会和监事会的汇报。公司党委发挥党组织"把方向、管大局、保落实"统一领导作用，依照规定讨论和决定公司重大事项。董事会是常设权力机构，代表股东管理项目公司并按章程进行决策。监事会受股东会委托，监督公司董事会和管理层的工作。经理层在董事会领导下具体负责经营管理事务，执行股东会和董事会决议，同时接受监事会的监督。

二、项目公司重大事项决策机制流程

（一）重大事项决策机制流程

1. 项目公司内部审核流程

（1）议案前置沟通。

主办部门根据项目公司章程规定的股东会、董事会及监事会议事范围提出相关议案，先行征求项目公司、股东方相关部门的意见。若有意见分歧，主办部门应主动进行沟通协调。经协调达成共识的，及时修正意见；经协调未达成共识的，由主办部门综合意见提出若干方案，提请有关领导协调决策后再行提报。前置沟通形式和渠道包括：

① 协调沟通：将拟提报议案以电话、微信或当面口头汇报的形式，与股东单位有关人员进行沟通，按股东单位意见完善。

② 请示批示：在做好充分的口头沟通的前提下，采用书面沟通的形式确认股东意见。书面沟通包括但不限于报告、函件、工联单等。

（2）议案提报。

主办部门发起有关议案的请示（需写明与股东方相关部门沟通情况），经项目公司相关部门会签，分管领导及总经理审批同意，由项目公司经营班子会或招标委员会审议通过。

2. 提报股东审批流程

（1）起草议案。

主办部门按照股东会、董事会及监事会议案请示模板编制有关议案的请示，并按照股东会、董事会议案报批流程报送各方股东审批。

（2）报送股东审批流程。

由主办部门发起提报股东审批流程，通过请示、发函或者股东单位认可的其他方式，综合与三家股东的沟通意见，将议案提报项目公司、股东有关部门会签及决策会议批准。其中属于政府出资人代表一票否决事项的，由特建发报轨道办审批，主办部门需提前与轨道办进行沟通。

3. 报送股东会、董事会、监事会审批流程

股东会、董事会建设期定期会议定于每季度末召开，主办部门需根据股东会、董事会定期会议召开时间做好议案提报安排，在完成三方股东审批程序后，于每季度最后一个月的 10 日前将议案内容及前置审批文件提报至项目公司相关部门，由相关部门安排上会。

（二）决策机制流程优势分析

1. 完善项目公司治理架构

项目公司始终坚持党的领导，并加强党的建设与公司治理深度融合，以项目公司章程为公司治理制度核心纲要、以国资监管制度为公司治理根基，建立符合业务发展战略要求的一体化制度体系。明确党组织决策事项一个清单、前置审议事项一个清单，充分发挥党组织"把方向、管大局、保落实"的领导作用，强化董事会"定战略、作决策、防风险"的决策作用，落实经理层"谋经营、抓落实、强管理"的执行作用。

2. 全面落实董事会职权

持续加强董事会建设，推动董事会运作从规范、专业、高效迈向卓越，董事会定战略、作决策、防风险功能作用得到有效发挥。

（1）持续优化董事会结构。

董事会设战略与投资委员会、薪酬与考核委员会、审计与风险委员会三个专门委员会，在职权范围和董事会授权范围内展开工作，为董事会重大决策提供意见和建议。

（2）增强董事会的规范性和严肃性。

规范提高董事会议案质量，主动加强会前沟通，做好外部董事服务工作，确保董事全面准确了解情况并做出科学决策，定期督查督办，督促相关部门认真落实董事会决策事项。

3. 决策机制注意事项

项目公司属于三家单位控股的法人公司，作为 PPP 项目实施的主体，仍然受到政府直接监管，并承担线路运营安全、市场化营收的双重任务。目前多数重要经营决策事项均需履行各股东的内部程序，事项决策周期较长。且项目公司在运作期间，需着力维护股东的权益，同时作为市场化法人公司，需协调与政府有关部门、市场竞争对手、合作伙伴之间的多重关系，以实现经营业务的顺利开展，创造良好效益，因此项目公司有别于目前传统轨道交通企业，对外关系协调难度更大。

第三节　PPP 项目合同履约管理

PPP 项目合同是项目公司运作的基本法，确保合同履约是公司的运作红线。如何管理 PPP 项目合同，保证履约到位，目前已采取一系列的方式和工具进行管理。本节将对管理工具、手段、效果进行分析并提出优化建议。

公司建立健全合同履约的保障机制，在公司员工队伍中树立"基于合同、尊重合同、履行合同"的工作理念，对合同履约的重点内容和关键环节实施动态监测与管理，有助于及时发现合同履约过程中的问题或隐患并妥善处理，以确保合同履行到位。

一、加强合同履约培训

为确保项目公司新员工能牢固树立 PPP 项目合同履约意识，项目公司开展了全员 PPP 项目合同履约培训，全面系统地讲授了 PPP 项目合同组成、执行要点以及意义等内容，并在授课后进行了线上考试，学习效果较好，极大增强了项目公司全体员工的合同意识和法律风险防范意识。后续项目公司将持续总结 PPP 项目合同培训经验，建立科学完善的规范化课程，使新员工能快速形成 PPP 项目合同履约思维，并应用到实际工作中去。

二、项目公司自主招采与 PPP 项目合同深度契合

项目公司为确保经营生产工作的有序开展，提前启动了运营期设备维保委外项目招采工作。在招采过程中，项目公司要求各项目经理必须读懂合同、读熟合同、读活合同，在委外项目招标策划、招标文件、技术规格书等各个环节上深入把控 PPP 合同有关运营服务质量要求，力求委外项目合同执行与 PPP 合同执行深度契合，确保 PPP 合同履约到位。

三、强化 PPP 项目合同过程管理

根据 PPP 项目合同、股东协议及资产租赁协议等相关文件的规定，梳理出 187 条重要履约事项清单，分为已全部完成、未触发、常态化工作、待完成、周期性完成五大类进行动态跟进。在清单管理的基础上进一步对履约事项按部门、按时间进行分解，明确责任部门和完成时限。同时，将年度履约事项全面纳入项目公司年度重点工作计划进行周期性跟进，发现问题及时纠偏，对临近完成时间节点的履约事项在项目公司经营安全例会上进行督办提醒，做到责任明晰、目标明确、措施有力，通过强化履约过程管控保障年度履约目标的有效达成。

第五章
项目公司内部管理体系建设

第一节　项目公司企业文化融合应用

从"健全识别系统、分级推进宣贯、紧扣中心优化、丰富载体形式"四个方面发力，全面推进项目公司企业文化的体系建设与成果落地。

一、健全识别系统

项目公司成立之初便确定了以"五好"为经营宗旨的公司企业文化雏形，为进一步助推公司卓越品牌战略计划，促进品牌战略与企业发展战略的相互协同、融合发展，项目公司在深圳地铁集团企业文化的整体框架下，结合地铁集团企业文化体系"规范化、具体化、视觉化"工作要求，对项目公司企业文化理念进行释义，对项目公司 VI（视觉识别）品牌业态辅助色及公司简称等进行规范。

完整、统一的 VI 系统是品牌传播的重要基础，在项目公司的特殊背景下，确立标准的 VI 系统，既要符合项目公司主责主业定位、满足项目公司品牌形象传播需求，又要体现项目公司特点。为了保持深圳轨道交通面向乘客时的统一性，三家股东一致认为，项目公司对外品牌形象要与深圳地铁保持一致，品牌辅助色与代管单位深铁运营保持一致，对内品牌形象在深圳地铁 VI 系统的整体框架下，根据不同的情况使用全称标识"深圳市十二号线轨道交通有限公司"和简称标识"深圳十二号线公司"。

在企业文化理念释义方面，项目公司领导统一部署，组建成立企业文化释义小组共 7 人，经过筛选—讨论—融合—升华，最终形成了以深圳地铁企业文化理念为基础的深圳市十二号线轨道交通有限公司企业文化理念。将公司成立之初一直遵循的"四好"理念从使命、愿景、经营理念等多维度出发进行升级，成为"五好"理念并融入企业愿景中，即：政府好的典范、股东好的回报、乘客好的体验、员工好的归属、行业好的标杆，将深圳地铁集团企业文化理念中的"企业使命"等 12 条关于价值观、企业精神、行为规范等方面的内容结合项目公司的职责、定位等进行释义，让项目公司发展方向更加明晰、遵循更加完善、指导意义更加突出。

二、分级推进宣贯

对内，识别系统建立后，项目公司将企业文化理念制作成册发放给员工进行全员学习，并制定了分段分级三年培训方案进行全员宣贯。2021—2022 年，组织公司级覆盖全员的企业文化导入式无差异培训；2022—2023 年，分层级、分部门开展覆盖全员的企业文化差异化培训；2023—2024 年，形成以"两员"为主体的企业文化宣讲队伍，开展以班组为单位的企业文化宣讲，以企业文化开放日的形式，探索由基层员工总结、践行、展示企业文化的新形式；到 2024 年，各班组各职能部门要形成自己的班组（部门）文化，形成一班一品的企业文化局面。

对外，通过多平台、全方位、不间断地宣传贯彻企业文化理念，形成有广度、有深度、有力度的宣传教育趋势。充分发挥网络平台优势，大力传播项目公司企业文化，塑造忠诚担当、服务一流、品牌卓越的社会形象。

三、紧扣中心优化

企业文化是公司的价值观、经营理念和企业精神以及在此基础上形成的行为规范。为了验证项目公司企业文化是否真正与公司的发展、行为规范等相统一，员工是否能知行合一，在企业文化体系搭建完成一年后，项目公司组织开展了企业文化案例征集活动，活动共征集了有效案例十条。案例贯彻"经营地铁，服务城市"的企业使命，通过在建设、管理、经营轨道交通及相关业务方面发力，助力"双区"建设；贯彻"造就高素质员工队伍，成为全球轨道交通标杆企业"的企业愿景，通过建立适应轨道交通 PPP 模式发展的复合型人才培养体系，秉承"五好"的经营宗旨，创造价值，服务社会；贯彻"以乘客为中心、以价值为导向、以法制为圭臬、以奋进者为本"的理念，通过提升精细化管理、人性化设计提升服务水平，通过执行 PPP 合同，提升依法治企的能力和水平，通过倡导奋斗文化，为奋进者提供舞台；坚持"两个一以贯之"，通过坚持党的领导，落实"三重一大"事项审议决策制度，落实国企改革三年行动方案，将党的政治优势转化为公司发展优势，助力公司建设产权明晰、治理完善、机制健全、可持续发展的新时代轨道交通企业；贯彻"赛马中相马，实效论英雄"的人才理念，通过项目经理制、奖惩管理制度、送外培训等制度着力建立"赛马"机制，打造高素质员工队伍，实现人才强企；贯彻全生命周期的质量管理和安全管理理念，践行"百年品质、至臻至美"的质量理念和"生命至上、责任至重"的安全理念。

结合"分段分级三年培训方案"，进一步组织部门级征集差异化文化案例，以及以班组为单位进行企业文化品牌建设，以最终实现企业文化与中心生产同频共振，企业文化与员工行为准则相统一，让企业文化内化于心、外化于行。

四、丰富载体形式

（一）抓好先进典型培树载体

通过开展项目公司好青年、党员示范岗的评选，选出党员、团员先进典型，让先进典型引路，在守初心、担使命、修身立德、干事创业等方面发挥示范作用，通过总结能够发挥示范引领作用的经验，激励广大员工，见贤思齐、创先争优，以更加饱满的工作热情投身祖国的伟大事业。

（二）抓好以奋进者为本载体

通过开展项目经理、团组织书记的公开选拔，打破职位限制，为勤学、多思、肯干的员工提供好的平台，让上进者有舞台、敢担当，让担当者担当、让有为者有位。项目公司完善机制、员工积极参与，共同践行"以奋进者为本"和"实效论英雄"的理念。

（三）抓好复合型人才培养载体

通过开展员工健身、员工阅读等活动，"野蛮员工之体魄，文明员工其精神"，为实现员工身体与精神的健康打下良好基础。为了让新老员工快速认识、认同公司的文化理念和核心价值观，并使之成为日常行动的精神引领和行为指导，持续为全体员工开展企业文化培训，做到全员培训全覆盖，培养复合型人才员工。

（四）抓好创新文化载体

PPP项目本身作为市政府在轨道交通领域的创新项目，身兼推动轨道交通单线核算、解决融资等问题的责任。通过探索降本增效，降低运营期设备折旧、维护成本，提高地铁公司管理模式效率，找到轨道交通新的发展之路。12号线建设、运营的每一步都在摸索中创新，这也就形成深项目公司的创新文化。

企业在发展，项目公司也将不断探索与之相匹配的企业文化，使之成为公司建设的基石、发展的引擎。

第二节　项目公司组织架构与薪酬体系

一、基于岗位融合的效率导向型组织架构设计

（一）岗位融合思路

随着全自动无人驾驶技术的不断进步和完善，城市轨道交通无人驾驶技术日趋成熟，员工单一的专业技能已成为制约公司发展的因素之一。多专业融合已成为适应城市轨道交通发展的趋势。

项目公司把各专业的创新融合作为 12 号线高效运作的重要环节，通过对各专业内部工作量细分，对相邻专业及壁垒性不是很强的专业进行重组，以优化专业配置，达到项目公司精简组织架构的目的。

（二）组织机构编制总则

1. 编制依据

为促进项目公司规范运作和健康发展，完善机构设置、健全管理体系、优化职能配置、提高效率效能，以确保项目公司战略规划、经营目标顺利达成。根据《中华人民共和国公司法》《中国共产党机构编制工作条例》《企业国有资产监督管理暂行条例》《公司章程》等相关规定来编制组织架构。

2. 编制目的

（1）机构编制以满足市场化运营需求、履行管理职能需求为目的，以推进公司法人治理体系和治理能力现代化为导向，为公司可持续、高质量发展提供坚强的组织保障。

（2）机构编制以保障战略规划达成为导向，坚持优化协同高效，坚持机构编制刚性约束。通过不断提升机构编制资源使用效益，项目公司做到职能分工明确、合理，人员配置精简、高效。

项目公司权力机构、决策议事机构、经营决策机构等已有法律法规或章程、议事规则等相关规定的，应服从其规定。

（三）机构编制管理原则

（1）坚持"精简统一、严控总量、盘活存量、优化结构、增减平衡"的原则，以符合政府有关政策规定，契合股东方管控策略，匹配项目公司战略规划、经营发展、效率效益等的需求。

（2）坚持"三重一大"决策制度。机构设置及编制核定办法须由董事会、党委会等集体研究决定，一经审定必须严格执行，机构限额外不得设立机构，机构实有人员不得突破核定编制。

（3）坚持"统一领导、分级管理"。在董事会、党委、经营班子的领导下人力资源部（建设期由经营管理部）负责机构编制管理的具体工作。

（4）坚持"周期核定"。以年度为周期，年终对下一年度机构设置、职责权限、人员编制、干部职数等有关事项予以核定，按既定程序审定后实施。

（四）机构设置管理

项目公司设部门级机构并设置实体管理机构承担指定管理职能，管理机构内部不再下设机构。机构按照项目公司授权规定行使计划目标、预算成本、人才引进、岗位调配、绩效考核、薪酬核算等管理职权。

1. 建设期机构设置

受全自动运行系统全面应用因素影响，项目公司建设期面临设备采购安装及过渡期联调联试、试运行等工作工期短、任务重的挑战。因此建设期及过渡期架构设计需具备扁平化、简洁高效的特点。基于以上因素，结合项目投标文件中建设期组织架构设置方案，公司于建设期设立股东会、支委会、董事会、监事会、经营班子会、招标委员会、技术委员会、安全委员会等议事决策机构，设立企业发展部、经营管理部、财务部、安全质量部、建设管理部、运营筹备部等职能管理、安全生产管理部门，如图2-5-1所示。其中企业发展部、经营管理部、财务部属于职能支持部门，安全质量部属于安全督查部门，运营筹备部、建设管理部属于生产业务部门。各机构内部不再下设机构。

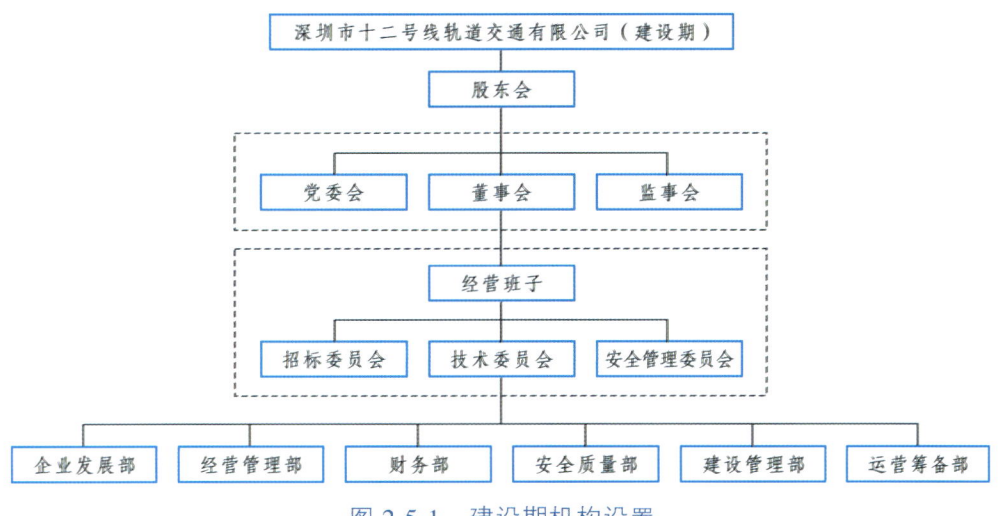

图 2-5-1　建设期机构设置

2. 运营期机构设置

针对运营期机构设置，项目公司应基于精简高效、权责分明、统一协调的原则设置组织机构，以负责建设期工作的团队将直接过渡至运营期继续负责有关工作，并保证各专业管理的连续性，确保两个时期的平稳衔接。

（1）议事决策机构。

运营期项目公司将延续建设期决策机构，设股东会、支委会、董事会（战略与投资委员会、薪酬与考核委员会、审计与风险委员会）、监事会、经营班子会（招标委员会、技术委员会、安全委员会）等议事决策机构，以保障公司议事决策高效合规，如图2-5-2所示。

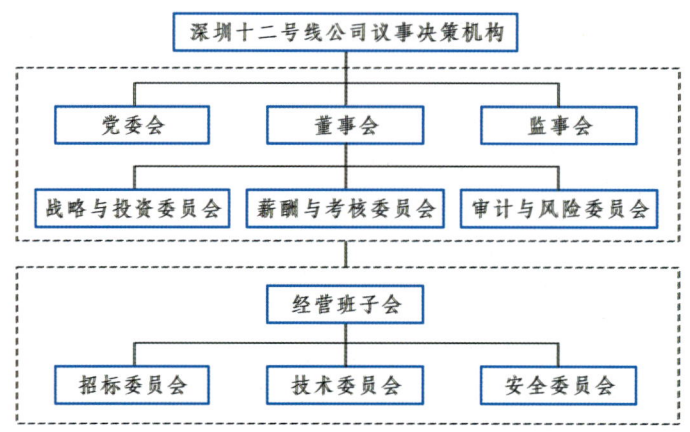

图 2-5-2 运营期公司议事决策机构

（2）一级机构。

12 号线采用全自动运行模式，运营期在组织架构方面使用专业化集中管理模式。其中，生产执行机构设置 4 个部门（站务中心、乘务中心、车辆设备中心、维修工程中心），生产管控机构设置 3 个部门（安全监察部、总工程师办公室、控制中心），职能支持机构设置 5 个部门（党群综合部、人力资源部、财务资产部、经营管理部、合约法律部），共 12 个部门，如图 2-5-3 所示。

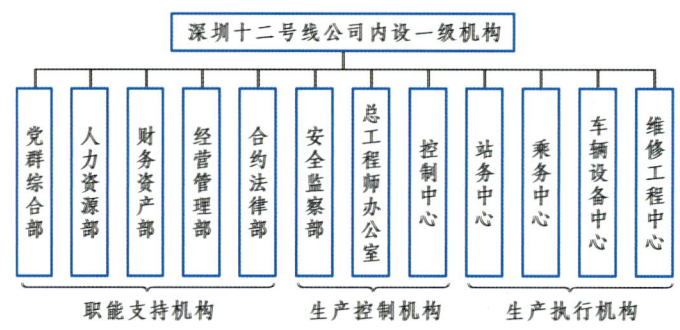

图 2-5-3 运营期项目公司一级机构设置

二、薪酬体系建设

（一）薪酬体系建设思路

项目公司精简设计机构的编制，充分发掘线路全自动运行技术优势，大力倡导岗位融合理念，提高人均劳动生产率，据此设计的每千米人员配置标准优于地区行业水平且优于投标文件规定的配置标准。为贯彻执行国家、省、市有关薪酬政策，促进项目公司规范运作、健康发展，提高效率效能，薪酬体系可通过调整薪酬结构、水平，以使员工目标薪酬与通过岗位融合全面提升的工作量、工作效率和岗位价值动态匹配。

（二）薪酬体系设计基本原则

项目公司在坚持"按劳分配，绩效优先，兼顾公平"的前提下，遵循以下原则：

（1）坚持因岗定薪的原则。以岗位价值为薪酬体系的核心，以岗位和职级确定员工薪酬。

（2）坚持业绩与收入相关联的分配机制。鼓励"多劳多得"，打破平均主义，通过科学、公平的绩效管理，实现薪酬"能增能减"。

（3）坚持向生产一线岗位、关键岗位和高层次、高技术人才倾斜的原则。结合员工学历、职称等个人资历要素，适当区别员工薪酬。

（4）坚持内部激励性和外部竞争性原则。既持续强化市场竞争力，同时也确保公司薪酬水平在地区和行业内维持一定的吸引力。

（5）坚持总体薪酬与项目公司经济效益、劳动生产率挂钩。充分调动员工积极性、主动性，实现企业与员工的双赢。

（三）薪酬体系管理

1. 薪档管理

项目公司员工薪酬实行薪档制。根据岗位价值评估结果，形成以岗位价值为基础的薪档，不同岗位对应不同薪酬标准。员工定岗定薪、职级调整以薪档调整为核心，结合绩效考核管理办法和奖惩管理办法，根据员工年度绩效考核结果进行调整。

2. 浮动与激励机制

（1）项目公司将根据地区和行业的年度薪酬变化情况，结合项目公司的战略定位，适时对员工的现金收入总额水平标准进行调整。

（2）建立工资浮动调整机制，员工的绩效薪酬按照其所从事岗位薪资标准发放，低岗位顶替高岗位时增加相应绩效工资，高岗位从事低岗位工作时降低相应绩效工资。

（3）优化二次分配制度，将薪酬中结合考勤扣发部分进行二次分配，鼓励多劳多得，增强员工获得感。

（4）设置专项激励薪酬，针对轨道办和股东方对项目公司生产经营指标考核，项目公司通过《安全目标责任状》《经营目标责任状》等形式量化、分解、明确专项激励薪酬的发放。

第三节　项目公司人才育成建设

一、岗位体系建设

（一）岗位体系指导思想

以国家相关法律法规、企业规范规定、项目合同为准绳，充分发挥项目公司扁平化组织架构特点优势，指导岗位体系建设。深化国家"可衡量、可考核、可检验、要办事"的改革要求，基于集团公司一体化职级制度，充分参考代管单位岗位体系改革方案，同时考虑项目公司岗位融合优势，建设合理规范的岗位体系。

（二）岗位体系设计思路

1. 岗位设置

从项目公司各专业实际业务、工作需求出发，以既有岗位职责和项目公司的岗位融合方向为基础，精简旧岗位、设置新岗位，建设高效岗位体系。杜绝"因人设岗"，坚持"因事设岗"，逐步完善项目公司组织架构的战略需求。

2. 岗位价值评估

坚持从多角度建立岗位价值评估准则，针对岗位体系进行全方位的比对分析。建立一套评价工具并合理利用，用以对不同岗位进行分类归纳，实现岗位价值量化可比。

（三）岗位融合

深入开展运维模式研究，提出运维组织和客运服务以品牌化、精细化为手段对标行业一流轨道交通服务水准，采用自主+委外的方式开展，以最大限度提高项目公司经营效益，实现降本提效、可持续发展的总体目标，更好地落实运维模式方案并为后续人员提供培训依据。

1. 专业融合方式

（1）专业内部业务融合。

专业内部相近业务复合相融，可实现一岗多能、减员增效。通过本专业岗位内部融合，打通业务链条，可减少设置非必要岗位。

（2）跨专业业务融合。

实行属地/关联一体化管理，可打造复合型工种，提高工作效率。通过跨专业业务融合，属地承担属地内设备设施日常管理（巡视报修及简单修等业务），实现检、修分离。关联度高的相关专业（如供电、电力监控、接触网，房建、隧道、人防、轨道、通信、信号等）采取关联业务整合，打造复合型工种，减少后期工作接口，提高管控质量和工作效率。

2. 专业融合方案

根据上述专业融合方式结合各专业运作模式、设备维保模式转变、修程修制优化及新技术应用等因素，制定各专业板块融合方案。

（1）行车客运板块。

①站务与其他专业板块融合。

为进一步提升岗位效益，结合智慧运维新技术，采用岗位定位划分及专业内部业务融合等方式可解决岗位内容重叠、个别岗位工作量不饱和等问题。同时，充分利用属地值班优势，融合跨专业业务，为各专业提供属地人员支持，提升工作效能。具体融合内容如下：

a. 车站运作中的客服中心、边门、车站巡视及站台值守等岗位重合度高的基础业务可结合智慧运维成果，以站务员取代保安边门岗及站台岗，减少非必要岗位设置。

b. 基于车站票务已实现线上交易，同时单程票乘车方式占总乘车方式较少的现状，可减少原客运值班员配置，由值班站长兼任，实现一岗多能。

c. 站务人员可充分利用属地值班优势，通过跨专业融合培训取得相关资质后，承担施工配合、车站范围公共区及设备房（高压设备房除外）的设备环境巡检、设备简单故障修（重启/复位）、设备故障快速介入解救等工作，可免去专业工程师在路程上的时间消耗，从而提升工作效率。

②调度板块内部岗位融合。

为实现一岗多能的运作目标，专业岗位内部融合可采取一岗持多证的方式，同时结合全自动驾驶模式优化架构设置，将原来的岗位重新划分并开展岗位融合，实现岗位互通。具体融合内容如下：

a. 行车调度员和车辆调度员融合；乘客调度员和信息调度员融合；电力调度员和环控调度员融合。

b. 部分行车调度员取得乘客调度员资格证作为乘客调度员备员。

c. 行车、车辆、客运工程师合并为行车工程师；电力和环控工程师合并为电环工程师。

d. 值班主任兼任运营总值班职能，管理人员兼顾综合管理工作。

③乘务板块融合。

公司乘务运作采用自主运营方式，后期逐步分批退出。为解决乘务退出服务后的日常人工介入业务（非正常情况下正线不能动车的应急处置、正线列车调试、每日轧道车开行、车厂降级模式下的发车作业等），结合运营运行阶段分批退出并向站务、车辆、多职能方向进行专业融合。具体融合内容如下：

a. 运营初期，20%电客车司机与车厂司机融合。

b. 考虑到司机后期需要退出，退出前约半年时间内应分批次开展与站务、车辆等多职能方向融合培训，取证评估后承担相应转岗工作，同时兼任列车突发事件的应急指挥工作。

④票务板块融合。

在确保地铁收益安全的情况下，结合票务管理各项业务管理内容，从人员技能、智能票务系统运用等方面来实现岗位角色融合优化，以实现一岗多能，提升岗位效益。具体融合内容如下：

a. 收益核对管理岗位兼容车票管理的车票采购、发放等业务管理工作。完成对内部车站管理、现金管理，包括与银行、深圳通公司、第三方移动支付公司（财付通、支付宝、银联等）签订服务协议并根据 ACC（轨道交通清分中心）的清分结果进行审核、对账、划账等管理工作。

b. 清分结算管理岗位兼容车票管理的中心票库管理工作。收益管理结算划账确认，实现清分管理与银行结算、深圳通公司结算、第三方支付公司，以及与 ACC 签订清分协议及其他轨道交通运营公司清分结算工作同时与 ACC 开展交易对账，开展云平台对账业务，深圳通乘车码对账、银联金融 IC 卡对账、地铁乘车码对账以及清分收入划账确认。建立数据监控台账，并对运营类指标进行监控。采集行车参数提报 ACC。

c. 初期运营阶段，因设备性能、系统功能可能存在不稳定、不完善等情况，向站务方向进行专业融合，对车站票款解行（押运）、票款核对、银行兑零与车票配发、回收、调拨以人工核对和干预为主。成熟运营阶段，收益核对逐步由人工核对过渡到自动核对、全自动核对；引入大数据分析，对可能的风险点、异常数据进行人工干预和分析，消除收益安全风险；日常的报表核对、设备车票和票款差异等主要以系统自动核对为主，人工抽查为辅。

（2）运维管理板块。

① 通信、信号车载专业与车辆专业融合。

检修技术人员配置基于机械、电气等专业（不以各子系统专业区分）进行专业融合。通信、信号车载专业修程主要包括月检、年检；车辆专业修程主要包括周检、均衡修、专项修、特别修。具体融合内容如下：

a. 通信、信号车载专业双周/月检与车辆专业周检进行融合，以巡视为主，检查设备是否正常运行等。

b. 通信、信号车载专业季检和年检，通信、信号车载专业年检与车辆专业均衡修、专项修进行融合，对列车设备进行清洁、紧固、测量等。

c. 通信、信号车载专业动态调试作业与车辆专业动态调试作业融合，统一对列车功能进行测试，进一步提升试车线资源利用率。

d. 通信、信号设备的日常故障处理跟车辆设备的日常故障处理同时进行，由车辆统一处理，减少人工成本和时间成本。

② 委外项目管理融合。

结合运维方案策划通过委外招标将接口相近专业进行打包发包，推动承包商自身利益导向通过管理达到岗位融合以减少成本。同时项目公司自身设立整体项目管理团队打破专业管理界限以统筹管理各委外专业项目，全面从生产管理转为项目管理。具体融合内容如下：

a. 通信专业与 AFC（自动售检票）专业融合。通信系统与 AFC 系统采取统一委外招标共设工班管理方式，内部开展专业融合，实现岗位人员一专多能，同时自主管理人员转变为项目管理人员，统筹专业项目管理工作。

b. 机电及综合监控专业融合。参考深铁运营 11 号线机电与综合监控专业共同值班运作模式，结合运维方案中专业委外维保策划方案，采取机电专业（环控、屏电、给排水、低压动照）及综合监控专业［BAS（环境与设备监控系统）、FAS（火灾报警系统）］共设工班管理方式，检修工开展内部专业融合实现岗位人员一专多能，同时自主管理人员转变为项目管理人员，统筹专业项目管理工作。

c. 接触网、SCADA（电力监控系统）、变电专业融合。接触网、变电专业与 SCADA 专业设备统一委外招标，由委外工班管理。供电系列内部开展专业融合，实现岗位人员一专多能，同时自主管理人员转变为项目管理人员，统筹专业项目管理工作。

d. 轨道、房建、桥隧专业融合。房建、桥隧、轨道专业设备统一委外招标，由委外工班管理。工建系列内部开展专业融合，实现岗位人员一专多能，统筹负责工建项目管理团队，打破专业管理界限。

二、培训体系建设

（一）岗位资格培训与考评

1. 培训方案与方式

（1）新员工或转岗员工报到后，根据岗位资格培训及考核大纲制定员工岗位资格培训方案计划（包括理论及实操培训计划），培训总学时应达到该岗位资格大纲规定的最低学时要求。

（2）培训人数较少时（小于或等于 15 人），先进行安全培训和岗位资格实操培训，可以采用师徒带教的方式开展理论及实操培训，并做好培训记录。

2. 理论培训

（1）理论培训以集中培训和现场讲解为主、线上培训为辅的方式进行，培训结束后需安排理论考试。

（2）培训班需指定一名员工担任带班班主任，负责培训班日常管理、台账建立等工作。由班主任选出班长及小组长，以便分层管理。

（3）培训师授课需提供培训课件，实施部门应对培训课件及时进行审核和评估。

（4）每次理论培训后须组织学员对授课培训师进行培训效果评估，并抽取 10 人填写效果评估表。

3. 实操培训

（1）实操培训采用小班制实操教学和师徒带教相结合方式进行。

（2）带教师傅须从事本岗位工作满两年及以上，且上一年度绩效等级为"称职/合格"及以上。带教师傅须严格按照用人单位制定的教学计划、教学任务开展带教工作，履行带教义务。

（3）带教师傅和学徒应签订"师徒带教协议书"，用人单位应做好带教师傅的合理安排及教学跟踪，按"师徒带教情况表""师徒带教学习记录表"及时记录、填报有关带教信息。

（4）师徒带教期满后，带教师傅应对学徒在带教期间的表现进行综合评价鉴定，填写"学徒综合鉴定表"。学徒对带教师傅的工作态度、启发性等带教情况、整体表现进行评价，填写"师徒带教综合评价表"。

4. 岗位资格考评

（1）理论考试采用书面考试形式，实操考试采用现场考核的形式。考评由公司培训管理部门向深铁运营申请并得到批准后开展，公司安排相关抽题人员、监考人员、阅卷人员、纪检人员等，做好考务安排。

（2）理论考试由抽题人员前往深铁运营抽题、制作试卷，考务人员申请考试教室后组织开展，监考人员和纪检人员做好现场监督。合格标准为理论成绩不低于 60 分。

（3）实操考试由抽题人员前往深铁运营抽题、制作试卷（与理论考试同时抽题），由生产部门自行组织考试，考评人员由专业技术人员（须符合考评员资格）担任，每名考生应由不少于 2 名考评员对其评分，平均分即为考生的最终成绩。合格标准为实操成绩不低于 85 分。

（4）合格人员由深铁运营颁发岗位资格证书。新员工及转岗员工初次考评不合格者，给予 2 次补考机会。岗位资格理论或实操考试不合格的新员工或转岗员工需安排强化学习，学习周期不少于 15 d 且不大于 30 d，学习期满后可安排补考，补考要求与初次考试相同。

（二）岗位资格重温培训

根据岗位资格培训及考核大纲，结合实际需求，梳理生产岗位所应掌握的重点理论及设备操作业务知识，根据各关键岗位员工知识和业务技能实际水平，有针对性地制定重温与提高培训计划，并纳入培训年度专项计划进行督办。

重温培训师优先选择公司已聘内部培训师担任，特殊情况可选择业务能力强的员工担任。理论培训采用"网课+网考"线上培训模式，遵循"宽培严考"的原则，以线上自学为主，并配套课后测试；实操培训则采用线上开班，线下培训及鉴定的模式开展。每个重温培训项目均需配套试题，试题数量不少于 20 道，学员随机抽考 10～20 道题。

每次培训均需完成线上签到、线上考试（线下鉴定则录入成绩并上传鉴定表及照片）、线上讲师评估等培训记录，并将员工考试、鉴定成绩整理成册，一个培训项目对应一份学员明细表。

项目公司及各单位不定期对培训实施情况进行检查，凡检查不合格的培训项目，根据目标考核相关规定进行考核。

（三）内部培训师选拔管理

为充分发挥内部培训师在培训管理体系中的核心作用，提高项目公司的整体培训质量和教学水平，采取在公司范围内选拔优秀内部培训师的方式，并通过选拔定级、教学实施、技能培养、考核评估及激励等一系列工作规范对内部培训师的管理，为项目公司人才梯队建设提供有力的培训资源支撑。

以基本任职素养、任职资格为依据，来制定培训师的具体选拔方案，开展培训师选拔认证工作。经过试讲、评分等，再结合业务能力、工作经验及教学水平，将培训师分为初级、中级、高级三个等级。

教学授课前，培训师应根据培训需求，结合最新的专业知识和业务技能，开发与受训学员匹配的课程。教学授课中，培训师须做好培训班的管理工作，严格要求课堂纪律，营造良好的学习氛围，并充分运用多种授课方式，向学员传授和分享知识、技能、经验，且思路清晰、表达流畅、重点突出。在开展实操教学时务必做好防护措施，保证学员及自身的安全。教学授课后，落实"逢培必考"要求，培训师须对学员的知识掌握情况进行检查考试。同时了解学员对课程的满意度评价，做好教学课件的更新及授课方式的改进。

各单位将组织本单位优秀培训师对新任培训师进行技能培养和指导，以老带新，提高授课能力。同时，公司应组织开展培训师经验分享及交流活动，邀请内外部优秀培训师或专家进行指导、培训，提高培训师的整体教学水平。

项目公司每年根据授课积分、满意度评价、现场抽查情况及学员培训效果，对培训师进行综合评估，并依据评估情况每年开展培训师评优工作，对表现优异或贡献突出的培训师授予年度优秀培训师称号。

（四）标准课程开发管理

课程开发是指基于公司及各单位的需求，确定课程开发目标，设计相关教学活动，编制教学内容，并进行组织、实施、评审、修订，以达到辅助教学目的的工作过程。公司课程开发管理遵循"以评促培，教研结合"的组织理念，以规范课程设计要素、注重内容编排质量、运用创新教学方法等方面为量化依据，全面实现业务知识显性化、操作技能可视化的教学目标，以最终提高课程开发质量及培训的有效性。

开发的课程按照内容主要分为管理类课程、通用类课程和专业技术技能类课程；按照授课形式分为线下面授课程、线上学习课程；按照演示形式分为标准课程、视频课件。标准课程开发采取课程大纲/框架设计、幻灯片/参考话术/随课测试题设计、本专业评审、部门评审、视频化、建立课程信息台账 6 步走的形式；视频课件开发采取制作方案、拍摄/剪辑、本专业评审、部门评审、建立课程信息台账 5 步走的形式。

项目公司将已评选的课程应用于新员工培训、岗位资格培训、重温与提高培训等，并建立公司课程库，对课程库进行管理，及时进行备份、修订等。

（五）技术工种从业人员培训取证

根据国家、省、市及公司的规章制度要求，从事涉及安全、消防、特种作业、特种设备操作等作业的人员应该按规定完成培训并经考核合格取得相应证件后方可从事相应的作业或者管理工作。项目公司调度人员、站务人员、检修人员等，均需按照规定持相应证件上岗。

项目公司梳理汇总各技术工种从业人员持证要求及比例，根据运营生产及岗位融合等需要，每年制定技术工种从业人员培训取证、复审工作计划，组织符合要求的员工前往合作的培训机构参加培训、学习，并组织考试取证或复审。项目公司每月对技术工种从业人员的培训取证情况进行更新与分析，并做好证件及电子台账的管理，实时掌握公司技术工种从业人员持证信息，确保相关人员具备专业知识和操作技能，并符合国家、省、市及公司的规章制度要求。

（六）员工岗位技能评估

为鉴定评估生产岗位员工业务技能，诊断员工技能短板，提升员工的整体业务技能水平，制定了项目公司员工业务技能评估与提升专项方案。以"造就高素质员工队伍，成为全球城市轨道交通高质量发展的标杆"的企业愿景为核心，通过循环滚动的"学习、考评、帮扶、检查"活动，不断提高员工职业素养和岗位专业化水平，消除员工技能短板，不断提升员工价值和贡献度，确保项目公司运营生产长治久安。

以岗位准则与安全质量红线清单、岗位技能与应急能力清单为主要工作评估和检查内容，分四个阶段开展该项工作。第一阶段梳理技能清单、制定考评标准，开展技能学习及摸底、完成第一轮考评及总结工作；第二阶段针对上一阶段考评结果制定针对性、精细化培训提升计划，开展一对一培训带教；第三阶段开展技能提升及复训、第二次一对一培训带教及再次考评与总结；第四阶段组织开展全面的岗位技能测评，对前三阶段培训效果进行验收。

加强组织领导、狠抓帮扶效果、强化监督考核、建立长效机制，不断强化员工的岗位技能水平，并通过"严考"进行检验把关，将考评成绩与员工的绩效挂钩，激发员工的积极性，确保项目公司的稳步发展和长治久安。

三、股东方人员引进和社会招聘相结合的人才引进模式实践

项目公司秉承"赛马中相马，时效论英雄"的人才理念，深入实施人才强企战略，将股东方丰富的建设管理团队和技术队伍作为项目公司人才结构强有力的后盾。同时结合社会招聘，引进高层次人才，优化人力资源配置，补齐经营发展人才短板。

计划实施过程中，为保证项目公司各项工作按照关键时间节点有序开展，项目公司应按发展阶段分步骤开展人才引进工作。

（一）筹建期

为保障项目公司顺利组建，根据相关法律法规要求，以股东方沟通协商的形式成立项目筹建管理团队。

（二）建设期

为保证人才队伍能满足项目公司日益增长的工作量，确保各项工作按时、高质量开展，通过精心策划、严密组织，以面向股东单位组织专项人才选拔的形式，引进项目公司建设筹备业务管理型人才。

（三）建设期至运营期过渡阶段（运营筹备期）

为确保线路如期高质量开通，项目公司应合理组织人手以应对日益增长的工作量，通过股东单位推荐或选拔的形式引进线路运营筹备各专业岗位人员。

（四）运营期

运营期将根据深圳地铁12号线开通进度及线路经营情况，结合人才流失状况，阶段性面向股东单位及社会引进各领域高层级专业人才，多渠道招聘录用核心岗位工作人员，适时调整人才队伍结构，满足项目公司不同时期的发展需求。

四、基于颗粒度管理模式的复合型人才培养

探索新型人才培养策略，把项目公司建设成为轨道交通PPP项目的培训学校，以培

养一批融合建设和运营岗位技能，懂经营、熟业务、明法规、知流程的轨道交通 PPP 项目专项人才，把项目公司建设成为输出文化、输出理念、输出标准的业内领先者为目标，建立颗粒度管理模式，充分发展项目公司人力资源，激发员工内生动力，培养复合型 PPP 项目经营管理人才。

（一）颗粒度管理模式

1. 管理原则

（1）基于组织架构，建立扁平化、垂直化管理体系，简化管理层级。
（2）管理职责融合、专业工作融合，培养业务技能多面化人才。
（3）通过岗位轮值、竞争上岗的方式发现人才、选拔人才。
（4）管理人员放权不放手，及时指导、及时纠偏，确保项目公司整体运作稳定有序。

2. 管理结构及模式

围绕项目公司建设期重点工作，经过梳理，在 6 大部门基础上划分 8 个业务组（后续优化成 8 个专项事务组），各业务组根据实际工作需要可下设工作小组。根据各业务组工作内容和性质的不同，将综合管理、人事党群、商业管理、计划经营等 4 个业务组定义为支持类业务组；将运营筹备、建设管理、安全质量、财务管理等 4 个业务组定义为专业类业务组。

管理颗粒度细化在"部门—业务组—工作小组"的组织链条上按照"管理职责轮值""具体业务一带三"两条主线开展具体工作：

（1）针对管理职责，根据人才培养计划进行轮岗，在管理责任明晰的前提下安排业务组管理岗位轮岗。在轮值中提升业务骨干带队伍能力、选拔管理队伍后备力量。

（2）针对具体业务，按照分工落实到人，在日常分配 A、B 角的基础上由业务组负责人与业务分管领导协商后，明确 C 角，形成由业务组负责人带领业务 A 角、业务 B 角、业务 C 角，即"一带三"的业务技能培养梯队。在梯队中通过适度业务交叉来促进专业融合，确保专业技能得到发展传承，保障人才队伍储备深度。

（二）管理颗粒度细化在项目公司的应用及效果

1. 各层级业务临时负责人选拔

在项目公司建设和运营筹备各项工作逐步进入集中推进期后，为促进项目公司规范运作和健康发展，应充分落实工作责任、践行"赛马中相马""为担当者担当""让有为者有位"等人才理念，结合人员结构现状，开展各层级业务临时负责人选拔工作。

以坚持德才兼备、注重实绩、群众认可，坚持人岗匹配、有利于发展为原则，公开、公平、公正、择优选拔了一级管理组临时负责人助理 2 个，二级管理组临时负责人 30 个，三级管理组小组长 21 个，共计 53 个。建立相关岗位选拔和不定期轮换机制，运用"一带三"理念对小组分级管理，培养人才梯队并促进岗位融合和技能拓展。

2. 明确专项事务分工及专项事务责任人

为确保建设工程管控、运营筹备等工作高效平稳运作，促进各业务板块间协作，落实责任，充分结合管理实际和岗位融合情况，对项目公司组织架构获批前各专项事务分工及专项事务责任人予以明确。

将过渡期专项事务划分为包含企业发展、经营管理、财务管理、安质管理、建设管理、运营筹备、设备维保、委外设备维保项目管理八大类别。明确各专项事务分工及责任人，以推进各项具体工作、明确事务责任、理顺内外部接口，提高工作效率质量，为12号线强势开通打好了坚实基础。

3. 多维度轮岗机制

（1）业务组负责人轮岗机制。

在确保每项工作职责落实到人、合理安排工作确保忙闲均衡的基础上，项目公司经营班子可以季度为周期调整业务组轮岗负责人。业务组轮岗负责人当值期间有权统一安排、调配业务组内的各类资源，统筹各项工作，向业务分管领导直接汇报。

（2）工作小组轮岗机制。

各业务组根据工作职责划分工作小组，业务组负责人可以季度为周期安排组内人员进行牵头人轮岗。牵头人轮岗应考虑具体工作需要和员工个人意愿，业务组负责人根据业务组内具体工作职责按季度提交季度工作牵头人轮岗安排表，提交人事分管领导审核后生效执行。

（3）业务组负责人助手轮值机制。

各业务组内的工作小组轮岗人员以及自驱动专项工作组负责人可通过考核选拔，由经营班子会评定综合表现优秀员工，同时可参照支持类业务组负责人轮值机制，开展业务组负责人或业务组负责人助手轮值。

工作小组中作为牵头人轮岗的人员在履行组内管理权限的同时，应积极统筹协调组内各项工作，定期与业务负责人沟通交流、向分管领导汇报工作开展情况，并负责轮值期间组内各项工作的进度和质量。

（4）跨业务组轮岗机制。

年度考核绩效排名前10%的员工经过业务分管领导审核、总经理审批后可申请跨部门轮岗。跨部门轮岗设置考核期，考核期不合格者返回原工作岗位。

（5）自驱动专项工作机制。

为有效应对市场变化、达成阶段性重点项目目标，项目公司经营班子可指定或员工主动申请跨机构抽调人员补充设立"课题组""专项组"等专项工作机构。设置专项工作机构应满足以下条件：

① 需集中人员、资源优势，重点攻克项目公司技术、科研、管理等关键目标。

② 有清晰、明确的机构名称、责任主体、职责权限、人员组成、管理目标和撤销的条件期限。

③ 无违反法律法规规定的有关情节。

④ 须经公司经营班子会审批通过。

⑤ 在明确专项事务分工前，公司已成立运营筹备专项事务组、委外项目管理专项事务组、合约管理专项事务组、内部培训师专项事务组、标准课件开发课题组等多个专项工作机构。这样，一是打造了多通道、多岗位的人才成长路径；二是充分发挥了人才效

益，驱动项目公司高质量可持续发展。

4. 试点委外项目管理团队选定

为科学高效地推进项目管理体系建设、提升项目管理能力、搭建项目管理人才培养平台，开展了公司试点委外项目管理团队选定工作。目前共选拔 1 名项目经理，3 名项目副经理，明确了项目管理相关人员职责分工和流程机制，促进了公司项目管理的科学化、制度化、规范化。

5. 外聘行业专家培训

为提高项目公司竞争优势、促进员工的全方位发展，项目公司培养了一批专业的内部讲师，促进项目公司管理体系持续优化，项目公司聘请行业专家开展四批次提升培训。

根据项目公司实际，有针对性地划分为资深干部班、项目管理班、业务骨干班及内部讲师班四个班级，分别开展人力资源管理全景视角培训、项目全过程控制管理最佳实践、创新型课程设计与开发技巧、横向管理等 8 门课程培训。为公司培养各方面的优秀管理人员，促进了公司管理体系持续优化，为 12 号线"强势开局、跨越赶超"奠定了坚实的管理基础。

6. 颗粒度管理模式后续优化思路

前期项目公司开展了一系列的人员颗粒度细化管理，后续将结合各阶段实际情况，优化工作流程的颗粒度管理。这样，一是确保流程能够实现其价值，体现流程基础管理支撑作用；二是确保流程能够顺畅运行，体现流程在效率效果方面的优势。事先要预设情景进行分析，确定可能存在的纵向、横向风险，评估风险对流程的影响，以确定是否对其进行管控。

流程颗粒度管理是随着内外部环境以及风险的不断变化而动态变化的。当项目公司战略目标发生变化时，会出现偏离风险的情况，因此流程的某些方面需要细化，而某些方面可能需要缩减；当项目公司运行过程中某个环节出现问题时，流程颗粒度需要细化，以更好地管控过程；当项目公司员工素质提升时，理解沟通不一致风险减小了，流程颗粒度可以放大，以降低流程繁琐度，提升管理效率；当信息化水平提升时，横向纵向风险减小，流程颗粒度可以放大，以提升流程管理效率；当部门协作水平提升时，流程增值链条顺畅了，流程颗粒度可以放大。

内外部环境总是在不断变化中，而项目公司的总体资源是有限的，要最大限度地有效整合运用公司资源，有效划分流程"颗粒度"，合理把握公司管理的"度"，是有效提升项目公司管理水平的重要路径。

五、员工绩效与激励

为确定正确的组织绩效和个人绩效关系，树立"为业绩结果付薪"的导向，鼓励"多劳多得"，打破平均主义，奖勤罚懒、鼓励争优创先，充分调动员工的工作积极性，建立长效的激励和约束机制，引导员工个人绩效与组织目标保持一致，项目公司结合 PPP 模式实际及绩效管理体系相关理论，建设 PPP 模式下科学客观的绩效考核制度。

（一）绩效管理体系简述

1. 绩效管理定义

绩效管理是指各级管理者和员工为了达到组织目标，共同参与的绩效计划制定、绩效辅导沟通、绩效考核评价、绩效结果应用、绩效目标提升的持续循环过程，其目的是持续提升员工个人、部门和组织的绩效。

绩效计划制定是绩效管理的基础环节，绩效辅导沟通是绩效管理的重要环节，绩效考核评价是绩效管理的核心环节。

2. 绩效管理作用

（1）绩效管理促进组织和个人绩效的提升。

绩效管理通过设定科学合理的组织目标、部门目标和个人目标，来明确组织及个人发展方向及工作目标。管理者通过绩效辅导沟通及时发现员工工作中存在的问题，给予员工必要的工作指导和资源支持；员工通过工作态度以及工作方法改进，确保绩效目标的实现。在绩效考评环节，对部门及员工个人阶段工作进行客观公正评价，明确部门及员工个人对组织的贡献，通过多种方式激励高绩效部门和员工持续提升绩效，督促低绩效部门和员工发现差距并提高绩效。在绩效反馈面谈过程中，考核者与被考核者面对面交流沟通，帮助被考核者分析工作中的长处及不足，鼓励员工扬长避短，促进个人发展。对绩效水平较差的组织和个人，考核者应帮助被考核者制定详细的绩效提高计划和实施举措。在绩效反馈阶段，考核者应和被考核者就下一工作阶段提出新的绩效目标并达成共识，被考核者承诺完成目标。

绩效管理对员工进行甄选与区分，优胜劣汰，使公司内部人才得到成长，同时能吸引外部优秀人才，使人力资源能满足组织发展的需要，促进组织绩效和个人绩效的提升。

（2）绩效管理促进管理流程和业务流程优化。

在绩效管理过程中，各级管理者都应从公司整体利益以及工作效率出发，尽量提高业务处理的效率，对因何而做、由谁来做、如何去做、做完了传递给谁等四个方面不断进行调整优化，逐渐提高组织运行效率。在提升了组织运行效率的同时，逐步优化项目公司管理流程和业务流程。

（3）绩效管理保证组织战略目标的实现。

项目公司具备清晰的长期发展目标及发展战略规划，结合公司经营实际情况制定年度经营计划及投资计划，明确年度经营目标。管理者将项目公司的年度经营目标层层分解至各部门形成部门年度重点工作计划及工作目标，各部门向每个岗位分解的核心指标成为每个岗位关键业绩指标。

（二）绩效考核管理模式

1. 实施原则

（1）分组评价。公司内设部门按照一级管理组进行评分；根据人员规模和管理需求，各部门可设置二级管理组、三级管理组并以此类推。其中除一、二级管理组的设置和调整由公司明确外，三级及以下管理组可在获得公司人事管理部门同意的前提下，由各部门根据实际情况进行动态管理。

（2）PDCA（P：计划；D：实施；C：检查；A：改进）原则。公司绩效考核流程遵循 PDCA 原则制定绩效计划，进行绩效辅导沟通，组织绩效考核评价，应用绩效考核结果，实现绩效目标的提升。

（3）逐级实施。各部门负责人由公司管理人员评分，副组长由分管领导、组长评分，组员由组长、分管副组长（如有）评分。明确绩效评对象及责任人，打通绩效考评通道。

（4）员工个人绩效与组织绩效挂钩原则。同一考评单位的全部人员最终季度绩效考核分须与本单位目标考核分强制关联，原则上所有人绩效平均分须等于或小于单位目标考核分。

（5）以公平、公正、公开和有效沟通为考核理念，科学客观地考核评定员工工作业绩。

2. 绩效考核机构和职责

（1）绩效考核管理领导小组。

设立绩效考核管理领导小组，由项目公司经营班子成员组成，其中组长由总经理担任，副组长由分管绩效考核管理的副总经理担任。主要职责：

① 负责对公司绩效管理制度的审核、批准。

② 负责提出年度绩效目标的总体要求并对目标实施过程进行指导和监督。

③ 对重大、复杂的绩效争议事项进行最终裁决。

（2）绩效考核管理办公室。

在项目公司绩效考核管理领导小组下设常设绩效考核办公室机构，日常工作由经营管理部负责。主要职责：

① 负责制定和修订员工绩效考核体系，设定绩效目标，并予以贯彻执行。

② 监督、检查和指导下级机构绩效管理体系的运作和具体实施。

③ 负责对考核体系进行宣贯和解释。

④ 负责处理绩效申诉所涉及的重点、难点和争议较大的问题。

（3）绩效考核管理工作小组。

设立各层级绩效管理工作小组，组长由所在层级负责人担任，成员由具有绩效评价权限的人员、各层级绩效考核业务管理人员等组成。主要职责：

① 负责分解细化所在单位的考核实施细则。

② 负责落实考核制度相关要求、对负有管理责任的相关人员进行绩效评价，并对执行过程中的问题进行及时纠偏和指导。

③ 负责所辖范围内员工绩效申诉的调查及处理。

④ 负责建立绩效台账，确保记录的完整性和准确性。

3. 绩效考核目标设定

项目公司职能、技术员工制定季度绩效考核目标统称为关键工作事项，其主要与所在单位关键绩效、重点工作密切相关或直接分解转化，由考评人和被考评人员在每季度初共同制定（最终由组长确定）。考核目标设定遵循 SMART（S：具体的；M：可衡量的；A：可实现的；R：相关的；T：有时间限制的）原则，保证关键工作事项是具体的、可量化的、可实现的、与组织目标保持一致的。每季度末结合目标完成情况及个人工作业绩完成季度绩效考评工作。

4. 绩效考核结果应用

员工绩效考核结果主要运用于绩效奖金的分配。为进一步体现绩效激励导向力度，拉开绩效收入的合理差距，公司建立绩效奖金二次分配机制进行绩效激励。总体设置Ⅰ、Ⅱ、Ⅲ三类群体，根据员工绩效考评成绩在本类群体中排名比例对应二次分配系数，二次分配系数将直接影响个人绩效工资发放金额。

5. 绩效考核结果的反馈与申诉

各层级单位在每季度员工个人绩效评价结束后，所在单位需进行结果公示，并接受员工监督和异常情况的申诉。被考核员工对考核结果如有异议，有权在得到考核结果后3个工作日之内提出申诉，逾期视为默认考核结果，不予受理。

6. 员工帮扶和激励

季度绩效考核结果持续未达到合格标准的员工，将直接促发员工帮扶机制，由其绩效评分人员、评分人上级管理人员及相关业务管理人员组成帮扶小组开展精准帮扶，通过沟通交流、侧面了解等不同形式，从个人技能、当期状态、工作态度等方面进行原因剖析并制定改善措施，填写员工帮扶记录表，帮助员工进步改善。

7. 绩效考核结果的抽查

经营管理部可通过匿名民意测评或个别访谈的方式对员工绩效激励考核结果进行抽查，如发现部门绩效激励考核及奖金分配与备案方案严重不符，或未按考核方案指导意见要求进行加分或扣分，或未按要求反馈考核结果等情形的，应对相关单位予以目标考核，严肃绩效考评流程，保证考核结果的严谨性。

（三）绩效考核管理制度后续优化思路

加强目标管理，建立规范的目标考核管理机制，强化目标牵引导向，提升公司管理与经营水平，确保各项工作目标有序、有效落地。同时，坚持严格管理，坚持客观量化与主观定性相结合，坚持重点突出与全面管控相结合。

建立健全绩效考评体系，修订绩效考核管理办法。根据各部门主要工作内容划分生产板块及职能板块，结合部门目标考核分设置绩效考核等级强制分布比例，将绩效考核结果相对排名转换为相对分数，实现组织目标考核分与员工个人绩效相关联。

坚持以结果为导向，定性评价与定量评价相结合，合理量化员工工作内容及工作目标任务，设计科学绩效考评指标，评分人以员工日常工作完成情况为依据进行客观评分。

绩效考核过程中，作为绩效考核主要管理部门应加强与员工的沟通，组织各部门参加绩效考核相关的沙龙或讨论会，积极采纳管理人员及员工建设性意见建议。

重视公司内部组织目标考核、绩效考核管理机制和方法的培训，引导相关业务管理人员用对、用好考核指挥棒。

第四节 1+4+N 合约管理体系建设

项目公司始终以 PPP 项目合同为准绳，以设计、建设、监理、施工四大合同为抓手，构建"1+4+N"合同管理体系，全面实现合同采购履约合规合法。

一、打造高效优质的多元化采购模式

在有关法律法规、廉政建设以及建设及运营实际基础上，缩短采购决策管理链条，因项制宜，多维度模拟，找出符合项目实际的采购方式，从而提高采购的效率和效益，降低采购成本。

（一）多元化采购模式

公司可以根据实际情况，采用批量采购、分类集中采购、一次集中采购确定多名供应商、小额采购、预选采购等措施简化采购。预选采购供应商包括协议供应商、合格供应商、供货商场、网上电子商场、战略合作伙伴等。

1. 自主采购

由公司作为采购人实施采购工作。

采购方式分为招标和非招标方式。招标方式包括公开招标和邀请招标；非招标方式包括询价采购、比质比价、竞争性谈判和单一来源采购等。

（1）询价采购：响应采购的供应商在采购文件规定的时间内提交响应文件，采购人根据评审结果确定成交供应商的采购方式。

（2）比质比价：在采购同一产品时，要在保证安全的前提下，同等质量比价格，同等价格比运距，同等运距比售后服务，在进行多项比较后，再择优选择采购产品的采购方式。

（3）竞争性谈判：与响应采购的供应商分别进行一轮或多轮谈判，择优确定成交供应商的采购方式。

（4）单一来源采购：从某一特定供应商处采购物资、施工和服务的采购方式。

2. 股东平台采购

委托股东方采购或直接向股东采购。

根据公司特性，为充分发挥股东方资源和管理优势，公司股东依法能够自行建设、生产或者提供的，则公司可依法直接与该股东单位签订相关工程的施工、设备、材料、服务等合同。该股东单位应当至少具备相应的资质及同等规模类似业绩，提供符合 PPP 合同要求及投标确定的产品、服务。

3. 应急采购

为应对突发事件或紧急事件，采用其他采购方式无法满足需求而实施的采购，包括以下情形：

(1)发生不可预知的突发事件后,为避免损失扩大,实施故障处理、事故抢修、抢险救灾等情况所需的采购。

(2)为完成上级单位临时下达的紧急任务等特殊情况所需的采购.

(二)优化决策管理链条

根据项目预算金额、决策事项的不同,为每个采购环节的决策设置合理的审批层级,杜绝越级审批、采购程序冗长等问题发生,合规合法地缩短采购决策管理链条。

1. 因项制宜

每个项目在实施采购前都须进行充分的市场调研,根据市场大小、采购内容性质、采购需求等多种因素,合理地、有针对性地进行项目策划,以达到采购目的。

采购项目的评审一般采用经评审的最低投标价法、综合评估法、评定分离等方法。

(1)经评审的最低投标价法:投标文件满足招标文件实质性要求且经评审的投标报价最低的供应商为中标候选人的评标方法。技术简单或者技术规格、性能、制作工艺要求统一的采购项目采用经评审的最低投标价法。

(2)综合评估法:投标文件最大限度地满足招标文件中规定的各项综合评价标准的供应商为中标候选人的评标方法。技术复杂或者技术规格、性能、制作工艺要求难以统一的或者要求较高的采购项目,采用综合评估法。

(3)评定分离:公开招标方式采购的项目,由评审委员会负责对投标文件进行评审、推荐候选中标人并出具书面评审报告,由采购人根据评审委员会出具的评审报告和推荐的候选中标人确定中标人。

评定分离的项目,评审方法可采用综合评估法、定性评审法或者法律法规及规章规定的其他评审方法。

定性评审法是指按照招标文件规定的各项因素进行技术商务性评审,对各投标文件是否满足招标文件实质性要求提出评审意见,并形成评审报告。

2. 多维度模拟

为保证项目策划的严谨性以及后续项目管理的科学性和可执行性,在招标文件的编写过程中,公司通过组建临时工作小组,对招标文件进行审核、模拟、改善。

(1)审核:对招标文件进行审核,挖掘招标文件可能存在的漏洞、不合理点、执行难点等问题。

(2)模拟:对招标文件主要内容进行场景模拟,分别从业主单位、承包单位两个方面挖掘招标文件可能存在的漏洞、不合理点、执行难点等。

(3)改善:针对审查、模拟过程中及自行审核过程发现的问题予以完善。

二、培养具备可持续竞争力的良性市场

建立合格供应商标准,明确管理制度,筛选履约及各方面资质良好的供应商,定期评价,末位淘汰,培养具备可持续竞争力的良性市场,增加对采购流程的控制、提高采购整体效率的目的,同时也为后续集采奠定基础条件。

（一）供应商合格库分类

供应商合格库共分为通用类产品合格供应商和单一来源备品备件供应商两类。对于不合格的有供应商黑名单。

1. 通用类产品合格供应商

通用类产品合格供应商是指经公开招标、择优录取进入公司供应商库的通用类工程、服务、货物供应商，以及与股东单位签订大商场定点采购框架协议的大商场。

2. 单一来源备品备件供应商

单一来源备品备件供应商是指经公司批准的单一来源备品备件的生产厂家或原设备系统供应商。

3. 供应商黑名单

供应商黑名单是指合格供应商在公司或股东单位招标采购活动及合同履约过程中，出现了违法违纪及违反招标采购规定、提供虚假证明材料、向采购人及其他有关人员行贿或提供不正当利益、不诚信履约等行为，经公司批准被限制参与公司采购活动的名单。

（二）入库标准

1. 通用类产品合格供应商的录取

通用类产品合格供应商录取主要采用公开招标方式，即根据公司采购项目的需求，通过公开招标对投标人进行综合评分、择优录取成为合格供应商的一种方式。在招标采购中，国家对供应商的投标资格另有规定的，应依照其规定进行。

（1）综合评分是指根据具体采购项目特征设定投标人的资信（企业规模、财务状况、履行合同能力、诚信记录、行业资质、认证证书、业绩等）、技术、价格等指标按比例进行加权计算。招标时无价格清单的，综合评分指标为资信和技术指标；招标时有价格清单的，综合评分指标为资信、技术及价格指标。

（2）择优录取可采用下列两种方式之一：
① 设定录取名额，按综合评分的得分从高至低录满为止。
② 设定综合评分的合格分数线，达到合格分数线者录取。

综合评分的指标和比例、择优录取的方式由供应商使用单位（项目主办单位）在招标申请或招标文件中报批。

（3）潜在供应商在投标前三年内有下列情形之一的，不得参加合格供应商公开招标活动：
① 因行贿、受贿、串通投标、转包、挂靠或暴力抗法而受到有关政府部门处罚的。
② 承接违法建筑的设计、施工、监理业务的。
③ 发生工程质量、安全生产事故受到有关政府部门处罚的。
④ 在深圳地铁建设和运营各类采购项目中有不良记录的，以及有其他违法行为或被政府处罚的。

（4）供应商参加合格供应商公开招标活动应当同时符合以下各项基本条件和专项资格条件。其中基本条件包括：

① 能够独立承担民事责任的法人或自然人。
② 具有良好的资金财务状况。
③ 具有履行合同的能力和良好的履行合同的纪录。
④ 遵守国家有关法律、法规，三年内未发现有违法、违规行为。
⑤ 在集团公司和运营总部各类采购项目中无不良记录。

专项资格条件即根据具体采购项目特点设定其经营范围、取得资质证书、代理授权书、ISO 9000 系列认证证书、业绩等要求。

（5）通用类产品合格供应商公开招标程序参照《深圳市十二号线轨道交通有限公司采购管理办法》规定的公开招标程序执行。

（6）通用类产品合格供应商名单经公司批准后，供应商库主管单位将供应商信息录入供应商库。

（7）通用类产品合格供应商的补录：供应商使用单位（项目主办单位）可以根据各类合格供应商的情况，不定期地启动供应商补录工作。

2. 单一来源备品备件供应商的提报与批准

（1）公司合约管理部门根据建设及运营生产需要，不定期地组织公司各单位，提出单一来源备品备件供应商（生产厂家或原设备系统供应商）新增、变更等名单，附上有效证明材料，经使用部门、合约管理部门等部门会签后报公司批准。

① 新增原则：按照单一来源备品备件的确定原则，补充以前未报批的单一来源备品备件的生产厂家或原设备系统供应商。

② 变更原则：原批准的单一来源备品备件供应商因名称变更、原信息错误等原因需要变更原供应商。

（2）单一来源备品备件供应商名单经公司批准后，合约管理部门将供应商信息录入单一来源备品备件供应商库。

3. 质量管理

为保证项目执行过程中承包商提供的设备、服务能持续满足公司运营生产质量管理要求，依据有关法律法规，结合建设及运营实际，制定《深圳市十二号线轨道交通有限公司项目验收管理办法》对项目的质量管理做出明确相关要求。

（1）项目主办部门负责审核施工计划、施工工艺及施工方案，负责实施过程质量控制。

（2）项目主办部门可根据需要组织召开项目管理例会。

（3）项目主办部门需在材料进场前检查材料是否满足合同要求，合格证、检验报告是否真实、有效、齐全，进口材料须有报关证明材料，对施工材料不满足合同要求或材料合格证明不满足要求的，应要求承包商整改并达到要求后方可进场使用。材料进场须填写材料入场检查记录，检查记录格式由项目主办部门根据工程及材料特点编制，承包商施工人员和项目主办部门监督检查人员双方签名确认。

（4）对于涉及行车安全及关键作业的项目，项目主办部门须派专人在现场配合施工，检查、监督施工质量及现场使用材料是否达到合同规定的要求，对不满足合同要求的，须督促承包商立即整改。承包商施工人员须填写每日施工记录，施工记录格式由承包商施工人员和主办单位人员根据工程特点编制，施工记录须记录每日施工作业内容及进度、使用材料规格数量、进场施工人数、施工中的问题及处理情况、不合格内容及整改情况、施工质量检查情况等内容。施工记录须有施工方施工人员和主办单位监督检查人员双方签名确认。

（5）对于隐蔽工程，项目主办部门应派专业人员在现场配合承包商，做好隐蔽工程作业记录及验收。工程在隐蔽前，项目主办单位须进行检查验收、严格把关，施工质量满足要求后才能进行下一工序的施工。每个隐蔽工程的检查须有检查验收记录，督促承包商做好隐蔽工程的影像资料收集，记录格式根据施工特点编制。对隐蔽工程监管中的质量问题，项目主办部门应及时上报。

（6）对需分多批次进行的委外维保项目，每批产品维修维保完成后、使用前，由项目主办部门组织质量验收，首次维修、维保完成质量验收后由项目主办部门下发质量验收标准。验收标准应符合合同、规程、工艺要求。质量验收小组成员由项目主办部门根据项目情况组建，至少有一名专业工程师参与，首次质量验收还需使用部门专业工程师、安全管理人员及其他相关部门人员参与。

（7）质量验收后的验收材料由项目主办部门负责存档，作为进度验收、初步验收、竣工验收的依据。

（8）委外维保的项目，首次质量验收合格后，由项目主办部门通报各相关单位后方可交付投入使用。

（9）需驻厂监造的项目，项目主办部门需提供监造报告，作为验收依据。

4. 违约管理

未雨绸缪，才能防患于未然，与其在事故发生后再采取措施来弥补，不如在事故发生前就对可能发生的违约情况进行防范。风险无法彻底避免，但可以通过采取有效预防措施，将风险的影响降至最低。

（1）事前预防和事中监控相结合，降低预期违约风险发生概率。

① 选择合适的承包商。

在采购环节，通过合理设置采购资质条件、资信技术评比内容、采购方式等方法合理优化项目限制条件，在潜在市场上筛选符合项目性质的优质承包商，要求对方具备相应规模、资质、业绩和商业信誉。相对而言，规模大、业绩多、信誉好的企业，其经验更丰富，管理更规范，风险管控能力往往强于其他企业。若此类企业成为合作伙伴，发生预期违约风险的概率将会明显降低。

② 设置履约担保。

重要合同可要求承包商提交履约担保作为合同生效条件。这样会促使对方重视合同履行过程，合理安排项目开展，分配优势资源，从而顺利完成合同内容。

③ 监造。

对于工程合同、服务合同和大多数货物合同来说，合同基本都在业主所在地或业主指定地履行，合同履约过程容易监控，出现影响合同履约的问题时可及时发现并采取相应措施。但对于制作技术复杂、制造周期较长的货物采购项目，制造过程基本都在承包商的工厂内完成，制造过程发生的异常情况，业主往往难以及时发现。故对该类项目，项目公司将采取驻场监造等有效措施来加强过程监控，防止因逾期违约给项目公司带来不必要的损失。

（2）事后及时应对，最大程度减少损失。

根据项目类型设置合同违约责任模板，对项目进度计划执行情况、材料及货品情况、服务质量及响应情况、质保期服务、安全文明施工情况等作出相应的违约条款。

各项目主办部门结合项目实际情况，在合同签订时对应选择，相应完善。若承包商触发违约条款，则按相关流程及时采取相应措施减少项目公司权益损失。

5. 履约评价

合格供应商承接公司主办合同项目时，均须进行合同履约评价。履约评价的时间、评价小组职责及组成、评价内容和评价程序按照《深圳市十二号线轨道交通有限公司合同管理办法》合同履约评价相关规定执行。

（1）供应商年审。

供应商年审，每两年进行一次，原则上在第三年的四月前完成上两年度的年审。供应商库主管单位组织对各类合格供应商的基本资质或上两个年度的履约行为进行审查，对通过审查的供应商重新确认其合格供应商的资格，对没有通过审查和未在规定时间内递交年审材料的供应商，注销其合格供应商资格。

（2）年审方式和程序。

对于上两年度内进行过合同履约评价的合格供应商，供应商库主管单位收集各供应商承接的各项目《合同履约评价表》复印件，计算年度履约评价分数作为年审结果；对于上两年度内已承接项目但未进行过合同履约评价的合格供应商，项目主办部门应在年审前组织进行上两年度供应商承接的各项目合同履约评价，分数作为年审结果。年度履约评价分数为上两年度内该供应商承接的各项目合同履约评价分数的平均值，年度履约评价分数在 70 分及以上的，即通过年审；年度履约评价分数在 69 分及以下的，即未通过年审。

对于上两年度内未承接项目的合格供应商，分类进行审查，遵循以下程序：

① 供应商库主管单位确定需要递交年审资料的各类供应商名单，分别组建各类供应商年审工作小组，小组负责审查供应商提交的申请材料。年审工作小组由相应供应商库主管单位、财务部、供应商主要使用单位（项目主办单位）五人及以上单数组成。组长由相应供应商库主管单位副总经理（副部长）及以上人员担任，全面负责年审小组工作。各类供应商主要使用单位（项目主办单位）人员应当由本单位合同管理员或项目负责人员担任。

② 供应商库主管单位编写《致供应商的函》，发给供应商，并逐一确认是否收到。《致供应商的函》需明确供应商参加年审应当提交的书面材料、材料要求、递交材料截止时间、我方经办人及联系方式等内容。

③ 供应商库主管单位接收供应商提交年审材料。

④ 年审工作小组审查供应商提交的年审材料程序如下：

a. 工作小组认为有必要对供应商进行实地考察的，可确定考察提纲，组织实地考察，并在年审结果的报告中说明考察情况。

b. 供应商库主管单位汇总各类供应商年审的结果，编写供应商年审结果报告，提出存在问题及处理意见，报运营总部批准后，更新、完善供应商库信息，妥善保存过程各项资料。

（3）年度履约评价分数为 95~100 分的供应商为优秀供应商（A 级）；年审上两年度内未承接项目的单一来源供应商、年审上两年度内未承接项目但通过年审的通用类产品合格供应商和年度履约评价分数为 70~94 分的供应商属正常（B 级）；年度履约评价分数为 69 分及以下的供应商为不合格供应商（C 级）。

三、一页纸项目管理实践

（一）一页纸项目管理定义

一页纸项目管理简称"OPPM"（One Page Project Management），是由美国项目管理专家克拉克·坎贝尔提出的一种项目沟通方式，即把项目的各任务进展、各方面负责人等所有关键信息，全部浓缩在一张纸上。

针对项目公司管控经验不足的现状，为有效把控项目过程，可开展一页纸项目管理，将各项目内容都浓缩体现在一页纸上，通过这一页纸即可有效地沟通和展示项目，让项目责任人可动态、可视化、实时地掌握项目各环节进展及风险，进而高效地做好项目管理和风险管控工作。

结合公司项目性质及管理需求，项目公司重新设计了"一页纸"，围绕目标分解、责任人、任务、时间线、关键事项、成本控制 6 个要点进行，具体如图 2-5-4 所示。

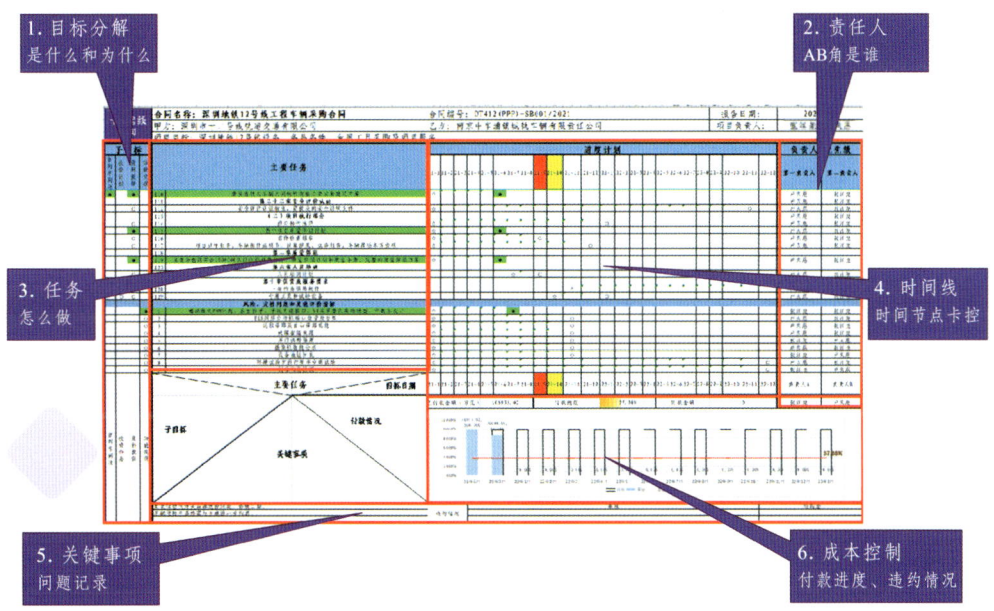

图 2-5-4　一页纸项目管理工作清单

（二）一页纸项目管理表格建立

一页纸项目管理表格建立的步骤如下：

（1）第一步，书写标题栏。

要提供关于项目的基本信息，写在表格顶部突出的长方形处，包括项目名称、项目领导、项目目标和项目完成日期。

（2）第二步，列出项目负责人姓名。

项目负责人及成员不宜过多，否则会出现责任分散效应。责任分散效应也称为旁观者效应，是指对某一件事来说，如果是单个个体被要求单独完成任务，责任感就会很强，会做出积极的反应。但如果是要求一个群体共同完成任务，群体中的每个个体的责任感就会很弱，且面对困难或遇到责任时往往会退缩。前者能独立承担责任，而后者期望别人多承担点责任。责任分散的实质就是人多不负责，责任不落实。项目的成功很大程度上都是取决于这些负责人，如果他们有事可做，办事效率高并且积极主动，那么这个项目的成功率就非常高。

一页纸项目管理建立图例如图 2-5-5 所示。

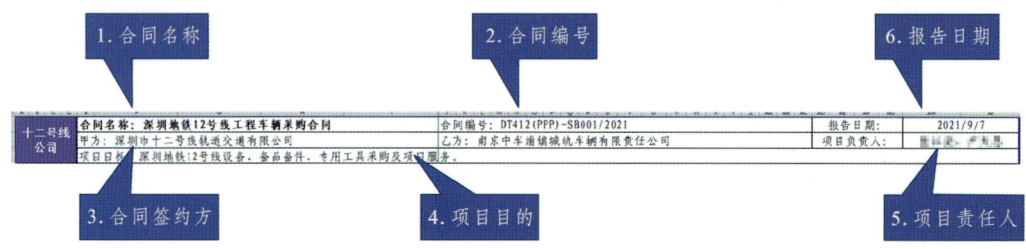

图 2-5-5　一页纸项目管理建立图例

（3）第三步，创建矩阵。

矩阵的创建应该是在项目经理和团队的对话中实现的。矩阵是一页纸项目管理的基础，它连接了项目的所有基本元素，并将这些元素传递给项目相关人员。具体来说，项目经理应该和项目团队成员共同探讨怎样处理项目，作为项目经理指导团队成员进行项目综述，再大致地讨论各个方面，包括主要项目、任务、目标、日期和预算。

（4）第四步，分解子目标。

将项目目标分解成各子目标，子目标的数量按项目性质及需要拟定，但每个子目标，都服务于项目目标。

（5）第五步，填写主要任务。

任务是指完成项目所必须做的事。一般主要任务最多只能填写 20 项，如果过多，则需要拆成不同的项目去执行。

（6）第六步，确定子目标与主要任务的关联关系。

在这一步中，要确保任务清单上的所有任务完成时就能实现项目的目标。当检查任务或目标时，保证他们相互匹配非常重要。所有任务都至少对应一个目标，有些任务可以对应多个目标。检查任务与目标之间的对应关系，通常可以发现不一致或疏漏问题，这个过程并不是一次完成就一劳永逸。在构建 OPPM 的过程中，每一步都应该重新评估之前的步骤，并不断改进，逐一确认任务可能会遗漏的目标，这种渐进式的完善将提高计划质量，也能够增强 OPPM 的沟通能力。

子目标与主要任务的关联如图 2-5-6 所示。

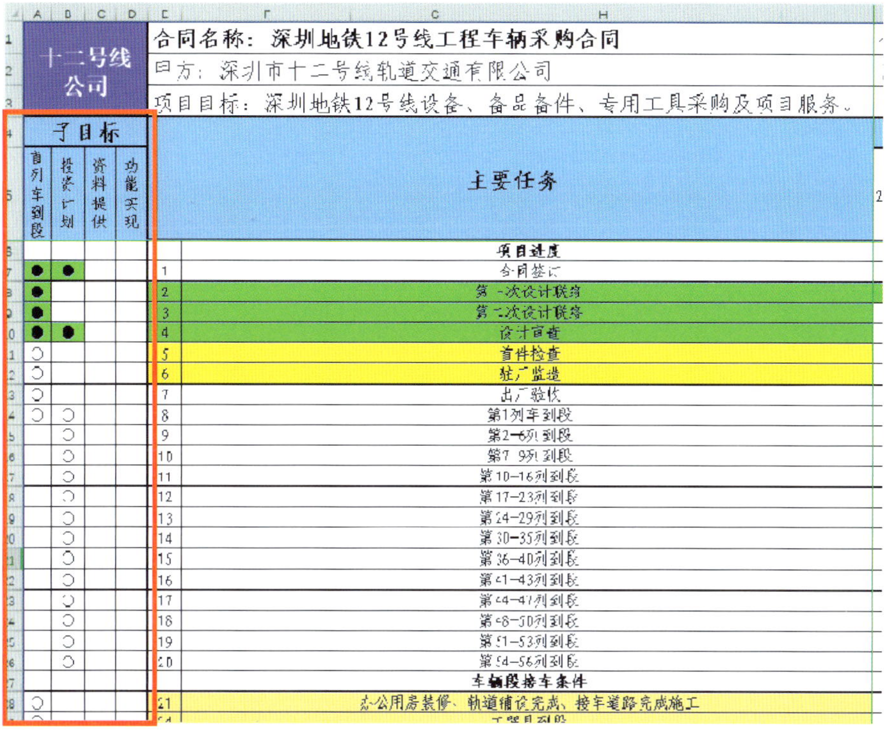

十二号线公司				合同名称：深圳地铁12号线工程车辆采购合同	
				甲方：深圳市十二号线轨道交通有限公司	
				项目目标：深圳地铁12号线设备、备品备件、专用工具采购及项目服务。	
子目标				主要任务	
首列车到段	投资计划	资料提供	功能实现		
					项目进度
●	●			1	合同签订
●				2	第一次设计联络
●				3	第二次设计联络
●	●			4	设计审查
○				5	首件检查
○				6	驻厂监造
○				7	出厂验收
○	○			8	第1列车到段
	○			9	第2—6列到段
	○			10	第7—9列到段
	○			11	第10—16列到段
	○			12	第17—23列到段
	○			13	第24—29列到段
	○			14	第30—35列到段
	○			15	第36—40列到段
	○			16	第41—43列到段
	○			17	第44—47列到段
	○			18	第48—50列到段
	○			19	第51—53列到段
	○			20	第54—56列到段
					车辆段接车条件
○				21	办公用房装修、轨道铺设完成、接车道路完成施工

图 2-5-6　子目标与主要任务的关联

（7）第七步，确定项目的时间线。

在确定时间记录的频率时，首先估算项目总的时间范围，然后将时间线分成可测量时间块，例如每两周、每月、每两个月、每三个月等。但是从经验看，每月一次的情况是最多的，每个周期的长度不一定完全相同。对于任务的时间必须和每一个与之有关并对此负责任的人商量，必须完全征得团队的同意，让他们认为这样做是可行的，而且他们愿意履行和实现。时间线一旦确定，就必须严格执行。

（8）第八步，任务与时间相关联。

根据合同要求、项目目标及任务要求，制定项目的时间计划，涵盖整个项目周期。首先确定每项任务所需要的时间，然后在任务旁边的格子里画上一个空圆圈，表示每项任务的开始长度和完成日期。例如，如果任务所需要的时间为七个月，按月增量划分，那么这项任务的旁边就会有七个圆圈。每完成一项任务，圆圈将被涂为实心圆点。

（9）第九步，确定项目成员和工作任务的关系，如图 2-5-7 所示。

（10）第十步，记录没办法用时间标记的任务。

在一页纸项目管理中，每项任务总会有几个部分在时间线上难以做出定量分析。在项目中，有些任务可能贯穿始终，可能与第三方有关，但却无法契合整个项目的时间表，如合同执行过程中的风险、开口项问题。

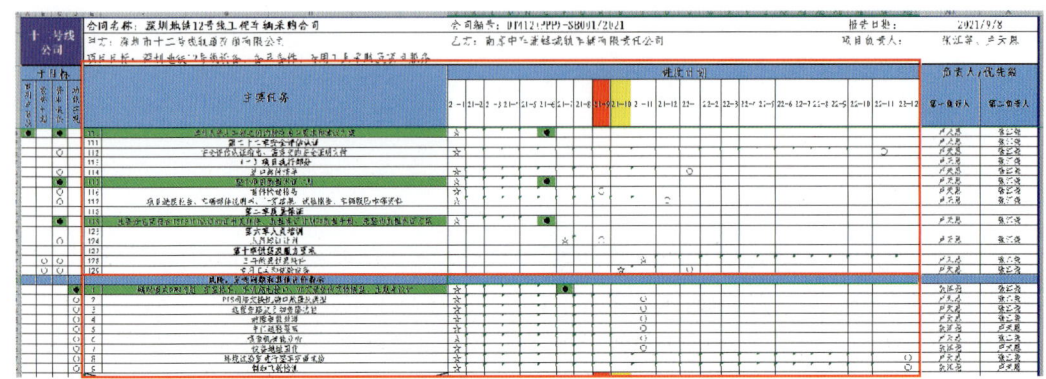

图 2-5-7　任务与时间、成员的关系

（11）第十一步，记录成本预算与目标日期。

为合理控制资金，及时支付合同价款，确保合同履约进度，应在一页纸项目管理中增加成本预算与目标日期的管理，如图 2-5-8 所示。加强和规范合同成本管理，可视化项目结算工作，提高项目结算工作的质量和效率。

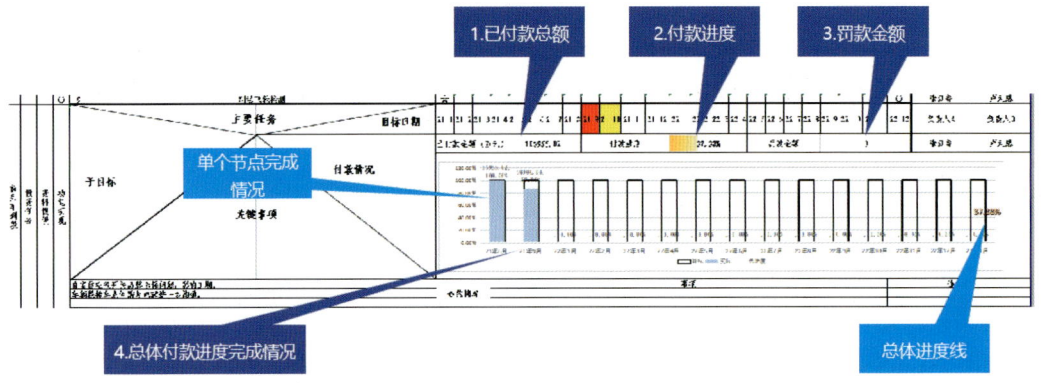

图 2-5-8　成本预算与目标日期的关联

（12）第十二步，写出摘要和下一步计划。

最下方写入本次 OPPM 的摘要或下一步行动计划或项目发展预测。说明下一步的工作预测与计划，尽量做到简洁、全面，通过以上进度预计，可以知道何时可以完工，可能造成什么样的项目影响。

处理完初始表格，就需要在项目进行过程中对项目进行实时跟进。

第五节　行政后勤服务与赋能

一、行政管理体系建设

为推进项目公司各项建设和运营工作，围绕公司发展战略规划，立足一线需求，坚持以"五好"为经营宗旨，转变思维、开动脑筋、着眼未来、砥砺前行，着力整章建制、规范标准、统一流程，推动行政档案管理规范化，提高公文质量。在深铁运营数字化转型的新形势下，项目公司搭建更加智能化的OA（办公自动化）办公平台，以适应网络化办公需求加快用印审批电子化进程，规范用印流程；建立后勤信息化管理系统，促进高效办公推进证件借阅电子化，全面推动管理水平再攀新高峰，实现了12号线于2022年11月28日开通试运营的目标。

（一）加强内部管理，提高工作水平

根据项目公司发展规划，项目公司从加强行政综合内部管理方面入手，结合实际工作情况，反思原有管理制度与最新标准、要求的适用性、匹配性，对照工作职责查漏补缺。对行政管理机制、物业服务管理及食堂运作模式等流程进行梳理，运行诊断机制，建立规范标准，做到有章可循、有据可依。探索研究后勤自助管理系统，实现采购目标数字化、采购进度可视化、采购结果及库存数据精确化、个人行政办公服务一体化。配合深圳市地铁集团有限公司完善住房管理系统，让住房管理系统真正发挥"高效、便捷"的管理功能，提升住房日常管理水平。同时，不断推进行政综合业务培训、指导、检查和考核等管理配套措施，由制度的执行者转变为制度的制定者，为规范管理行政后勤打好制度基础，促进企业规范化管理。

（二）加强业务工作，提高行政管理效能

1. 公文管理方面

结合项目公司运作实际情况，积极搭建办公平台，完善和优化办公流程，确定职责边界，分解各流程环节的工作要求，采用发布公文模板、公文核稿、公文办理工作规范等措施，制定公文质量抽查的实施细则，明确和细化抽查方法和检查标准，每季度开展公文质量抽检，全面提升公文质量。开展公文写作培训，拓宽外部培训形式与渠道，除授课的形式外，可采取跟岗、交流学习等方式进行培训学习，促进公文写作的规范化、标准化。同时，利用信息化办公手段，开通向政府部门、股东单位行文通道，建立接待联络机制，完善OA公文流转节点，调整公文流转签批程序等举措，加速公文流转，提高办文效率。

2. 印章使用方面

完善印章使用手续，梳理每一个用印需求所需会签的业务相关部门及审批领导程序，做到全面掌握用印需求。既可以在盖印前审核时帮助流程合规性的有效审核，也可以为

今后用印审批权限授权、用印审批流程电子化建设等工作打下基础。同时，对用印申请的审核，也提出明确要求，必须逐一核对用印材料与申请单中的符合性、一致性，确认用印材料不被替换。盖印时，除大批量盖印外，必须由综合管理部门特定人员进行盖印，确保印章不过外人之手，印章印迹清晰，以有效维护项目公司利益。

3. 会务组织方面

编制会务工作规范和组织流程，优化会议组织框架图，形成会务工作规范，开通OA会议通知发布通道，进一步规范会议管理，提高办会效率和质量。筹建机场东车辆段综合楼、维修楼会议室，配装会议视频设备、电视及平板电脑，撰写机场东车辆段进驻仪式活动方案，统筹开展进驻办公、消防验收、安全评估、三权移交及开通仪式等活动，完成组织召开早会、周工作会、月度会、专题会、经营班子会等各类会议。加强议题管理，明确会议管理要求，积极做好各类重要会议服务工作。同时，高质量地做好会议组织与纪要撰写，及时协调、细心跟进领导事务和公务用车安排。

4. 督查督办方面

建立工作督办机制，制定实施方案，对项目公司内各单位的职责、开展此项工作相关人员的确定、日常督办的流程及要求、日常督办归口管理的流程及要求等进行了明确和细化，对开展项目公司日常督办工作起到了指导作用，使项目公司能够规范地开展此项工作。安排专人负责项目公司日常督办相关工作，对每周班子会、招标会以及总经理同意的专题会进行督办并跟踪落实情况；每月整理各日常督办单位的督办工作情况，形成报告报领导审阅。在部门内部组建督办工作人员网络，通过固定的督办人员，熟练掌握督办工作各方面要求，更加有效地对工作事项进行监控和回复，大幅提高了督办机制在部门管理中的价值和意义，使部门的管理水平得到更进一步的提升。收到的外部督办需要转为内部督办，内部工作要求也需要转为内部督办，相应的工作流程需要建立和完善。

5. 公务联络方面

PPP项目投资金额大、建设要求高、运营周期长，公司与相关政府部门、公共事务机构及关联企业在工作中维护良好的公共关系十分重要，为此，项目公司明确了建设期和运营期三大类相关方的接口内容，并从工作对接、沟通协调、信息通报以及组建协调委员会等方面做好与上述机构的协调与配合，全面推进各项工作有序开展。

（1）建立工作对接机制。

与PPP合同实施机构，股东方深圳地铁、中国电建、特区建发集团建立了良好的工作对接机制，安排专人对接相关单位，负责协调沟通、信息传达等事宜。后续，项目公司将逐步与相关政府部门、公共事务及相关企业建立联系，明确每一项工作的接口部门及联络人，共同建立相关制度和实施方案。在实施过程中，由对接双方中的相应机构的联络人负责全程的工作对接，确保对接顺畅，促成各对接的政府部门、公共事务机构及企业支持项目公司做好深圳市轨道交通12号线项目有关工作。

（2）制定突发事件协作管理机制。

在城市轨道交通建设和运营中，能妥善应对突发事件是对运营商的基本要求。为确保项目公司能快速响应并与相关机构迅速形成合力，制定突发事件应对协作机制，当发生突发事件时，各相关方能及时进行沟通，抓住事件的重点，把握事件的敏感性，采取有效应对措施，制定突发事件闭环管理制度，针对每一次的突发事件，建立正式档案文件，保存沟通中双方做出的批示、采取的措施以及会议记录等。

（3）完善信息通报机制。

根据及时性、准确性、简明扼要等原则，项目公司与相关的政府部门、公共事务及相关企业保持全天候信息畅通，并建立 24 h 的值班制度，当发生突发事件时，能及时有效地把信息准确无误地通报给与事件相关的机构，全力配合对方。针对故障的有关汇报和公布事项，事后进行总结以不断完善存在的不足之处。

（三）加强精细化管理，提高员工服务质量

组织与各单位综合管理人员定期进行交流，充分互动、分享经验，解决工作中遇到的实际问题，共同提升综合管理事务的管理水平。从思想上加以重视，站在服务员工全局的角度统筹思考，改进及细化服务方式，主动思考问题，积极统筹解决办公用房、改善办公环境、优化室内布局、科学配置办公物资等方面的问题，让员工办理业务的过程更加舒适、安全、高效。

（四）探索后勤管理模式，提升后勤保障水平

抓好落实重点工作项目，优化后勤服务质量，提高办公物资品质，不断总结招标经验，适当增加采购服务周期，提升采购效率，使后勤服务向"专业化、精细化、更贴心"转变。为项目公司员工提供办公文具、办公室器具、工装制作、工装洗涤、办公劳保用品等办公物资以及后勤服务，建立规范的台账管理机制，将办公资产责任落实到个人，按需下单，保持较低的物资库存数量，节约存储空间，提高办公物资承包商响应速度，实现办公物资按计划、高效率到位。搭建办公设备采购、打印机维保、办公文具采购、办公劳保用品下单、饮用水下单及洗涤服务六大平台，实行在线订单审批，加快送货响应速度，缩短供货周期和降低库存，全面提高了办公效率。在管理的高效化、精细化、人性化方面下功夫，凝聚内部合力，完成办公用房修缮、小卖店进驻、车充电桩安装及人行道改造等 7 个项目，提前做好行政物资采购项目开展计划，合理调配办公资源，提升各项办公物资技术性能及服务水平，实现办公物资按计划、高效率到位。积极争取房源，增设通勤、值班房，为值班人员提供休息场所，优化宿舍安全管理规定，改善宿舍检查制度，让住房管理更高效、更便捷。

（五）加强跟进施工进度，做好物资筹备及物业服务工作

提前谋划车辆段及车站的办公用房分配、办公室家具和器具进场、保安保洁进驻、绿植摆放、现场清洁开荒等重点工作，结合施工计划，倒排工期，提前准备，加强内外部的协调联动，推动进场工作如期完成，确保新线顺利开通。落实好物业服务项目条款，成立膳食管理委员会，组织开展合同履职情况检查、考评，严控食品安全、菜品质量，全面提升后勤保障和物业服务水平。根据对本项目的深入分析和市场综合调研是设定物业管理模式、设计服务项目、确定服务标准的客观依据，地铁车辆段和停车场在满足地铁车辆停放、检查、整备、运用、修理、清洗、安全行车、餐饮服务等的基本需求同时，

为进一步规范物业服务支持车辆段及停车场生产业务管理，完善物业服务规范，合理配置物业服务资源，确保车辆段及停车场物业业务有效开展，支撑车辆段及停车场运营服务需要，将秉承"保障、服务、细致"的核心理念，基于"安全、专业、高效、环保"的服务定位，打造成规范、可靠、高效的场段物业服务标杆。同时，为提升物业管理服务及食堂管理水平，参考国内地铁同行业物业管理模式，引入市场化物业管理服务和考核机制，并通过对标市场化物业管理标准，加大对物业服务的质量监督、评价和考核，提升整体物业服务水平。

二、数字赋能促进高效行政办公

运用现代科技，实行简洁高效的团队管理，结合现代科技手段，打造高端智慧场段物业服务管理模式。在此基础之上，通过云计算、大数据、人工智能、物联网等先进技术与产品之间的融合，提升场段员工办公体验和安全保障水平、提高运营管理效率、从而满足新时代场段物业服务的需要，这是新阶段的重要目标。

（一）数智赋能的科技保障体系

为响应公司"十四五"发展规划，研究探索以及持续的科技投入，使物业服务变得更加智能化、专业化、现代化。致力于在服务体验获得显著改善的同时，降低管理成本，提升公司竞争力和品牌力。积极学习和参考同类服务科技应用案例，引进先进消杀机器人、体温测量机器人、清洁机器人辅助或替代方案和各类先进工器具，目前在北站枢纽和福田枢纽开展试点工作，体温测量机器人已在深圳市地铁集团有限公司的地铁轨道场段服务场段投入使用，已初步实现提升人机比、减员增效和科技赋能的目标。公司信息化创新工作也将紧跟"数字中国"战略，推进信息化和创新应用的深度融合，全面推动物业工作的行业数字化转型与安全发展。将成果反哺到项目当中，与业主单位共享智慧物业、智慧深铁硕果。

（二）辆段、停车场智能化设备的应用

在场段管理工作中，段内设置清晰的电子屏，流动播放段内最新工作资讯以及温馨提示和通知。这样做可以省去大量的人力成本和时间成本。建立线上"前台接待，后台操作"的服务平台管理，接收场段员工需求信息，及时下达操作指令，启动事项跟踪程序，直至完成、专人回访和关闭，避免场段员工多跑一趟、重复诉求。场段员工的需求可通过深铁物业工程 24 h 维修电话反馈；客户常规需求在 10 min 响应，紧急情况下在 5 min 内处理，创新高效。

利用场段内员工的数据采集，对场段内员工流动情况做出调研，分析出整个场段人员管理工作的高峰期，以及在哪个时间段场段管理工作最为轻松。将整个数据进行整合，并进行最合理的人员调配。在整个场段管理工作最为繁忙的时间段加派工作人员，而在场段管理工作低谷期的工作人员有选择性地调配到高峰时间段内进行整个场段的物业服务管理工作。

利用先进电磁调压及电子感应技术，对供电进行实时监控与跟踪，自动平滑地调节

电路的电压和电流幅度，改善照明电路中不平衡负荷所带来的额外功耗，提高功率因素，降低灯具和线路的工作温度，使用能达到优化供电目的照明控制系统。在确保灯具能够正常工作的条件下，给灯具输出一个最佳的照明功率，既可减少由于过压所造成的照明眩光，使灯光所发出的光线更加柔和，照明分布更加均匀，又可大幅度节省电能，智能照明控制系统节电率可达 20%～40%。

利用项目公司现有的企云助手，为每一位服务中心管理人员设置包保片区，定期定时提醒巡查、巡检，并上传检查情况。确保场段内按时无死角检查，共享跟踪检查情况，实时监测检查闭环情况。当发生紧急情况时，可以更加及时地解决问题，使整个场段的物业服务管理人力资源有个很好的分布。每个人负责一个区域的管理工作，在需要帮助时，通过移动设备通告物业服务管理项目部或者呼叫最近的同事进行支援工作。

利用物业管理系统平台，进行场段工单处理，通过管理系统派单到相关维修人员，维修人员接单后对报单内容进行处理，处理完成后，拍照反馈至系统平台并进行派工单销单。此平台还能定期定时提醒巡逻以及消防栓、灭火器巡检，上传检查情况，确保段场巡逻覆盖，巡检无遗漏，并跟踪检查情况，实时监测。安保配置 4G 音视频执法仪，与轨道交通派出所实现联防联控。

（三）地铁列车自动化清洗

在物业服务管理中，地铁列车清洗已形成专业化高标准的列车清洗服务，在现今一切技术高速发展的时期，物业服务管理与技术创新也应与时俱进。采用自动化、半自动化设备进行地铁列车清洗工作，节省出大量人力、物力，以节省运维成本为首要，提高地铁列车清洗服务水平，助力实现节俭增效工作目标。

三、"三心"后勤服务造就员工好的归属

深化巩固"不忘初心、牢记使命"主题教育成果，秉承着"好好生活才能好好工作"的理念，坚持"三心"（真心、尽心、暖心），传递组织对员工浓浓的关爱，不断地创新思路，改进后勤工作为广大干部职工提供一个安定、舒心、温馨的工作生活环境，让员工深切地体验到"大家庭"的温暖和归属。

（一）服务贴心

为让场段内员工体验更舒适，更安全、更贴心的服务，鼓励物业服务管理人员多提服务创新措施，例如：站在场段内员工的角度出发，共同参与现有的社区文化活动，体验活动的内容，结合场段内员工回访的结果，对社区文化活动进行改善和调整，以使场段内员工参与活动时能够放松心情，能愉快地与员工进行互动，提高场段员工的凝聚力，使场段体现和谐一家亲。利用节假日组织活动，拉近场段内员工与物业服务管理员工间的距离，使场段内员工与物业服务管理员工的关系更加亲近，开展一些互动活动，例如：小礼品赠送、"冬暖夏凉"、场段安全宣传等贴心活动。

（二）工作用心

导入三标体系管理服务系统，针对场段管理服务，制定 6S 基础管理，主要有规范物

资、设备、设施定位管理,保持物资、设备、设施安全状态管理。

(1)规范物资、设备、设施定位管理:对场段物资、设备、设施进行定位并粘贴物资标签。

(2)物资、设备、设施安全状态管理:定期清洁物资、设备、设施,检查其状态。

定期有针对性地组织员工参加技能提升培训,员工通过技能培训,考取职业资格证书,使其能有成就感,将取得的成绩回报到工作当中去,同时也能对其未来的职业生涯规划奠定基础。做好后勤保障工作,组织员工交心会,开展节假日员工关爱关怀活动,多举措增强员工责任心,增加员工在公司的归属感,激发员工工作热情。

(三)生活暖心

民以食为天,深圳市十二号线轨道交通有限公司党群综合部作为公司大管家,一直致力为公司员工及相关方提供健康、洁净、营养可口及快捷多样的用餐体验,一直以来,都视员工就餐工作为重中之重,成立了后勤保障专项工作小组,专门采购了送餐保温箱,并与业主方经过多次讨论,形成并制定各线路送餐方案,实现了全线网覆盖的送餐模式,以便让一线员工都能吃上热气腾腾的饭菜。

第六章
PPP 投融资模式探索

第一节 融资规划

一、内部资金筹措——资本金到位精准策划

按照《深圳市轨道交通 12 号线 PPP 项目合同》的约定，B 部分建设总投资金额为 874 253.21 万元，项目资本金比例应不低于 B 部分建设总投资的 35%，即 305 988.62 万元。乙方应不迟于 PPP 项目建设期届满日完成全部项目资本金的缴付。

合同中仅明确了资本金支付的最晚时间，即 PPP 项目建设期届满日，并未明确 305 988.62 万元资本金将以何种计划支付到位。若资本金在无明确支付计划的情况下过早全额到位，将会造成资金冗余。故结合考虑 12 号线的建设计划与建设进度，项目公司与股东方协商后，决定将资本金分批次支付到账。12 号线的建设期为 2020—2022 年，其中以 2021 年的货款支付较为集中，故 2020—2022 年，3 年的资本金到账比例分别为 10%，50% 及 40%。

此外，在拆解资本金到账计划的基础上，随着各项采购合同的签订，付款计划逐渐明确，因此项目公司将每年的资本金到账计划再次拆分，由原有的"一年一笔"细分为上半年与下半年各一笔。至此，资本金到位这一条款，从最初只明确最终到账日的支付计划，变成了"三年六笔分季度到位"的支付计划，实现了资本金的灵活到账和精准支付。

二、外部融资规划——独立筹划债权融资方案

按照《深圳市轨道交通 12 号线 PPP 项目合同》的约定，为实施 PPP 项目所需资金，除项目公司股东投入的项目资本金外，其余资金由项目公司融资筹措。即总投资金额 874 253.21 万元中剩余的 568 264.59 万元将由项目公司自行筹措。根据合同，项目公司不得对 PPP 项目设施设置抵押、质押等任何担保，即项目公司仅能申请信用贷款或经甲方书面同意，将项目公司在本合同和其他项目合同项下的权利和权益设置抵押、质押或以其他方式担保权益。

项目充分运用深圳市地铁集团有限公司货币资金制度及其招采经验，经过精心策划，并取得良好成效。

（一）将与深圳市地铁集团有限公司有间接融资和直接融资合作的银行机构充分纳入潜在对象

利用"银企合作规模""资金业务参与度"等可以在深圳市地铁集团有限公司资金业务后续招采中提高银行评分的指标，积极宣传项目公司在未来 30 年将拥有的优良资产和

资金流，促进银行机构关注 PPP 项目并各自向总行积极申请以最优价格和最惠服务加入竞争。

（二）对前期类似融资情况和结果进行充分访问调研

对于深圳地铁建设集团有限公司（简称"深铁建设"）6、8、10 号线融资和深铁投穗莞深融资两大项目，重点关注其招采后落地执行过程中遇到的困难和招标文件条款中存在的不足，并据此积极优化招标文件模板，精密设置贷款利率报价、放款效率、提前还款期、宽限期各项评分指标、分数权重和评分标准，增加贷款额度兜底约束等条款，对银团贷款额度进行更合理的分配。

（三）增设"跟团利率报价"

为有效消除银行参与竞争的后顾之忧，降低报价和延长优惠期限，项目公司在招采文件中增设"跟团利率报价"，有效促成了最大化的竞争态势，评标结果显示前 3 名投标利率为 3.55%、3.60%、3.68%，在行业内均属于非常优惠的报价结果。

以上措施有效吸引了各家银行机构的积极关注和热情参与，极大提高了竞争性，开标后显示各银行纷纷以保本微利价格参与融资项目，最终国家开发银行以 3.55% 的利率中标，较投标测算的 4.19% 直接节省建设期利息 4 500 万元。

三、资金成本控制——引入合作金融机构形成竞争机制

在项目公司进行基本户招采时，项目公司结合 PPP 合同建设期保函的要求，精心策划，引入竞争，通过将开户与保函捆绑招标，以开户的利好引导银行，以极低的保函费用（甚至免费）参与报价，中选银行报价万分之 0.01 的保函手续费率，5 亿元两年期履约保函仅收取 1 000 元的保函手续费，按市场平均价格估算，节约财务费用超过 175 万元。

第二节　会计核算新模式

一、搭建框架——PPP 项目常用核算模式介绍

根据《企业会计准则解释第 2 号》，PPP 项目的会计核算模式主要分为两类。PPP 项目合同约定在公共服务设施建成后，项目公司在合同约定期间内可以向提供服务的对象收取费用，每年回报根据运营情况而定，投资回报主要基于市场的供需情况而定，运营期间收益非固定或非保本收益，项目公司提供运营服务且承担经营风险，项目公司应当将此类 PPP 项目在建设期确认为无形资产，参照《企业会计准则第 6 号——无形资产》的规定进行会计处理，此类合同就是无形资产核算模式。PPP 项目合同约定在公共服务设施建成后，项目公司在合同约定期间内可以无条件地收取确定的金额。若运营服务收费低于合同约定金额，政府方按照合同规定将有关差额补偿给项目公司，此类 PPP 项目在建设期应确认为金融资产，并按照《企业会计准则第 22 号——金融工具确认和计量》的规定进行会计处理，此类合同就是金融资产核算模式。

金融资产模式 PPP 项目适用于特许服务经营权服务合同，社会资本方对于建设期所提供的建造服务具有无条件从政府方取得可确定金额的权利。这类合同安排的主要特征为：无须承担运营项目的市场风险；政府方在合同约定需要支付或担保最低付款的金额，该金额可以是固定金额，也可以是通过事先约定的条件且可以确定的金额。政府方可能的付款方式有如下 3 种：① 政府方直接付款。② 使用者按照政府方指示直接付款给运营方，运营方不需要承担任何经营和市场风险。③ 使用者付款，其使用者支付的金额与合同约定支付的最低金额之间的缺口由政府方支付。

《企业会计准则解释第 2 号》对与 BOT 业务相关收入的确认作出了规定："1.建造期间，项目公司对于所提供的建造服务应当按照《企业会计准则第 15 号——建造合同》确认相关的收入和费用。基础设施建成后，项目公司应当按照《企业会计准则第 14 号——收入》确认与后续经营服务相关的收入。"

《企业会计准则解释第 2 号》发布于 2008 年 8 月 7 日，此时的 BOT 与后来的 PPP 模式下的 BOT 在交易结构上有很大的不同。这里的 BOT 是一般意义上的，由项目公司承担工程建设的责任，PPP 模式下的工程建设责任是由 PPP 项目公司的社会资本投资方或其他第三方承担。对于前者而言，与 BOT 业务相关收入就是项目公司承担工程建设应取得的收入，应确认为项目公司的收入；而在 PPP 模式下，PPP 项目公司本身不承担工程建设的责任，因此这个因承担 PPP 项目建设任务而取得的收入与 PPP 项目公司无关，PPP 项目公司在会计处理上不确认此项收入。正如《企业会计准则解释第 2 号》中规定："项目公司未提供实际建造服务，将基础设施建造发包给其他方的，不应确认建造服务收入，应当按照建造过程中支付的工程价款等考虑合同规定，分别确认为金融资产或无形资产。"

二、选定模式——基于单线核算的无形资产模式的实践

2021年，财政部发布了《企业会计准则解释第14号》，对关于社会资本方对政府和社会资本合作（PPP）项目合同的会计处理进行了进一步明确。公司据此牵头持续研究探讨，确定12号线PPP项目适用于无形资产核算模式，并形成可操作性的执行方案，将核算模式由"在建工程-固定资产"模式转换成"合同资产-无形资产"模式。

深圳市十二号线轨道交通有限公司是深圳市政府在特区成立四十周年之际践行双区建设，首批采用政府与社会资本合作的以单线方式核算地铁运营全生命周期成本的PPP项目公司。项目公司根据企业会计准则，对企业采用"建设—运营—移交"的运作方式参与公共基础设施建设业务的规定，按照工程结算进度及相应的项目资产权利模式确认相应的资产。根据相应资产权利模式，经会计师事务所确认后，确认相应收入。

（一）建设期

项目公司建设阶段利息费用、管理费用及工程建设其他费用，属于资本性支出，纳入建设总投资范围。债务融资核算应根据企业会计准则有关金融工具确认、计量列报的有关规定执行。除上述内容以外，项目公司从外部获取的其他收入应按照相关会计准则规定处理。

（二）运营期

项目公司经营阶段发生的运营成本、利息费用、管理费用、折旧和摊销等相关费用，应予以费用化。但和设备更新重置改造和大架修直接相关的财务费用等支出，应根据有关会计准则和规定予以资本化，计入资产成本，并重新确定折旧和摊销。

项目公司以资产证券化等创新融资方式进行融资，应按照相关会计准则规定，确定其在会计上应分类为负债或权益并进行相应会计处理。

符合债务实质的融资，应根据企业会计准则有关金融工具确认、计量列报的有关规定执行。符合权益投资实质的融资，应按股本金或其他权益融资工具发行价格扣减符合条件的交易成本后计入权益。

项目资产更新重置改造及车辆大架修核算。为维持整体PPP项目基本服务水平的常规维修支出，一般应在发生时确认损益。对于发生的资产更新重置改造、车辆增购追加投资及大架修或需恢复至期末约定移交状态的现时义务，应在发生时予以资本化，计入相应资产成本，并根据新资产的成本和使用期限折旧。

第三节　财务管理经验

由于12号线PPP项目包含了建设期和运营期，因此，针对不同时期，财务数据的解读方式也有所不同。由于建设期支付金额较大，支付频率可控，故针对建设期，公司需建立滚动资金需求，以及时记录建设部门的资金需求。

（一）建设期

工程建设方面，财务数据分析应着重于关注各项采购合同执行情况与投资进度情况，以便根据资金缺口合理安排支付计划。根据建设合同，及时更新验工情况，厘清各项建设合同的罚款与付款情况，以保障竣工结算的准确性。

经费方面，每月进行经费汇总分析，及时反馈经费执行情况，如有经费缺口，应及时调整经费方案，以保障各项业务的正常进行。

（二）运营期

及时结算各方收入（票务及非票务），做好成本核算，精准控制各项费用的支出，并准确入账。以保障财务数据，尤其是收入利润的准确，从而推算出项目运行成果，保证政府补贴的正常申请。

第七章
商业管理模式探索

第一节 地铁商业的发展现状

随着地铁建设的不断快速发展，其改变人们出行交通方式的同时，也带动城市原有商业圈不断升级。地铁作为城市交通大动脉，每天承载着数以万计的市民乘客穿梭在城市的各个角落，成为了大量城市人群的集散地，这使得地铁商业的前景备受关注。地铁商业是指在地铁运行线路上，所有带有营利性质的广告媒体、商铺、通信等资源的商业经营行为。

一、地铁商业资源

（一）广告媒体资源

（1）车站内平面广告：十二封灯箱、非标卡布灯箱、广告橱窗、看板广告等。
（2）列车广告：车厢海报广告、座椅侧板广告、拉手广告、车门广告、车窗广告等。
（3）列车及车站的语音及 PIS（产品形象系统）广告，站内电子媒体广告：LED 高清大屏、LED 包柱大屏、多媒体投影设备；和可能涉及的其他广告。

（二）商铺资源

商铺包括站厅商铺、自助设备，大型地下物业商业区等。

（三）通信资源

通信是指通信运营商利用公共区间所带来的移动信号覆盖使用费及相关的服务费。

截至 2020 年年底，我国城市轨道交通开通线路总量达 237 条[①]，有 98% 的城市有经营车站商业业务，有 95% 的城市经营广告业务，88% 的城市有经营通信业务。我国城市轨道交通资源经营总收入（非票务收入）为 486.94 亿元[①]，收益（利润总额）方面，据不完全统计达到 150.15 亿元，占经营总收入的 31%。商业（广告媒体、商铺、通信）经营收入为 109.71 亿元，占总收入的 22%，商业（广告媒体、商铺、通信）经营收益为 40.1 亿元，占总收益的 27%。

二、地铁商业资源经营情况

（一）广告媒体资源经营情况

2020 年，广告经营收入约为 38.04 亿元，经营收益不完全统计为 16 亿元。近年来，

---

① 统计数据不包括港澳台。

传统广告经营随着互联网的快速发展，新媒体的加入，行业到达一定规模后进入交集、融合阶段，2018 年后收入持续下滑，2020 年因社会环境影响，媒体广告投放量下滑，上刊率下降，导致地铁广告媒体资源价值下滑，收入环比下降 23.4%。

（二）商铺资源经营情况

2020 年，车站商铺经营面积 131.78 万平方米，相比 2019 年车站商铺经营面积增加 48.3 万平方米。其中，配线空间、通道商铺面积相比 2019 年面积增加 42.66 万平方米，占总增加面积的 88%。2020 年，车站商铺收入 10.96 亿元，收益不完全统计为 5.47 亿元。近年来，大量的地铁商铺关闭或歇业，以及租金减免等各方面因素从而导致收入环比下降 28.5%。

（三）通信资源经营情况

2020 年，民用通信系统覆盖 6 783.77 千米，5G 信号覆盖的车站 1 842 个，有线通信覆盖系统 524 台，无线局域网覆盖线路 150 条。各城市通信的投资模式和经营模式比较类似，自行投资和运营商单位投资建设后，以租赁的经营方式为主。2020 年，通信经营收入 13.84 亿元，经营收益不完全统计为 6.85 亿元。2020 年因为通信资费的下调以及其他等因素影响导致收入环比下降 5.3%。

第二节　PPP 运作模式下的商业管理

一、关于政府制定的非票务收入基准值探讨

（一）关于非票务收入的基本概念

1. 非票务收入定义

就某一运营年而言，非票务收入指项目公司根据本合同的规定，在允许的 12 号线设施范围内、在许可的业务范围内从事 12 号线非客运服务所实现的全部收入。

2. 非票务收入基准值

非票务收入基准值是政府单位对项目公司非票务收益的指标设定。

3. 非票务收入分成分担机制

（1）非票务收入超额收益分成。

在任何运营年，如果实际非票务收入超过了非票务收入年度基准收益值，则对于超出部分（也称"超额收益"）由甲方和项目公司按照约定比例进行分成，类似见表 2-7-1。

表 2-7-1　非票务收入超额收益分成

序号	实际非票务收入	项目公司超额收益分成
1	约定非票务收入基准值<实际非票务收入≤约定非票务收入基准值×150%	（实际非票务收入－约定非票务收入基准值）×50%
2	约定非票务收入基准值×150%<实际非票务收入≤约定非票务收入基准值×200%	约定非票务收入基准值×（150%－100%）×50%+（实际非票务收入－约定非票务收入基准值×150%）

（2）非票务收入风险分担额。

从经营期的第一个运营年开始，在任何运营年，如果当年实际非票务收入低于约定的非客运服务年度基准收益值，则项目公司非票务收入风险分担额=约定非票务收入基准值-实际非票务收入。

（二）非票务收入基准值对经营的影响分析

1. 非票务收入基准值的重要性

非票务收入基准值是政府衡量项目公司非客运服务经营行为的参考标准，它以目标为导向，以公司经营行为为中心，以成果为标准，以使项目公司取得最佳非票收益。非票务收入基准值有着重要的导向、激励作用。

（1）基准值制定过低。过低的基准值比较容易实现，过程中则无法激活项目公司在非客运经营活动中的主观能动性。

（2）基准值制定过高。过高的基准值脱离实际达成量，虽能够起到一定的激励作用，但无法持续。

（3）基准值制定合理。非票收益基准值要受到经营环境、经营主体、经营市场等多项宏观及客观要素影响，它不同于单一指标，需要充分考虑线路的市场受益情况，经营主体情况以及客流培养情况。因此在制定过程中其指标比同类资源项目稍高最为合理，且能够激发企业经营的良性发展。

2. 非票务收入基准值的科学制定

原则上非票务收入基准值是政府单位对项目公司制定的指标，但实际在项目正式立项以及招投标环节就可以对该部分基准值进行科学性指导。

（1）投标阶段。投标时关于非客运服务会编制经营方案，整体方案都会依据可研报告、现有经营方案做进一步测算，在测算过程中不能只是一味将数据做高，还应对实际应用中的实现程度进行充分考量，包含客流培育阶段、周边商业环境等因素。

（2）合同谈判阶段。指标数据是合同谈判环节的重要因素，也是对投标数据进行科学修订的关键阶段，对于一些偏离实际的数据要提供充分的印证数据，方便最终指标的核定。

（3）项目执行阶段。项目在正式执行过程中，要对数据指标做进一步的细化分析，主要包含线路资源汇总、其他类目开发、同质线路对比、独立核算影响、开发阶段分解等要素。对于已经明确的资源及时落实，对于待开发的资源充分调研形成可行性报告，分阶段对指标的达成性做进一步的明确，如果偏离严重，可以申请做进一步的修订，同时及时跟政府单位及股东单位做好汇报解释工作。

二、建设期商业资源开发与工程建设的接口管理

做好建设期商业资源开发与工程建设的接口管理，就是要统筹协调设计、建设、开发、运营过程，保证各环节的协调配合和整体推进，确保工程质量、安全和成本控制。在线路建设的过程，同步考虑商业空间，将商业资源开发、运营问题前置化，结合建设的实际情况，制定针对性的方案，以便及时进行设计调整，为运营、商业开发经营环节创造优良条件，营造高质量的接口和基础，避免后期再进行工程改造，为后续社会价值、商业价值和经济效益奠定基础。同时，注重全生命周期成本管理，通过加强新技术、新工艺、新材料及新模式的应用和推广，有效降低建设成本、运营维护成本、安全管理成本等，使地铁建设、运营、资源开发获得最大协同效应。

（一）广告媒体资源业务

广告是地铁线路的"高价值"资源，结合线路特点，需要打造创新科技化、互动化、多元化的广告媒体，在传统广告媒体的基础上，适度集中布置超级媒体、大型媒体、创新科技媒体，加大媒体设备设施设置的密度，引入更多的多维互动媒体、数字化媒体，实现多元素的紧密互动和资源共享。

1. 突破传统平面发布效果的局限性，拓展"黄金位置"广告容量

为突破现在媒体介质的面积限制、安装条件限制，实现更多的媒体覆盖及更震撼的

发布效果，应根据车站客流、城市周边定位、广告行业需求，在站厅、站台、轨行区合理设置长大型灯箱、动感灯箱以提升广告视觉效果，充分挖掘地铁广告价值，提高客户投放广告的吸引力。

要实现该目标，就需要在设计、建设过程中充分介入，进行市场调研，掌握当前户外广告的最新技术及应用形式，结合现场实地勘察，确定可设置的"黄金点位"，再结合表现效果进行准点设计，同时也要充分考量传统媒体与电子媒体的最优配比，最终形成线路的点位设计方案。

2. 数字化、智能化广告媒体经营的集成设计

将 A 部分广告灯箱、导向标识和 B 部分乘客信息系统进行一体化设计、一体化招标采购和实施，实现灯箱广告、导向标识、乘客信息电子化、数字化、智能控制管理，有效控制运维成本，体现 A、B 部分一体化设计管理优势。采用先进成熟、经济适用、节能环保的广告设备，注重技术与投入、成本与效益、发展与环境的相互协调，努力构建基于国际标准，体现城市轨道人文关怀的智慧化地铁广告。

加大在重点车站设置广告显示屏、数字化媒体的占比，尤其轨行区广告设备设置。实现后台统一发布并能在线监测设备工作状态。有效减少现场作业量，降低人工投入，提升工作效率，节省运营成本，并能最大限度降低对运营服务及生产的影响。

3. 实际经营情况

受国内外经济双循环影响，2022 年以后，户外广告行业急剧萎缩，出现客户锐减、消费降级现象。由于行业广告资源市场成交惨淡，12 号线全媒体广告媒体资源整租经营权项目也经历多次的招商流标，经综合研判，从保收益、稳价值角度出发，公司也在尝试自主经营。为确保广告投放的全链条管理，公司在经营过程中边摸索边尝试，逐步完善，为广告主提供了广告画面制作、上画、下画、媒体画面实时监测的自主经营服务。在经营过程中，公司团队深入接触市场，通过定位目标受众、制定优惠套餐、选择合适的广告渠道做好招商工作，但在尝试中也深刻体会到当前市场上广告主投放的审慎、对上画效率的诉求以及效果的反馈，这对公司的经营能力提出极大的考验。所以面对当前的经营形势，如何做好存量的广告经营是需要通过实践不断探索的。

（二）商业资源业务

商业资源主要包括站厅商业和车站商业街，其中站厅商业主要包括零星商铺、自助服务设备；车站商业街由车站具备条件的独立空间或连通通道开发打造形成。建设期充分介入才能够提前做好业态规划设计，确保后续经营的稳定性和可持续性。

1. 车站商业街

车站商业街是城市轨道交通商业资源中，规模最集中、影响最突出、经营管理难度最大、最接近市场化的商业形态，同时，也是结合地铁的承运、可达属性而展开特色经营的项目。良好的车站商业街经营，既可以为顾客提供优质商业配套服务，也可以对地铁运营起到反向引流作用，同时，拓展地铁商业的品牌价值，使地铁服务的多元化、专

业化更加深入人心。目前，地铁车站商业街项目开发与运营也是国内多家地铁公司角逐的赛道。

（1）做好区位分析及预测。

公司商业板块在 PPP 线路投标阶段已前置开展可研分析及预测，对地铁线路所规划车站商业街项目周边当前及未来市场情况进行调研分析，包括对各项目周边人口规模、城市区位价值、商圈成熟程度、商圈未来规划、交通便利性、初步租金价值等方面进行了综合分析，对线路所含各项目进行了初步经营定位及评级。为后续设计风格、经营业态、项目地位、特色打造提供了前置资料。

（2）推进本体优化。

伴随项目进入建设期，公司从项目体量规模、客流导入形式、餐饮比例、平面布局、区位地铁客流量等基础条件出发，充分挖掘空间本体价值。利用建设、运营、商业一体化管理优势，在项目建设阶段组建多专业保开通项目组，对接前期设计和建设，同步开展商业策划。根据本体分析，结合目前"非接触商业"消费习惯的形成，参考现有地铁商业项目业态规划及营业痛点，及时提出对线路所含部分车站商业街项目本体进行防火分区变更优化，使得该部分项目具备全餐饮业态布设条件，便于后期经营活动中更好地规划项目特色，灵活开展品牌招商，促使项目本体具有长远价值。

车站商业街是地铁独有的一种商业形式，地铁客流是商业街的重要顾客导入来源，同时，经营效果良好的车站商业街项目对地铁客流也具有双向增长效应。车站与车站商业街空间的连通形式，一定程度上影响着空间的引流效果。

目前，地铁车站和商业街的连通形式主要有通道连通、下沉广场连通、一体化连通三种。

通道连通主要适用于与地铁车站的开发不作为一个项目考虑、两者的建设时间不同步的情况。通道连通的优点在于使地铁车站和商业街开发保持了各自的独立性，但是缺点在于地铁的客流向地下空间的聚集度较差。公司线路目前有部分商业街项目是采用通道与地铁站连通，但在工作小组的有力推动下，以商业区与地铁线路同步建设、同步开通为工作目标推动工作，实现商业空间与连接车站同步设计及报建，最终实现同期验收移交。

随着车站商业街区设计方案落位、工程建设及验收交付，在细化招商策划及后期经营方案过程中，车站商业街呈现出商业使用率低、物业成本及能耗高等特点。分析其原因主要为车站商业街作为地铁建设自然形成空间，同时承担了部分地铁出入口、市政过街通道等公共设施属性。由于地下商业空间建设、监管标准较地上的高，商业设计布局有待加强等因素，在后期项目规划中，建议综合考虑出入口设置便利性及维保能耗等成本，制定折中较优方案。在运营管理中，充分研究客流动线、消费活动习惯并结合品牌需求、优化维保模式、兼容人员管理、优化能源使用，力求降本增效，提升车站商业街经营竞争力。

2. 商业资源的其他执行要点

（1）设计阶段充分对接。

地铁车站自助设备作为一种自助式服务和零售终端，是一种较为成熟的车站商业形式，以分布灵活、形式多样、创新性强、自助节能节本等优点广受市场顾客及商家喜爱。公司在设计、建设阶段对自助设备点位规划及建设进行提前介入，借助车站 AFC 布设点位取消的契机，及时向设计提资，在车站原有 AFC 布设点位或转移放置点位增设自助设备插座，为后期车站开展自助设备招商及创新试点提供了硬件条件。

（2）施工、报建。

车站商铺及商业街区根据建设交付进展，投入使用前需要完成一次、二次的消防验收，推进车站商铺和商业街区连同车站主体一同报建和验收可节省大量沟通及审批时间，加快开业进度。但这就需要土建、机电、通信、弱电、消防等专业的配合，需要及时设计、工程介入，明确图纸报建，跟进现场施工进展，充分沟通设计、建设单位，力求需求推进到位。项目公司通过成立联合推进项目小组以确保各项进度稳步实行。

（三）通信资源业务

1. 积极支持 5G 基础设施建设，助力推动 5G 产业高质量发展

全面落实关于 5G 基础设施全覆盖的政策，开放项目的空间场地和资源，为 5G 基站、通信机房及配套通信设施建设提供场所和便利，积极支持通信基础建设企业、通信运营商建设 5G 基础设施，为市民、乘客提供高速、优质、稳定的通信服务，助力深圳推动 5G 网络全覆盖，5G 产业高质量发展。

2. 与通信运营商及相关企业积极挖掘业务，创造通信资源效益

基于客运服务基础，根据通信运营商及其他相关企业的业务及需求，充分利用地铁空间及客流优势，挖掘通信领域资源经营业务，结合地铁线上线下条件，推出特色营销推广服务，在确保社会效益的同时，提高通信资源经济效益。

三、广告、商业板块一体化建设探索

从某种意义上说，地铁商业从地铁建设开始，最后回到经营。对商业经营进行一体化管理从一体化建设开始，核心思想是综合考虑、全面分析，并整理出对未来经营更加行之有效的建设管理程序。从建设一开始，就需要考虑到未来经营涉及的每一个层面。

借助于目前的技术手段，开启一体化建设探索，提高整体使用价值，从而提升经营收益，这几乎是必然趋势。

（一）广告一体化建设

设计初期，联合设计单位，充分研讨线路特点，从车站面积、位置、角度等多维度出发，对整体广告设计做好初步规划，做到站站有精彩、站站有特色。

对广告媒体发布进行充分预判，构思不同媒体形式在车站内的不同客户目标，利用智慧车站、智慧客服，提前规划出媒体位置，提请建设方，做好用电预留，现场施工提前介入，避免后期工程改造，降低运营成本。

近年来，国内多家地铁已启动或在计划开发新媒体项目，新型广告媒体效果更引人瞩目，其兼具了平面广告与智能广告媒体的优势。电子广告媒体可接入 PIS 系统，实现

一键传屏功能，建立一体化管理，信息发布更加便捷，大幅缩短了广告上画周期，提升了效率，增加客户黏度。

（二）商业一体化设计建设

合理规划地铁商业业态，实现最优配置。地铁施工阶段同步分析地铁客流特征、充分调研沿线周边区域，充分发挥地铁资源优势，优化商业业态结构，成立自然形成空间（物业区）与商业资源开发专项工作组，对自然形成空间（物业区）的建设、安装工程与车站主体进行同步施工，充分做好工程设计阶段的前置介入，与土建、风、水、电、综合监控、安防、通信等多专业板块协同联动，制定现场施工进度卡控、安全质量管理等，为自然形成空间（物业区）与车站同步开通创造条件。

四、商业资源开发及经营的经验总结

商业资源的开发及经营需要"因地制宜"，每个城市都有其独特的地域文化和历史背景，这些独特的元素可以成为商业资源开发方案的重要来源。利用地域文化特色，可以打造出具有吸引力和差异化的广告方案或经营方案，提高品牌知名度和受众吸引力。

（一）尽快明确经营方案

经营方案包含但不限于招商/租赁资产的基本情况（资产现状、地点、面积、规划用途、产权归属情况等）、招商/租赁目的、可行性、招商/租赁底价及底价拟订依据、市场询价或第三方估值情况、招商/租赁期限及期限确定依据、租金标准及用途、租金收缴办法、招商/租赁方式、招商/租赁平台承租条件。这些基本要素直接决定着整体资源的策划方略，同时也明确了团队组建的方向。资源在投入经营前，前置准备及工程交付有 1 年左右的重合时间，如果充分利用该段时间提前做好经营规划会使经营进度顺利推进，与此同时，相关的文本体系，审批程序也需同步完成。

（二）优化商业业态布局，做好地铁商业空间设计

把"乘客流"转化为有效"顾客流"，就需要合理规划业态组合与商业空间，进一步增强地铁商业的吸引力。从商圈角度分析，根据市政的需求，设立一些公共活动场所。只有明确定位，构建合理的业态搭配，才能充分利用地铁商业的优势，形成一个比较成功的商业区。

地铁商业空间设计要迎合消费者的购买心理与行为。首先，做好乘客动线设计。地铁人群消费主要为次生消费，只有做好出入口的东西布局才能有后续的业态规划，否则后续再考虑客流引入时，其成本与收益将很难平衡。其次，做好针对性设计，提前做好乘客需求画像，进而完善经营方案。

（三）实施多层级的营销经营

随着近两年的主流经营趋势的变化，线下的平面媒体经营逐渐失去主导地位，如何通过"互联网+"及多元素的应用，利用地铁大平台优势，实现从"场所"到"场景"的转变，是一个不断摸索的过程。目前，很多地铁公司都在尝试借助新媒体拓宽地铁商业

引流渠道。但在实际客户回访过程中，纸媒还是有其不可替代的功能，只有在不丧失其功能的情况下寻求突破最为关键。

（四）培养地铁商业经营管理人才

地铁商业规划与实施归根结底是经营管理人才的问题。随着商业经营的不断深入，经营对人才的需求也会越来越多，如何培养适合地铁商业发展需求的经营管理人才成为当务之急。例如物业区自营，需要提前组建经营团队，如广告采取自主经营需要提前开拓市场，培养代理机构需要一个系统的团队组建及建设，其对商业资源的开发也是至关重要的。

建设管理

第三篇

第八章
关键合同管理实践

第一节　依托深铁建设的建设管理模式探索

一、建设管理服务合同模式介绍

考虑到项目公司人员大多为深铁运营员工，没有充足的地铁建设经验，而深圳市地铁集团有限公司（简称"深圳地铁"）是深圳市十二号线轨道交通有限公司控股股东，有一流的建设运营团队可以提供顾问服务。为保证12号线建设的顺利推进，确保实现初期运营节点目标，采用与深圳地铁签订建设管理咨询服务委托合同方式，由深圳地铁负责相关管理咨询服务。

二、建设管理服务合同剖析

结合建设管理咨询服务委托合同，深铁建设主要提供招标采购管理及服务咨询两部分服务。

（一）招标采购管理部分

由深铁建设负责编制车辆、信号、通信、设备监理等14个项目的采购策划管理、项目招标方案和计划管理，明确招标原则、程序、范围、内容和进度安排。由项目公司负责品牌库管理、控制价制定、审查用户需求书和招标文件、参加合同谈判，最后由项目公司完成采购合同的签订。

（二）管理咨询服务部分

由深铁建设提供建设期设计管理、建设管理（安全、进度、质量、投资等方面）、竣工验收、综合协调、联调联试、验收移交、初期运营前安全评估、竣工结算等相关管理咨询服务。

三、建设管理服务合同执行实践

（一）工期目标控制

1. 编制工程工期总策划、确立关键里程碑

根据工期要求，结合12号线的实际情况，深铁建设组织施工总承包单位编制站后工程策划方案，作为12号线工期总指导。策划确立本工程项的里程碑工程，要求各标段工期编排必须完全满足工程工期总策划里程碑要求，工期总策划从组织角度、技术角度、

经济角度及合同角度采取各种保证措施来保证整个工程计划的真正落实。总策划尤其对处于关键线路的各个单位工程、分部分项工程进行了重点具体布置。

2. 强化过程控制，实行工期动态管理

深铁建设编制切实可行的工期网络计划，并以此为依据，制订"年、月"施工计划，严格按计划组织施工。同时根据施工完成情况，及时对网络计划进行修正，做到"一次调整，全盘优化"，动态管理各项工程。以关键工序为纲领，点面结合，不断优化网络，以各关键工期为突破口，确保总期目标的实现。做好节假日及雨季施工的管理和安排，并根据相关情况及时作出适当的调整。

深铁建设组织公司及相关各方单位定期组织工程调度例会、全自动运行调试推进会、全自动场景讨论会，重点提醒各单位要加强现场施工安全进度管理，加大质量问题整改力度，协调解决相关问题和困难，有效推进工程进展。

（二）质量管理

1. 在施工单位方面采取的质量控制措施

监督、督促施工单位制定目标考核标准，以有效推动质量、进度、安全目标的如期实现。项目公司组织对施工单位开展质量评比，设立"质量-进度-安全"奖励基金，奖励施工质量较好的施工工区，有效地激励和调动施工人员积极性，促使工地形成了比质量、保安全、赛进度热潮。

建立并落实施工质量保证体系。深铁建设组织项目公司重点检查施工单位质量体系建设，督促施工单位设立内部质量管理机构、指定专职质量管理人员的同时，着重指导、帮助施工单位建立健全一系列质量管理制度，主要包括：原材料、半成品和各种加工预制品的检查检验制度、生产班组交接制度、隐蔽工程验收制度、重要工程部位基准线检查制度、基础工程和主体工程检查及验收制度、竣工检查及验收制度等。

督促施工单位建立、完善质量信息工作。主要内容包括两个方面：一是建立质量记录档案，即要求按照统一的规定和格式，将所有的质量检验数据、原始记录、验收记录、业主意见、监理工程师指令等信息资料全部记录归档。二是建立质量信息反馈制度，及时准确的质量信息反馈，可以让质检部门和项目经理及时掌握工程各个部位的质量动态，便于做到及早发现，及早处理。

2. 在现场质量控制方面采取了样板先行制度

为确保工程质量，推动工程全面创优，工程实行样板工程检查确认制度，即每一实施样板工程制的分部分项工程在全面开工前必须先实施样板工程，待样板工程达标并经检查确认后，再以样板工程为标准实施全部工程。

加强重点部位质量监督，对工程重要部位（如基础、地下工程等隐蔽部位）的施工，监理人员实行"旁站"，即从工程施工开始，就实行跟班监督，以便发现问题能及时采取有效措施解决，确保工程质量，避免施工返工或产生不安全隐患。

严格验收程序，工程竣工验收是整个工程建设过程中的最后一道工序，它是建设投资转入产品使用的标志。为了切实体现对工程项目质量的控制，给单位工程竣工验收增加了工程预验制度,保障验收质量。

(三)安全文明施工管理

1. 实行安全、文明奖惩制度

项目公司制定了安全文明考评制度,每个季度对全线施工单位进行考核评比,并邀请监理、监理管理相关部门人员参加考核,要求监理管理单位制定监理工作质量考核办法,每季度对监理的工作质量进行考核评比,进行奖优罚劣,并实行安全质量问题一票否决制,对考核期内所管施工标段发生重大安全质量事故的监理单位取消奖励资格,并根据发生事故的严重程度给予处罚。

2. 实行安全监控与巡查制度

通过施工监控系统对工地现场的安全及文明施工情况进行实时监控,对发现的安全隐患和违规操作由深铁建设安质部下发安全检查意见或者整改通知单,促使施工、监理单位加强现场安全和文明施工管理。安全监测与风险管理系统实施单位还定期对现场进行风险巡查,对发现现场存在的安全隐患,提出处理建议。

3. 实行第三方安全监测制度

加强对第三方监测单位管理的,除了由监测单位自行对监测数据进行分析,向相关标段管理人员发出预警信息外,还将第三方监测单位对施工场地及附近建筑物、重要管线监测数据上传至安全监测与风险管理系统平台,由系统实施单位对监测数据进行汇总分析,做出风险评估、预警预报和快速反馈,提出建议措施。将第三方监测单位和安全监测与风险管理系统预警信息进行统一管理,制定监测数据和预警信息发布管理办法,统一预警信息级别和发布范围。

四、模式分析及亮点

(一)充分借力深铁建设的管理经验

深铁建设拥有职业化、专业化建设管理团队,精干高效的决策运行平台和服务管控平台,具备丰富的精细化管理经验。深铁建设的建设管理咨询服务可有效弥补项目公司在地铁建设管理上的不足。

(二)充分借力深铁建设的资源及平台

深铁建设主要负责涵盖轨道交通(含地铁、铁路、磁悬浮等)工程、房屋建筑工程及市政基础设施(道路、桥梁、综合管廊等)工程的投资、建设管理、经营和综合利用等工程建设,拥有庞大的建设单位、设备供货商的考核管理权限,能有效落实对这些单位的管理,强化项目公司在这方面的短板,确保工程进度的保障。

第二节 "站前站后一体化"的施工管理探索

一、施工总承包合同模式介绍

根据深圳地铁建设管理实践经验，通常将地铁建设划分为前期工程、土建工程和站后工程三个阶段。其中，前期工程和土建工程及站后工程中的安装装修工程均已采用施工总承包模式，由中国电力建设股份有限公司（简称"中国电建"）实施。站后工程中的轨道及系统工程为 PPP 项目实施范围。为实现"站前站后一体化"管理，深圳地铁与中国电建组成联合体参与 PPP 项目投标并顺利中标，为一体化管理实践创造了有利条件，实现"12 号线工程施工总承包"。

施工总承包范围及内容主要有：PPP 项目工程依据联合体协议及 PPP 合同相关约定，采用施工总承包模式，由中国电建作为施工总承包工程单位签订《深圳市轨道交通 12 号线 PPP 项目施工总承包合同》，依法公开开展项目施工总承包范围内的工程、设备和服务等的采购工作。其合同范围包含但不限于 12 号线轨道工程、疏散平台、通信系统（不含警用主干光缆及漏缆采购，专用通信车载设备的安装）、乘客信息系统（不含乘客信息车载设备的安装）、信号系统、供电系统（不含再生制动能量地面利用技术应用研究实验室）、综合监控系统、火灾自动报警系统、环境与设备监控系统、气体灭火系统、安防系统、自动售检票、车场智能化、站台门、电梯、扶梯等安装工程施工总承包；供电系统［不含环控电控柜（MCC）和电力监控系统（SCADA）］、气体灭火系统（含场段）、电梯及扶梯（含场段）、隧道沉降监测等设备采购。

二、施工总承包合同剖析

（一）项目实施模式

A 部分工程由深圳市地铁集团有限公司负责融资、设计、建设，B 部分由社会资本方完成投资、融资、设计和建设工作。PPP 项目助力政府职能转变，提高政府在项目中的管理效率，可以有效缓解政府当期投资压力，减轻政府财政压力。同时能够通过与社会资本方签订经营协议，构建切实有效的线路运营考核评价机制，有助于科学评估各线路运营质量，不断提升运营服务水平。

（二）工程采用全自动运行系统，高标准建设

12 号线工程全自动运行系统按 GOA4 标准建设。信号系统主要由列车自动监控（ATS）、列车自动防护（ATP）、计算机联锁（CI）、列车自动运行（ATO）子系统和维护监测子系统（MSS）组成，子系统间通过信息交换网络构成闭环系统，通过车载、轨旁、车站和控制中心设备共同完成全自动运行的列车自动控制。

相对于传统 CBTC 系统，全自动运行系统将既有联动模式的处理环节自动化，提高了系统的自动化、集成化程度，对系统的 RAMS 指标提出了更高的要求，同时降低了故

障率，但是也对新的运营、调度、应急管理等提出了更高的管理要求。

（三）设备系统智能化高度集成，应用专业广泛

按照招标文件技术标准，12号线设备系统集成和智能化程度高。

（1）信号系统与行车相关系统（如车地无线通信、站台门、乘客信息等）接口集成，构成智能行车调度系统。

（2）采用智能监控系统，深度集成了BAS、FAS、SCADA、MCC（智能环控系统）等设备子系统，同时互联了通信、信号、安防、乘客信息、电扶梯、站台门等设备系统，构成以电调、环调、乘客调为核心智能调度平台系统，实现信息互通、资源共享、智能调度功能。

采用智能控制、大数据、云计算等技术，充分利用与各系统集成、界面集成、互联的优势，实现机电设备系统的智能化运行、车站站务的智能化服务、设备维修的智能化调度和决策、应急时的智能化指挥、在线列车运行状况监视，达到设备、乘客、环境、运营管理和维护管理的自动化、信息化、智能化管理，提高各类设备的效率和综合决策水平。

三、施工总承包合同执行实践

（一）合同执行难点分析

12号线工程全部建设内容划分为A、B两部分。其中，B部分工程采用PPP模式建设，且A部分安装装修工程与B部分均属站后工程施工，专业间联系密切，交叉施工管理难度大，工程交接所涉及的事项繁杂，沟通协调工作量大，工期、安全、质量控制风险高。项目建设存在"两个"施工总承包合同执行单位，项目建设管理接口多，管理难度大。

同时，站后工程具有"空间小、工期短、穿插多、接口密、标准高"的施工特点，各专业系统间的接口及与其他接口的施工单位相互依从、制约、联系，因此施工组织和协调也是本项目的重难点。

（二）施工总承包管理措施

1. 组建站后工程指挥部

根据站后工程协调沟通量大的特点，利用本项目A部分、B部分均由中国电建总承包的优势，成立12号线站后工程指挥部，建立站前、站后一体化施工管理体系，统筹对A、B部分进行管理和协调，在计划编制、设计管理、场地布置、接口协调、调试与验收等方面实现一体化管理。

2. 做好工程筹划，确保节点目标

以"洞通、轨通、电通、车辆上线、系统联调、试运行、开通运营"等里程碑节点为目标，编制总体策划，以里程碑目标来明确各阶段时间界限，制定阶段性节点目标。全线遵循"分段铺轨以轨通为目标，设备安装以站场为单位，系统安装跟随常规施工，装修专业最终收口"的思路，合理划分各专业施工工区，统筹安排施工队伍，均衡组织施工生产，确保全线初期运营总目标。

3. 准确划分施工界面

站后工程实施前期，根据合同、设计文件、施工图等，尽早梳理各专业接口关系，制定接口管理手册，明确各分项工程项目的责任主体，避免由于工序混乱而造成施工项目遗漏。

4. 强化地盘管理，科学组织施工

地铁工程施工场地狭窄，在同一区域施工单位多，工序交叉多，安全文明施工管理难度大。站后工程施工阶段按照站场以常规设备安装单位、轨行区以轨道（前期）和系统（后期）单位为地盘管理责任主体，统一制定地盘管理办法，对临水临电、设备材料进出与堆放、通道出入、安保、防火防淹防盗、安全文明施工以及施工工序安排等事项进行统一管理，定期检查、考核，确保现场施工有条不紊地开展。

5. 优化接口管理，密切配合施工

站后系统工程涵盖十余个专业，几十个子系统，各专业、系统间接口多达上千项，指挥部将对本工程接口按性质、类型、专业、系统做全面梳理，明确接口关系，编制 12 号线站后工程接口管理手册，统一汇总接口问题，专人负责归口管理。通过设计联络、施工生产会、周月例会、接口专项会议等，深化各站点、项目部、作业队、施工班组等纵向管理，密切与深圳市地铁集团有限公司、设计、监理、供应商等横向联系，做到接口关系清晰、职责明确、管理无缝连接、全面覆盖。

四、模式分析及亮点

根据 PPP 项目合同特点，本项目直接委托股东单位中国电建进行施工总承包，虽然项目建设存在"两个"施工总承包合同单位，但是基于 A、B 部分均由中国电建实施，从施工管理层面实现了"一个"施工总承包单位，有利于各种"外部"接口转化为"内部"接口，主要管理优势如下。

（一）A、B 接口协调与统筹管理优势

接口通常是指各系统和各专业之间、不同合同施工单位之间、各系统内部及各系统之间、各专业内部及各专业之间的相互关联和影响，以及其在时间和空间上的交互关系。尤其是不同合同及不同施工单位之间，存在各种复杂接口。

在本工程实施阶段，工程现场管理类，包括场地交接、工序交接、工作条件交接、设备房间的管理等接口，均有效转化为内部专业与专业间的接口，有效明晰了接口关系，大大降低了接口遗漏现象的出现。

（二）施工组织管理优势

在统筹推进工程实施方面，站前站后实行一体化管理，通过建立有效的协调机制，强化接口管理与交叉施工协调。

1. 整体部署，统一管理

处理协调配合问题时，能够强化对设计、施工的统一指挥，理顺协调配合关系，使

不同专业之间有序衔接，为场地/工作面交接创造良好的施工条件。A、B 部分工程能够统筹兼顾、一体化实施，主要包括 A、B 部分接口、验收的统筹管理、临建、仓储的共享，施工通道、大型设备吊装运输通道的预留预设，A、B 部分场地移交等。做到进场快、效率高，实现无缝衔接，零时间过渡。

2. 局部服从整体

以保证质量、进度、安全等总目标为原则，在处理协调配合问题时，如涉及影响到工程总体目标，局部应服从大局，做好资源的调配，保证总体目标的实现。

3. 关键节点优先

工作分为关键线路与非关键线路，关键工作处于关键线路上，对工程总工期有直接影响，当非关键工作与关键工作发生冲突时，应遵循关键工作优先的原则。若关键线路发生变化，则非关键工作也应进行调整，保证关键线路上的关键节点。以本项目轨道工程为例，为统筹推进轨道工程实施，为站后其他专业创造条件，通过积极协调土建移交作业面、积极调配施工资源、最大限度满足轨道施工作业点等方式，按期完成首调段短轨通、全线短轨通等节点。

（三）轨行区综合协调优势

轨行区管理是站后管理的重点，也是难点。原则上轨行区实行封闭管理，任何人未经批准严禁进入轨行区，行车的作业区段不得进行其他作业，非行车的作业区段不得行车。在实际实施过程中，仍然存在管理或现场出现交叉干扰等问题，严重时甚至影响施工安全。轨行区综合协调方面优势如下。

1. 安全与计划管理做好统筹

由总承包单位组织，所有进入轨行区作业的单位均与轨行区管理单位（轨道工区）签订安全协议，从管理层面实现管理主体的统一。通过组建轨行区作业管理架构，实行三级管理：第一级为调度领导小组，由建设单位、监理单位指派人员担任；第二级为总调度室；第三级为各工区调度室，由铺轨单位人员担任。

2. 实行施工计划审批制度

轨行区严格按施工计划施工，坚决杜绝超范围施工、无计划施工的现象。各施工单位需要将施工计划包括施工日期、线别、轨行区（或里程）、影响范围、施工负责人及联系电话、施工所需时间等内容，统一报到项目部调度室，调度室审核后，确定慢行施工或封锁施工，向各施工单位发放批复的施工计划，各施工单位接到施工计划后，到指定的车站或调度室办理登销记手续，施工单位负责人按照调度命令组织施工。

3. 关键计划优先

针对实施过程中出现的部分未知因素，例如"还路于民"、设备供货与需求不匹配、临时作业需求等，由施工总承包单位统筹考虑，组织设备材料集中运输、应急抢险作业先行等，保障轨行区施工的稳定和有序进行。

第三节　PPP 模式下的设计承继模式探索

一、设计承继合同模式介绍

为了保证 12 号线的顺利实施，明确 A 部分建设单位、PPP 公司和市政院的合同权利义务关系，经向深圳市住建局发函报告，签订《深圳市轨道交通 12 号线 B 部分施工图设计总承包三方协议》（简称"《三方协议》"），PPP 公司承继 B 部分勘察设计总承包合同项下的施工图设计总承包工作及合同约定的相关服务内容的权利和义务。

二、设计承继合同剖析

《三方协议》对原勘察设计总承包合同中重要条款内容作出了调整：
（1）合同协议书。
（2）设计变更按 PPP 合同执行。
（3）任务大纲中任务范围重新进行了明确。
（4）新增 A、B 部分设计分工。
（5）新增项目服务评价。
（6）合同价格与 PPP 项目投标报价中的工程勘察设计费金额保持一致。

三、设计承继合同执行实践

PPP 模式下，设计合同继承主要在于设计费计取问题讨论，原设计合同最终设计费的计费额按 B 部分对应的政府概算批复的建安费进行计取，设计费=建安费×设计阶段费用占比×综合费率，在签订设计继承合同签订时主要围绕以下几个问题开展合同谈判。

1. 建安费

由于 PPP 项目的特殊性，在 PPP 投标时已明确 PPP 建安费而非政府批复的概算，承继设计合同在建安费以 PPP 投标建安费进行计取。

2. 设计阶段费用占比

由于 PPP 合同招标时已完成 B 部分初步设计文件，承继设计合同以初步设计为节点，施工图设计费纳入 B 部分计取，费用占比可根据《工程勘察设计收费标准（2002 年修订本）》标准，进行计取。

3. 综合费率

综合费率可根据《工程勘察设计收费标准（2002 年修订本）》标准，参照深圳同期线路设计综合费率进行计取。

四、模式分析及亮点

承继设计合同可以无缝将 B 部分勘察设计总承包合同项下的施工图设计总承包工作及合同约定的相关服务内容的权利和义务转让给 PPP 公司,具有统筹管理 A、B 部分接口协调优势,在工期紧任务重的情况下,通过承继设计合同可有效避免因招标或设计交接导致工期延误的风险。

第四节　PPP 模式下的监理管控探索

在 PPP 模式下，工程监理管控以进度、质量、安全三个方面作为重点，在面对困难和问题时，通过实践探索总结出一些好的措施。

一、工程监理合同模式介绍

本项目工程分 A 包监理和 B 包监理。其中，A 部分机电设备主要包括车站通风空调、给排水、低压动照专业设备及海上世界站至南油站电扶梯和部分高压设备。B 部分工程建设内容主要包括车辆、轨道、通信、信号、自动售检票、综合监控、综合安防、乘客信息、站台门、电扶梯、车辆段工艺设备等设备系统的采购、安装、调试，以及综合联调和试运行、工程验收、政府专项验收、初期运营前安全评估，直至 12 号线开通初期运营。

二、工程监理合同剖析

实行建设项目分阶段全过程监理。A 包监理重点是车辆项目管理、设备采购项目监理、设备安装工程监理、总联调项目管理、接口管理等。B 包监理主要是轨道工程（含疏散平台）监理、设备采购项目监理、设备安装工程监理、轨行区管理、总联调项目管理、接口管理等。

其中，B 包监理按照专业分为监理 1 标和监理 2 标。监理 1 标监理合同范围包括车辆项目管理、设备采购项目、设备安装工程、总联调项目管理和接口管理。监理 2 标监理合同范围包括轨道工程、设备采购项目、设备安装工程、轨行区管理、总联调项目管理、接口管理。

三、工程监理合同执行实践

PPP 模式下，为确保施工组织稳定有序推进，以实现各阶段节点为目标，以监理管理为抓手，采用"人、机、料、法、环"五要素管理方法，要求施工单位建立健全生产组织机构、管理体系建设、资源配置计划等，紧抓质量安全，推动工期进度。

（一）监理合同执行重点（进度控制、质量控制和安全管理）

1. 进度控制

PPP 模式下，由于种种原因，合同约定的各项条款执行困难，各项工程建设审批手续办理缓慢，导致项目建设整体进度滞后。根据政府单位要求，12 号线总体进度目标不能延误。监理单位协助业主提前策划站后工程，针对本项目工程量、特点、施工工序、工期策划、资源配置、换乘站工程、场段及主变所、首调段、调试、验收、试运行等方面进行合理策划和部署。面对各种复杂的专业性问题和设备综合联调接口问题时，监理单位应及时提供专业性意见和应对措施，梳理各阶段节点目标实现要素、重难点，对业主提出的项目进度滞后问题进行分析，同时协助业主单位完成对施工单位的项目全过程技术指导，及时要求施工单位进行进度计划纠偏，确保项目整体进度目标完成。

2. 质量控制

在项目建设工程中，施工单位之间相互竞争的核心因素之一就是成本控制，如何在确保质量的前提下控制施工成本，凸显 PPP 项目的优势，这是监理单位质量控制亟待解决的一大关键问题。为此，在监理单位进场前，依据国家、广东省、深圳市颁布的有关产品质量、工程质量的法律法规、标准规范，编制了《深圳市城市轨道交通 12 号线 PPP 项目工程设备监理管理程序》，后续按此程序从设计、制造、安装和调试四个阶段展开规范化、标准化管理。针对国家行业、政府机构和地铁公司要求的各种管理规定、制度办法进行研究和深度管理。

PPP 项目质量控制不仅要求监理单位具有规范的管理程序和控制方法，还需要从实际出发，结合 PPP 项目特点，利用站前站后一体化优势，充分了解和深度融合各专业资源，在相对四期工程进度滞后的基本情况下，保障该项目高水平高质量完成各个节点目标。

（1）源头把关。以初步设计、技术规格书等设计文件为依据，协助业主开展设计联络，牢牢把握 PPP 项目的特点，在往期其他线路的基础上，增加一些设备可靠度和 RAMS 全生命周期功能的合理性建议，同时满足业主单位建设和运营 30 年的建设运营一体化需求。

（2）强抓原材料进场质量。为了保障后续功能可靠稳定，严格按照《深圳市城市轨道交通 12 号线 PPP 项目工程设备监理管理程序》执行。对于关键工程材料，监理单位选派专业人员生产驻场监造；基于设计初衷，监理单位协助业主梳理设计文件，明确原材料各项技术指标和要求，确保材料各项关键技术指标全覆盖；材料进场阶段，监理单位对原材料的合格证、出厂证明等质量证明文件进行专项检查，并在监理见证下送检第三方权威机构，实时跟进材料检测结果并反馈业主，使业主做到心中有数，降低材料质量的风险。

（3）严格审核施工单位各项专项施工方案，并针对各个系统设备专业做到施工标准化。结合工程概况，监理单位组织多个样板工程验收、首件验收，对施工方案缺漏项的、无针对性的驳回，重新报审，坚决做到"无方案不施工，无交底不施工，无带班不施工"。对工程的关键部位、关键工序、隐蔽工程的施工质量进行旁站和验收，分部分项工程、单位工程、初验、竣工验收等按照国家行业规范要求进行，做到现场、实体分级分类把控，不走过场，牢牢把握施工质量。

3. 安全管理

项目建设安全风险是动态的，安全管理是重要的一环。安全管理应采取预防为主，防治结合的方针，PPP 模式下的项目也不例外。针对本项目安全管理，监理单位采取 PDCA 循环管理模式，即方针→策划→实施与运行→检查和纠正措施，以督促施工单位及时落实各项安全生产管理制度，注重对施工现场重大危险源的识别，并要求施工单位建立台账并动态管理。认真审核安全专项方案，落实三级安全教育交底制度，定期对施工现场进行安全检查，跟踪问题、整改闭环，并使之制度化、常态化。

（1）利用网格化管理模式，实现轨行区管理和施工管理双重管理效果最大化。

监理单位要求作业面、轨行区联合调度室、大型机械设备等均设置网格员，将安全管理具体细化至生产管理的方方面面，不浮于表面，协助业主发现问题并解决问题。

（2）危险性较大工程实行安全总监带班上岗制度。

涉及龙门吊安拆工程、主变压器吊装等危大工程，不仅要求施工单位提前提报专项方案，同时在作业现场，监理单位安全总监实行带班负责制，其他吊装作业由监理组长审批吊装令，监督施工现场，发现违章行为，勒令停止施工，保障施工安全。

（3）日常交叉检查，学习同期优秀管理经验并改进。

12号线建设期间，业主单位多次组织与14、16号线的交叉检查，鼓励12号线监理单位学习其他线路监理单位安全管理的管理措施，并相互交流学习经验，以便针对下一阶段安全管理的重难点进行一定程度的优化和改进，使安全管理能有针对性地开展。

（4）专项检查与日常检查同步进行，持续提升安全管理能力。

监理单位组织业主、施工单位开展龙门吊、轨道车、小平车、视频监控等专项检查，重点抓住建设期轨行区安全要点，同时根据建设阶段从轨道逐步向站后系统设备安装施工和调试铺开的特点，结合日常检查，有侧重地检查小散工程、站台门外通道施工作业、轨行区照明、限界、高空作业、文明施工等，逐步提升安全管理效果。

（二）PPP 模式下，监理合同执行主要存在的难点

1. 人员数量不齐全，专业、资质不符合，人员流动性较大

目前市场上的建设监理公司，多数以土建专业人员为主，站后其他专业方面的高级技术人员较少，对于专业覆盖面广、专业能力要求高的地铁工程建设项目，设备监理的力量有所不足。

2. 规章制度落实不到位，现场管控不严格

专业能力不足、责任心不强，甚至对 PPP 模式认识不清晰，导致对规章制度不了解，制度执行时无法根据现场情况给予准确判断，对安全质量进度合同的管理系统性不强。

四、模式分析及亮点

PPP 模式下，对质量和标准范围的把控，监理单位有着比 PPP 项目公司更为丰富的现场经验。此外，如何利用监理单位作为第三方，处理与股东单位、乙方单位的协调管理、现场管理、接口管理等问题，要从人员、制度、标准、流程等方面分析新模式。

（一）人员管理

对照合同严格监理资质管理，梳理人员专业、资质和各阶段数量，监理单位提报组织架构，针对更换的人员提前提报人员资质条件，考察日常工作能力和责任心，且在监理任职人员面试评审中更换不符合人员。此外，定期组织对监理单位人员架构、设备配置、过程资料等检查，对新开作业面、新增基地投入的人员综合能力进行检查和对比，逐步提高现场人员综合素质，以此作为监理季度和年度履约考核评比的依据。作为第三方单位，充分利用监理单位的角色定位，在安全管理、质量管理方面，严抓狠打惯性违

章、质量通病，让施工现场向文明施工最大化地提升和改进。

（二）制度建立

为建立健全监理管控规章制度和体系，依据监理合同，编制了《深圳地铁12号线PPP项目工程设备监理管理程序》，包括设备设计及制造阶段、设计及制造阶段、通用程序及地铁公司工程建设管理办法及制度三个阶段管控程序，保证各个阶段管控到位。

（三）流程标准化

根据《深圳地铁12号线PPP项目工程设备监理管理程序》要求，针对总承包单位和工区报送的招采方案、接口方案、专项施工方案等，监理单位组织召开审查会议，对轨道板施工工艺、机场东接车条件、主变所吊装方案、与既有线接口设计联络等关键施工方案，监理单位进行了逐项审查，并提出了重要建议，以避免后续出现严重的安全、质量和进度滞后问题。

1. 施工现场日常安全管理标准化

监理单位实施建设全周期常态化管理，从人、机、料、法、环五个方面，严惩违章行为，重点监控吊装、行车以及动火等危险性较大的作业，组织专项检查和定期检查，及时发现问题、解决问题，并实时反馈给业主。

2. 质量管理标准化

提前制定质量管理目标，按照"三个阶段""四个标准化""五个要素"落实质量管理目标。按照"三检制"原则，监理单位从生产源头到施工成品全过程进行质量监管，落实隐蔽工程验收制度，保证设备质量满足验收条件。

此外，为建立健全监理管控规章制度和体系，保证现场管控到位，项目公司持续加强监理合同实施过程履约和安全质量的管控力度，按照合同条款进行经济处罚、通报和约谈。

第九章
PPP 模式下成本管理

第一节　PPP 模式下设备成本节约

采用 PPP 投融资模式，有助于降低政府财政压力，进一步推广全生命周期单线核算模式，在设备采购和保障线路安全运营的前提下，探索多途径实现对设备采购管理的优化管理，降低建设采购成本，提高设备性能可靠性，提升乘客服务体验。

一、降低建设采购成本

项目公司通过对车辆、信号、专用通信等系统采购清单的优化，实现了采购成本的最优化，大幅节省了建设成本，具体如下：

（1）车辆在接触网悬挂巡检系统、轨道几何检测系统配置进行了优化，并考虑主机厂利润下调，拟定了招标控制价，最终车辆系统招采较 PPP 投标报价节省了 6 061 万元投资。

（2）信号系统通过对集中站联锁设备、UPS（不间断电源）系统蓄电池配置进行优化，拟定了招标控制价，最终信号系统招采较 PPP 投标报价节省了 2 991 万元投资。

（3）专用通信系统通过对无线 800 M、LTE（无线通信传输）、UPS（不间断电源）等系统配置进行优化，拟定了招标控制价，招标控制价较 PPP 投标报价预计减少了 2 955 万元投资。

（4）安防系统通过对摄像机终端配置进行优化，拟定了招标控制价，招标控制价较 PPP 投标报价预计减少 1 360 万元投资。

（5）综合监控系统通过对终端配置进行优化，拟定了招标控制价，招标控制价较 PPP 投标报价预计减少 413 万元投资。

（6）乘客信息根据商业电子媒体屏策划方案，站厅增加了全彩 LED 大屏，根据该方案拟定了招标控制价，招标控制价较 PPP 投标报价预计减少 21 万元投资。

二、提高设备性能可靠性

12 号线为全自动运行线路，为了实现设备正式运营中的安全可靠，各专业采用更先进、更可靠的设备技术。

（一）车辆专业

地铁列车采用 SIL4 安全等级 LCU（逻辑控制单元）替代原继电器电路，提高列车控制电路可靠性。列车关键电路采用全冗余设计，采用自复位空开，故障情况下自动重合一次空开，对关键节点、关键电路采用冗余设计，单节点失效不会造成重大影响，以保障列车运营安全。列车走行部振动检测通过安装冲击、振动、温度三参数复合传感器，对轴箱轴承、齿轮箱轴承、电机轴承、传动齿轮、车轮踏面进行实时监测，实现被监测部件的自动实时故障诊断、精确定位和分级预报警。

（二）通信专业

应用 R-UPS（远程不间断供电系统）智慧供电系统，将其设置在翠岗工业园至永和站共 4 站 3 区间，为专用通信、综合监控、安防及乘客信息等弱电系统设备的区间设备提供双向冗余供电。在单一的电缆开路、短路故障，单一的车站停电等情况下，保障所有系统下的用电设备不停电，单一设备故障不影响其他设备正常供电，并将故障信息（类别、处所等）实时传回监控中心。

三、提升乘客服务体验

地铁建设服务广大市民，如何提高乘客的服务体验是一个重大课题，可通过优化车辆、站台门、自动售检票系统设备，实现提高车站、车辆等面向乘客的设备的服务质量。

（一）地铁列车空调系统

地铁配置空气质量检测系统，对客室内部 TVOC（总挥发性有机化合物）等有害气体含量进行检测；设置光等离子净化装置，对客室空气进行杀菌。同时列车乘客信息系统可通过 Wi-Fi、蓝牙传输设备将线路信息、列车到站信息、晚点信息、应急广播信息等传输到手机应用上，给乘客提供具体信息。

（二）站台门

站台门采用智能多媒体系统，运用轨行区激光投影技术（主要由传感器、控制系统、投影装置和调光玻璃几个部分组成）令站台门门体可以呈现出高清影像，将其变成大型的可视化广告载体，从而实现广告效果。配备状态显示屏，当滑动门发生故障或对位隔离无法打开时，红色指示灯常亮，同时显示屏能语音报警，告知乘客该门无法打开。

（三）自动售检票系统

地铁配备智能票务终端、自助票务处理机等。智能票务终端具有票务自助处理、开具电子发票、账户实名服务功能、远程音视频交互服务、乘客信息查询等功能，能替代车站票务客服人员及半自动售票机、自动验票机的大部分工作，有效减轻客服人员压力，同时为乘客提供更加便捷的多元化服务。智能票务终端与一体化智能客服中心一体化设计，每个一体化智能客服中心配置 2 台智能票务终端，分别面向付费区和非付费区。智能票务终端风格应与一体化智能客服中心一致，造型美观且具有时尚感，操作流程设计应易于使用，使乘客可以快速自助完成业务，解决原来需要找有客服人员的窗口排队才能办理业务的不便。自助票务处理机具有票务自助处理、开具电子发票、人脸信息注册、掌静脉信息注册、乘客资讯信息查询等功能,能替代车站票务客服人员及半自动售票机、自动验票机的大部分工作量,有效减轻客服人员压力,同时为乘客提供更加便捷的多元化服务。自助票务处理机适合摆放在付费区和非付费区,可根据车站布局情况摆放在进站闸机、出站闸机的附近。自助票务处理机造型醒目且具有时尚感,有助于乘客注意到,以便就近使用、快速自助完成业务,解决原来需要找有客服人员的窗口排队才能办理业务的不便。自动检票机在支持单程票和储值卡刷卡基础上,支持银联IC卡[含手机NFC(近场通话)]以及基于NFC技术的手机票、二维码电子票等的读取功能,同时支持Face ID(面容身份)生物类车票的读取功能,预留指静脉等生物类车票及eID(电子身份证标识)等非生物车票的读取功能。宽通道检票机支持特殊乘客(如65岁以上老人或员工等)通过人脸识别、指静脉识别等方式乘车出入检票。

四、提高维护便利性

设备维护成本将是项目公司运营后考虑的重要因素。在建设阶段将后续维护成本纳入考虑范围,大幅使用先进技术可实现设备维护更加便利、更加节省成本。

(一)列车健康管理功能

地铁列车牵引辅助、制动、车门、走行部、空调系统等关键系统设置了健康管理功能,可进行故障预测、健康诊断等,为实现列车状态修打下了坚实基础。牵引电机驱动端采用陶瓷圆柱轴承,非驱动端采用陶瓷滚子轴承,可有效解决牵引电机轴承电腐蚀问题。地铁列车配备轨道几何检测系统及接触网巡检系统,可有效检测轨道及接触网状态,检测到异常状态或故障时将信息上传至中心,降低人工巡检工作要求,保障正线安全。

(二)电源均衡充电功能

通信专业采用电源均衡充电技术,让蓄电池组在浮充时保持电压均衡,使每节电池保持最佳活性状态,提高电池组后备时间及运行寿命。在开启均衡功能后,当电池组状态为浮充状态,某节电池电压大于电池组电池的平均电压,且该电池电压的均衡度小于设置的目标均衡度,则对该电池进行电池电压的均衡。同时通信系统具备自动分发故障信息功能,集中告警系统收到故障后,根据故障级别自动以短信形式把故障信息分发给对应的负责人。

(三)智能化节能控制及能源管理

综合监控系统采用基于BIM(建筑信息模型)的可视化应用,可通过集成与互集,将车站的机电设备、安防、乘客信息、广播以及列车车厢的车载广播、视频、乘客信息、紧急对讲在一个显示屏上控制、监视、调度,并通过与信号系统互联,实时显示列车的位置信息,提供给车站值班员和控制中心,为全自动运行保驾护航。智能开关站功能通过一键触发,将控制指令发送给各个系统,各个系统收到"开站""关站"指令后,开启或关闭相应设备,并将设备的运行状态实时反馈给综合监控系统。各车站的站务人员根据设备的运行状态及时做好开站和关站工作,有效减轻地铁运营人员的工作量,提高运营的工作质量和工作效率。综合监控系统应用智能化节能控制及能源管理，系统采用物联网、云计算、精细计量、数字传感等先进技术，能够实时、全面、准确地采集水量、电量等各种能耗数据，动态分析能耗状况，辅助制定并不断优化节能方案，智能控制耗能设备的最佳运行状态，实时准确地核算节能量。同时，综合监控系统具有在线计量、监测、分析、控制、管理等功能，为用能单位实施定额控制、制定节能措施、提高节能效率、核定节能收益，提供科学、有效的实时管控手段，通过对能耗数据的挖掘分析，为能源管理提供数据支撑。

第二节 新技术应用及科研创新

一、全自动运行模式下的以太网控车技术

随着列车控制网络应用的不断发展，列车诊断数据和智能化水平不断提升，以及全自动运行安全可靠性的提高，要求列车网络系统拥有高通信带宽、低时延、高安全性和可靠性、可多网融合、易组网等特点。全自动运行列车通信的数据量大，实时性要求高，网络系统需实现对车辆的自检和测试，配合信号控车，所有车辆控制信息都通过网络完成。传统 MVB（多功能车辆总线）网络最高带宽通信速率为 1.5 Mbps，需通过模块转换才可以和其他系统连接，组网能力差，已无法满足全自动运行列车的需求。

12 号线列车控制与监测系统采用基于分组交换技术的编组以太网网络（ECN），支持符合 IEC61375-2-3 规范的 TRDP（列车实时传输协议）进行控制数据通信。其中列车级网络采用的是双环形结构、终端设备双归属架构，任一环网单点故障不影响整个网络的通信。其中红色环网（简称"红网"）用于控制数据的传输；蓝色环网（简称"蓝网"）用于控制和维护数据的传输。本地车辆级网络采用的是星形结构，任一终端设备的故障不影响其他终端设备的通信。列车级以太网采用 1000BASE-T，车辆级以太网采用 100BASE-TX。

一列车设置两个 VCU（车辆控制单元），热备冗余，当其中一个故障时，另外一个将自动接替它的工作，实现无缝切换，保证列车的正常运行。VCU 通过以太网络能够监视、控制整列车，同时将诊断的信息发送到 HMI（司机室显示单元）上，帮助司机进行驾驶操作。设置独立硬件的大容量数据记录仪（EVR）实现故障记录和事件记录的功能。通过地面无线通信系统的 WLAN（无线局域网），VCU 将故障信息和列车重要状态信息实时传输给 OCC（线路运营控制中心），并可在回库后将故障数据传输到地面服务器，用于维护分析等。

（一）冗余方面

所有具备以太网接口的子系统设备分别通过 Dual-homing（双归宿）的方式通过两根控制以太网线分别连接两个编组交换机接入到红网和蓝网 ECN（拥塞控制网络协议），如：TCU（牵引控制单元）、ACU（辅助控制单元）、EDCU（电子门控单元）、RIOM（远程输入输出模块）等。每个单元制动系统组建一个 CAN（控制器局域网总线）内网，每个单元有两个网关阀各通过一根控制以太网线分别接入红网和蓝网，制动系统在 A 车各有一个 Datalog（制动系统数据记录仪）用以记录制动系统离线数据通过一根控制以太网线接入蓝网。两个网关阀热备冗余。每车牵引控制单元和辅助控制单元还将分别接入一个维护以太网口到车辆网络。每车的车门系统通过以太网级联方式组建内网，每个内网单元有两个网关门控单元分别连接两个 CS（车载以太网交换机）接入到红网和蓝网。每个 A 车 LCU（逻辑控制单元）分别连接两个 CS 接入到红网和蓝网，另外每车 LCU 还将接入一个维护以太网口到蓝网。对于没有以太网接口的无线车载台系统，在 A 车 RIOM10

（RIOM：远程输入输出模块）上预留 RS485 接口供无线车载台系统传输故障和状态信息到 TCMS（列车网络监控与故障诊断系统）。

（二）安全方面

在每个 B 车配置车载安全防火墙设备，部署在无线模块、PIS 系统、第三方无线系统等边界与列车内部网络交换机之间，实现边界防护与访问控制功能，保证车地无线通信通过防火墙接入车辆网络内部。

（三）维护方面

A 车分别配置一个方便维护的 RJ45 以太网接口。通过接入到该以太网维护口，可以方便地实现对以太网上所有设备的维护操作功能。

地铁列车网络拓扑图如图 3-9-1 所示。

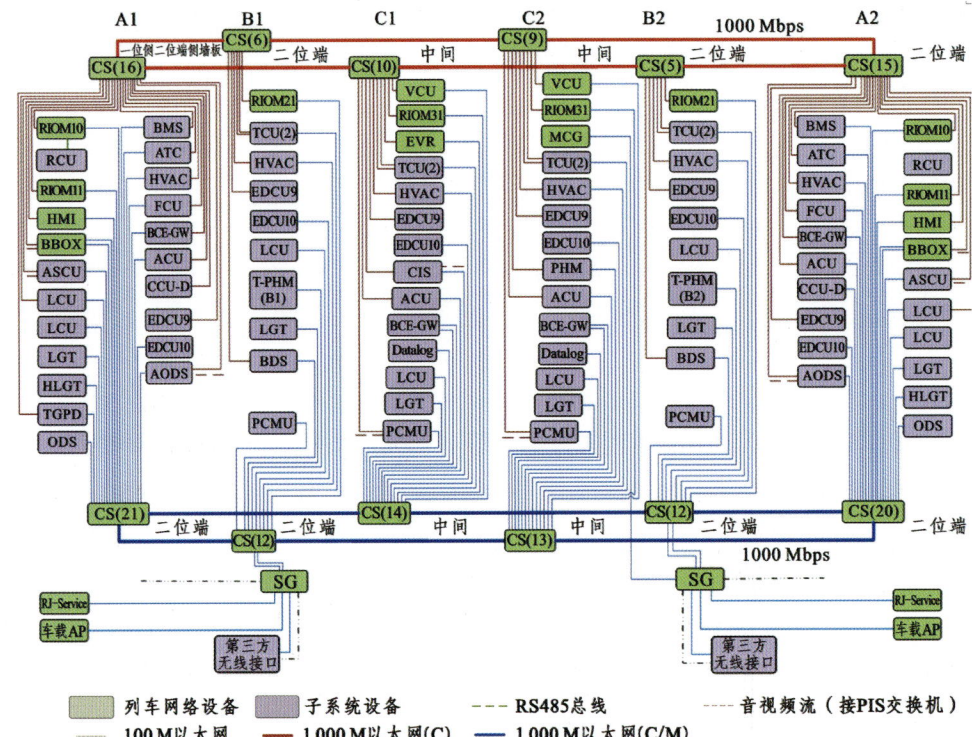

VCU—车辆控制单元；HMI—司机室显示单元；RIOM—远程输入输出模块；CS—车载以太网交换机；
RJ-Service—以太网维护接口；BBOX—司法记录仪；TCU—牵引控制单元；BCE-GW—制动电子控制装置；
ACU—辅助控制单元；EDCU—电子门控单元；HVAC—空调控制单元；EVR—数据记录仪；
PIS—乘客信息系统；FCU—火灾报警单元；ATC—列车自动控制系统；BDS—走行部监测系统；
LCU—逻辑控制单元；SG—防火墙；PCMU—弓网监测系统；CIS—接触网巡检系统；
AODS—主动障碍物检测系统；BMS—蓄电池在线监测系统；AP—无线接入点；
PHM—车载健康管理系统主机；T-PHM—牵引系统健康管理主机；
TGPD—轨道几何参数检测系统；ASCU—司机室广播控制主机；
CCU-D—牵引系统数据记录仪；ODS—被动障碍物检测系统；
LGT—照明控制器；HLGT—头车照明控制器；
Datalog—制动系统数据记录仪；
RCU—LTE 车载台。

图 3-9-1　地铁列车网络拓扑图

全自动运行列车网络的功能性、诊断性更强，设备配置、控制、逻辑都采用冗余备份。和既有项目通用的 MVB 通信控制网对比，工业以太网通信具有以下优点。具体参数可见表 3-9-1。

（1）网络带宽能传输信息服务数据，可提供更大的通信带宽、更小的时延，更能适应全自动运行列车对网络通信和场景联动的功能需求。

（2）网络配置灵活，可重构性高，网络融合标准化程度好。可支持线性、环形等多种拓扑结构，可扩展能力强，可采取多种冗余方式来提高网络的可靠性。具有易组网、易接入等优点，可更好地支持后续智能化业务的发展。

（3）多网融合，成本降低。可减少车辆线缆与网络设备的布置，维护简易，在同一网络中完成全部子系统设备的维护业务多样化，同一网络承载不同业务类型数据。

表 3-9-1 WTB/MVB 与实时以太网参数对比

技术参数	WTB/MVB	实时以太网
冗余方式	A/B 线、主从设备	环网、双网口、链路汇聚、主从设备
通信带宽	WTB，1 Mb/s；MVB，1.5 Mb/s	列车级，1 000 Mb/s；车辆级，100 Mb/s
单点维护	不能单点维护	能单点维护
多媒体数据传输	不支持	支持

二、车辆检修医生——360°图像识别技术

（一）系统概述

360°图像识别技术是一种用于自动监控车体异常状态的自动化系统。系统安装在机场东车辆入段线路上，采用"线阵高清成像技术""图像特征分析技术""深度学习技术"自动采集运行地铁车辆车顶、车侧、车底（立体环绕 360°车体）的高品质高清图像，通过图像特征匹配、模式识别技术自动识别车顶、车侧、车底关键部件的缺失、变形、松动、异物等异常情况。在系统报表终端，通过人机交互，自动实现可视部件高清图像显示及关键部件缺陷预警结果。系统适用于 12 号线地铁车辆等日常动态检测。

（二）系统优势

360°图像识别技术提供了一种列车全车运行故障动态图像综合监测功能，系统具备以下突出优势：

（1）系统实现了全车 360°全周高清图像监测，采用了最新的图像分层编解码与传输技术，保障图像分辨率不受损失的同时提高了图像查看响应速度，提升了用户体验。

（2）系统采用了"基于神经网络技术的目标识别"并实现了车顶、车侧、车底关键部件自动识别，针对关键部件进行重点分析与判断，从而实现"抓重点部位、关键点不漏报"，其中关键部件可根据实际需求进行变更。系统还运用人工智能最新的"基于 YOLOV3.0 的深度学习算法"，实现关键部件异常失效特征的自我学习，显著提高了系统报警准确性。

（3）实现了关键部件异常自动检测和预警提示功能，相比于无分析功能和仅依赖图像比对技术的系统，系统报警量少，可在有限的检修时间内有针对性地指导检修人员开展作业，提高作业质量。

（4）数据管理软件提供"整车图像浏览"和"故障部位图像查看"两种数据分析查看模式，处理操作更快捷更流畅。

系统的底部相机、顶部相机、侧面走行部相机均采用4K分辨率线阵相机，其余车体车窗、钢轨内侧位置为2K分辨率线阵相机，有效地保障了关键部件的图像清晰度以便人工查看。图像清晰度提升后有助于后续的报警识别，同时检修人员可以更加准确地通过图像分辨故障。

（三）效益分析

1. 社会效益

360°图像识别技术的应用可实现轮对异常情况有效预警，减少因车辆关键部件故障导致的运营事故。应用该技术后，当列车通过检测区域时，系统自动快速完成车辆状态检测，如发现关键部件（转向架、车顶及两侧关键部件等）异常则进行预警或者报警，提醒检修班组注意，可有效防止列车因车辆关键部件故障造成的行车事故，提高车辆运行的安全性、运营效率和服务水平，推动城市轨道交通行业安全保障技术的发展，具有重要的社会效益。主要表现为如下方面。

（1）变处置为预防。

转变理念，由传统的故障发生后再去救援的事后处置或故障发生后的应急预案转变为避免事故不再发生的主动预防、提前预防，把事故风险控制在安全范围内，降低风险发生的可能性，保障乘客人身及公共财产安全，对节省社会资金及资源，促进社会和谐发展，具有重大的社会效益。

（2）提升服务水平。

360°图像识别技术的应用后，可有效进行列车状态实时监测与预警，避免因车辆故障造成的事故，尽量减少对乘客造成伤害或不便，保证城轨车辆线路能正常准点运营，减少延误及停运事件的发生，提升服务水平。

2. 经济效益

目前的城轨车辆列检作业主要以传统的人工检查作业为主。人工检查存在以下几点问题：检修多为夜班检修，人工容易疲劳；人工检查容易发生遗漏；存在高压强磁环境，对人体健康有隐患，具有工作时间长、人工作业强度大等缺点。

360°图像识别技术采用线阵高清成像技术、图像识别技术、人工智能的深度学习算法等前沿技术，实现列检作业的提质增效，提高车辆检修质量，能有效地减少人工作业难度、作业时间、降低配件成本、提高线路利用效率，同时借助于该系统可合理规划车辆检修间隔周期，逐步延长检修间隔周期，优化检修工艺，稳步推进车辆关键部件状态修。系统的经济效益主要体现在以下几方面：

（1）缩减人工成本：原本需要多人同时检修城轨车辆日常列检作业，采用360°动态图像智能检测系统后，检修人员只需要关注重要检修点，减少检修的工作人员，从而降低人工使用成本。按照传统一个班组（3~5 人）检修 4~5 辆列车进行计算，采用 360°动态图像智能检测系统与智能巡检机器人系统后，仅需要 1~2 人进行 4~5 辆列车重点部位检查复核、维修，由此可减少约 30%的作业人员。假定按照每条线路配置 30 辆列车，按照检修人员配置系数 0.6 计算，一般需要检修人员约 108 人（其中日检约占 1/3，即约 36 人），配置 1 套 360°图像识别技术后日检作业人员人车比可减少至 0.4~0.5，即最大程度可减少约 18 人，按照国内城轨车辆平均人力成本 15 万/年，总体上每年可节省人力成本约 270 万。

（2）缩减时间成本：原本需要人工仔细查看车底、车侧走行部、车顶的每个日检关键部件，消耗大量重复机械性的作业时间，可以通过 360°动态图像智能检测系统的自动预警结果，提前知晓疑似/确认异常区域，有针对性地进行维护，缩短列车的日常作业时间。

（3）降低安全风险：360°图像识别技术自动检测的优点在于严格，相比人工作业而言，不需担心作业人员的责任心不足而导致检查过程中有所疏忽，继而引发车辆运行事故。

（4）合理延长检修间隔周期：将 360°图像识别技术安装在入段线咽喉位置处，可每日对通过车辆的全车可视关键部件进行快速在线异常监测。通过该系统的监测，可合理优化检修工艺，适当延长检修间隔周期，在检修间隔周期内，可利用 360°图像识别技术进行每日检查，从而避免或者减少检修间隔周期内的漏检漏修。

（5）降低管理成本：规范的数据管理方式，使车辆状态图像数据、轮对检测数据可追溯，可以开展有效的工作责任追溯，增强工作人员的责任感，从而降低管理组的成本。

（6）提供学习/培训素材：通过收集、汇总典型的故障案例，找出问题共性，提出预防措施，作为提升作业小组技能水平的培训材料。

综上，360°图像识别技术的成功应用，将为用户在人工成本、时间成本、风险成本、延长检修间隔周期、管理成本、培训成本等的控制上起到积极的推动作用。

三、Wi-Fi6 大数据传输技术的应用

深圳地铁正步入智能时代，为了保障自身的良好运营，深圳地铁开始积极推动数字地铁建设落地，并率先在地铁深云站启动了数字地铁智慧车站示范站的建设。智能客服机器人、自动语音识别售票系统、智能安检终端等多种智能化设备，纷纷在地铁站车站内运营使用。这些智能设备对地铁车站的无线网络带宽、容量、可靠性和安全性，都提出了更高、更严格的要求。

为保障高密无线连接，12 号线车站部署 Wi-Fi6，最大可达三个 5G 射频，凭借其最新的 Wi-Fi6 技术，整体接入速率较 Wi-Fi5 提升 38%，单个 AP（无线访问接入点）支持终端数提升 4 倍。高宽带接入和高并发能力，为深圳地铁 12 号线的多类型、多数量智能化设备提供高速、稳定的无线数据通道。

（一）四个维度的无线安全保障

（1）信息完整：通过 WLAN 协议层面的 WPA3（一种保护无线网络安全的系统）加密，保证数据的私密性。

（2）授权访问：提供接入认证+认证授权，保证在无线接入安全的基础上，实现不同专业设备的业务隔离。

（3）安全管理：基于应用层的安全检测功能，同时将无线与安全联动，把有风险设备阻断在网络之外。

（4）安全防御：基于 WIDS（无线入侵检测系统）/WIPS（无线入侵防御系统）提供无线检测和防御网络攻击、近源安全防御。

（二）三个方面系统创新设计

（1）无线网络冗余设计：采用双链路备份，两台无线控制器组成 AC 备份域，其中一台故障后，另一台能够立刻接管所有 AP。

（2）创新的 Remote AP 功能：当 AP 与 AC 断线后，通过接入逃生或认证逃生，实现接入不断线、业务不断线。

（3）AC 备份不间断升级：即 AC 软件升级过程和 AP 升级解耦，支持 AC 设备单独升级、AC/AP 设备同时升级。

（三）智能运维引擎

12 号线 Wi-Fi6 系统提供本地化智能运维工具，支持展示终端体验、AP 设备、整网的运行情况，能够对诸多网络问题进行自动识别、自动分析、自动解决，大幅减少无线网络的运维压力，明显提升无线接入体验。

四、轮轨关系的研究及应用

与建设标准体系相比，地铁运营维护标准一直未有明显的调整和改进，呈现"运营标准明显低于建设标准"的局面。为了填补行业的技术空白，创新研究一套适用于不同列车轴重、行车速度以及曲线半径的地铁线路养护标准。

依托 12 号线的具体运营情况，采用车辆-轨道-轨下基础耦合动力学模型以及环境振动分析模型、噪声预测模型等，以对相关问题进行研究分析。

（一）研究内容

（1）轨道不平顺精细化养护维修控制标准研究。
（2）轨道短波病害精细化养护维修控制标准研究。

（二）研究成果及应用

总结提出适用于地铁线路运营阶段的轨道不平顺精细化养护维修标准、短波病害控制标准以及弹性垫板失效更换控制标准。

五、智慧车站的应用

（一）智慧车站具备的功能

智慧车站有运行监控与应急保障功能两大模块。两大模块充分利用综合监控系统与各系统集成、界面集成、互联的优势，实现机电设备系统的智能化监控、车站站务的智能化服务、设备维修的智能化调度和决策、应急时的智能化指挥、在线列车运行状况监视。通过采集车站客流密度、列车满载率的车站及车厢客流密度监测，生成对车站和列车内乘客的时间-空间-状态的全面掌握，提供面向多层用户，涵盖空间多角度的实时客流监测、短时客流预测数据，并通过三维可视化技术呈现车站、区间及主变电所建筑形式和机电设备设施位置与运行状态，建立一套服务于站务管理、行车组织、应急指挥与处置的运行监控与应急保障系统，实现灵活、高效的行车组织，及时、安全的站务管理，全面、周到的乘客服务，一体化的应急管理，可提高公司运营水平和应急处置能力。运行监控与应急保障系统主要基于云平台、数据分析平台的总体架构，采用三维可视化技术，完成深圳地铁12号线全线33个地铁站的三维场景构建，最终通过综合监控系统HMI可视化呈现。智慧车站的具体功能如下：

（1）安装部署成熟的运行监控与应急保障系统承载平台，采用三维可视化技术，具备三维与虚拟现实融合的数据承载和显示能力，实现二维、三维一体化应用和展示。

（2）基于云平台、数据分析平台的总体架构，地铁运行监控与应急保障系统可通过数据服务标准接口获取相关数据并进行云端部署，支持三维可视化应用云渲染技术，用户可通过各站云桌面进行三维实景浏览和查询。

（3）构建覆盖深圳地铁12号线两侧各0.3千米范围内的高精度三维地形地貌。

（4）基于图纸等资料，进一步补充采集所缺数据，完成深圳地铁12号线全线33个地铁站的三维场景构建并植入系统，包括土建结构、站内房间及内部设备设施、站内通风管线、城市浅层三维地质等三维场景以及相关属性数据和图纸文档资料的植入。

（5）基于图纸等资料，进一步补充采集所缺数据，完成深圳地铁12号线全线地铁隧道三维实体模型的构建，包括车站区间段隧道和地铁站站内段隧道，实现线路路由关系和隧道内部工艺设备的可视化查询。

（6）完成运行监控与应急保障系统，实现综合监控系统HMI可视化呈现。

（7）完成相关业务功能模块的开发，实现地铁12号线宏观整体运行态势到微观各地铁站实时运行状态信息的多维度可视化呈现的无缝切换，实现地面车站、地下管线、隧道、地质信息的一体化查询。

1. 运行监控功能

构建深圳市电子地图、卫星影像图，并在此基础上管理全线各站数据，实现基于GIS地图的交换应用，其中包括：供电运行状态监控功能、线路行车功能、安防监控功能、能耗感知功能、设备感知功能。

（1）供电运行状态监控功能。

对全线的供电运行状态进行监控，自动推送分析各类故障报警情况，宏观掌控各主所以及各站点的供电拓扑关系及运行状态。可查看本线路供电主所的位置，以及全线各站牵引所、跟随所等分布情况，以拓扑连线的形式展现各站之间的电力供应链关系信息，并以供电拓扑图形式对各车站供电设备的状态进行监视，供电状态发生改变时，以事件形式提示。

（2）线路行车功能。

对线路上线运营列车的运营状态进行实时监控，包括列车车次、列车位置，以列车图标形式在线路上展示列车运营状态（正常状态为绿色列车图标，列车异常状态为红色图标）。此外，列车车次将采用文本样式展示在列车图标上方。列车位置采用列车图标在 GIS 地图上显示的位置，并统计列车正点率、兑现率、本日计划运行列车数量、本日已上线列车数量、当前线路运行列车数量等数据。

（3）安防监控功能。

借助视频 AI（人工智能）识别技术对全线各站进行监控，对于发现的异常状况支持自动推送，并且可以根据需求支持不同方式的现场视频快速查询。对全线各站设备的在线数量、离线数量、在线率、离线率进行统计，可通过导航列表查询方式利用摄像头调取实时监控画面，并以可视化图表方式统计展示今日报警事件数量、本周报警趋势、报警事件占比。

（4）能耗感知功能（图 3-9-2）。

对线路各地铁站的能耗数据进行实时采集、动态监测，并借助大数据分析对能耗趋势进行分析，辅助优化节能方案。

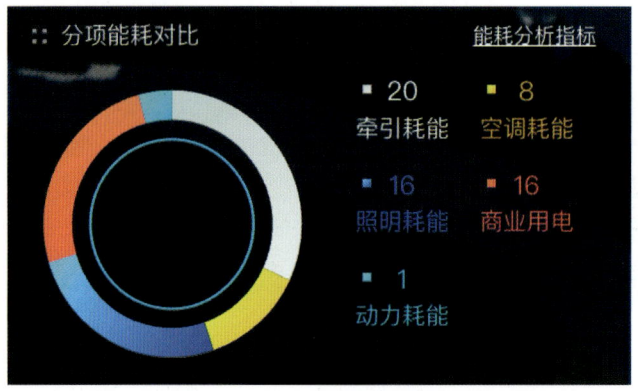

图 3-9-2　分项耗能分析

（5）设备感知功能（图 3-9-3）。

对全线各站及隧道区间机电设备的运行状态进行监控，自动推送分析各类故障报警情况，宏观掌控全线设备的运行状况，保障地铁的正常运营。

2. 应急保障功能

使用车站三维模型交换方式管理车站数据，实现车站业务功能。功能应用包括：乘客感知功能、能耗感知功能、智能运维功能、应急预案功能。

（1）乘客感知功能。

展示各区域客流，并与历史数据进行对比，预测下一时段的客流量，并在三维模型上形成乘客热力图。出口客流统计如图 3-9-4 所示。

（2）能耗感知功能。

对站内能耗数据进行实时采集、动态监测并以图表的方式进行展示。实时能耗如图 3-9-5 所示。

图 3-9-3　设备状态监控图表

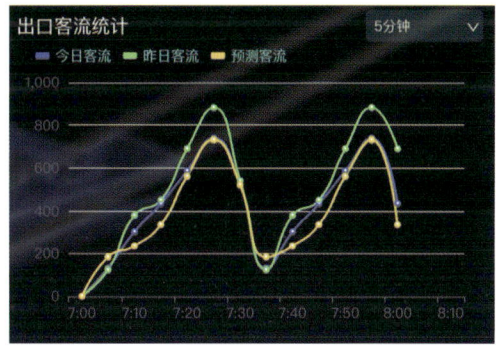

图 3-9-4　出口客流统计

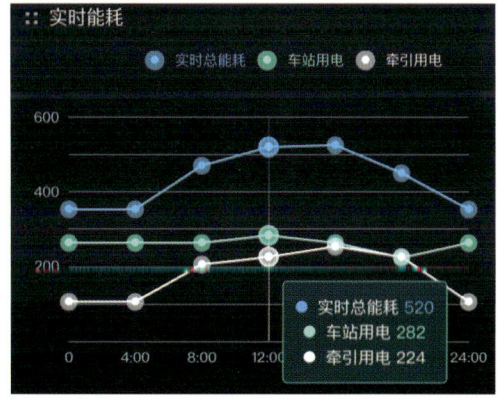

图 3-9-5　实时能耗

（3）智能运维功能。

智能运维功能包含设备看板、设备详情和视频巡站三大功能模块，其中囊括设备感知功能，主要包括各专业设备的实时数据监控、设备全生命周期管理和视频巡检设备状态。设备运行状态如图3-9-6所示。

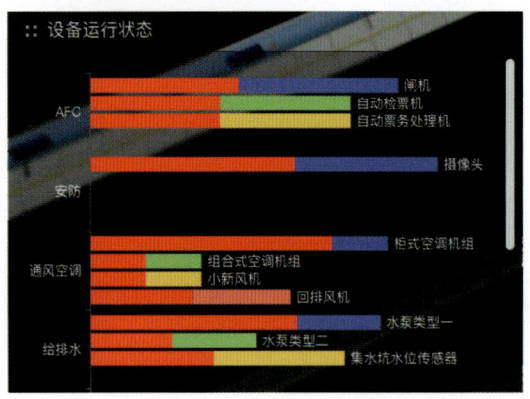

图3-9-6　设备运行状态

（4）应急预案功能。

根据预案配置，应急预案可根据信号自动触发或由管理人员根据现场状况反馈手动执行，并从推荐的应急预案清单中选择执行其中一个。当用户认定事件为误报时，可点击"误报"按钮不执行任何预案，系统自动生成误报记录。预案展示不同人员的职责、应急行为顺序、应急物资的位置和详情、关联设备的状态及操作指导等。应急预案基础信息展示如图3-9-7所示。

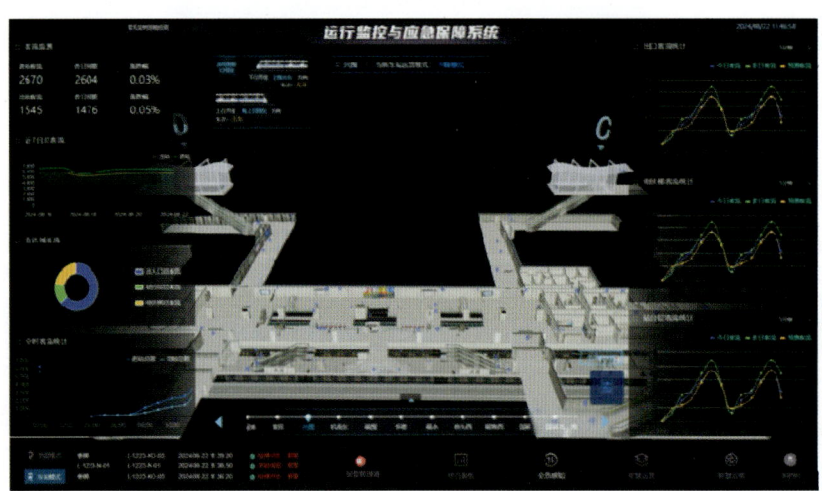

图3-9-7　应急预案基础信息展示

3. 图像型火灾分析系统功能

图像型火灾分析系统利用数据中心计算资源池富余的计算能力及视频云存储纳入云平台统一管理的特点，提取安防系统摄像机图像，经过图像分析处理后判断是否有火灾发生，并负责整个系统的管理。图形火灾分析系统与安防CCTV（闭路电视）系统结合，应用于：车站（在有智能开关站完整功能的车站设置，以提高车站公共区消防联动响应时间，以及设备区难以辨别火灾报警的位置可通过图形火灾分析系统辅助判断）；车辆段、停车场的高大空间（提高消防联动响应时间）；车辆段、停车场恶劣环境、运动气流较大的区域（洗车间等，火灾辅助判断）。其具体功能如下。

（1）火灾分析。

在车站、车辆段、停车场选取需要的摄像机，通过对接安防平台实时视频，解码视频流数据，转为图像数据进行火灾模型推理。根据推理结果判断火灾信息，包括是否有火焰，火焰像素大小，火焰在图片的位置，后台对报警数据进行标识处理推送到综合监控平台等其他系统平台。同时对解码视频流提供实时预览转发功能，供其他系统调用查看，如图 3-9-8 所示。

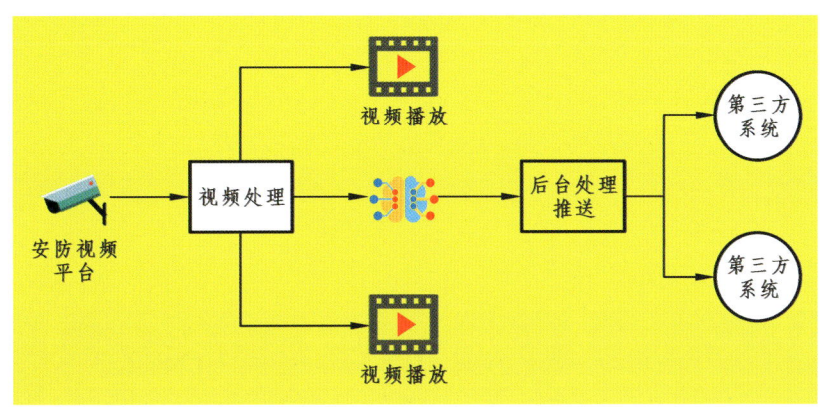

图 3-9-8　图像火灾功能结构

（2）报警弹窗。

车站或车辆段综合监控平台在客户机上安装报警客户端程序，实时接收当前站（车辆段）报警信息，收到报警数据后在桌面右下角弹出报警图像，并标识出报警摄像机位置、报警时间，并提供误判报警反馈和确认报警操作按钮供用户处理。

（3）实时火灾分析查看。

点击实时预览摄像机视频画面，发生报警时报警图片叠加在视频画面上，同时支持视频文件的报警分析推理。

车站、车辆段、停车场图像火灾分析的区域和路线根据实际需求设置，清单中的路数不应视为实际使用的路数。

4. 能源管理系统及大数据应用

本工程应依托于 NOCC 二期工程云平台的基础设施资源、技术支撑体系、数据运营体系、应用信息体系，围绕智慧车站的业务职能和价值定位，构建能源管理系统及大数据应用。系统应以万物连接，跨界融合的方式，实现智慧车站"能源全面感知、节能数据驱动"的管理目标。"能源管理系统及大数据应用"通过工业物联网平台接入能耗及环控系统数据，以进行数据清洗、数据分类、数据分析、节能审计与分析、可视化展示等。功能上，涵盖"能耗感知""能源管理系统"，并在多方面进行功能完善及升级。系统通过工业物理网平台对接，支持对线网各车站能耗及动力设备的实时数据接入及历史数据批量接入，软件以大数据及人工智能为基础，采用2维/2.5维/3维等展现形式，包含如下功能：

（1）全线网能源管理系统数据资产目录：整合能耗数据及工业物联网数据，对数据进行梳理建立全线网能源系统数据资产目录，为更深层次的数据分析和挖掘创造条件。

（2）系统组态图形监控：对主要能耗设备及系统（如通风空调系统）的运行状态和效率进行实时动态图形监控。

（3）能源流向：展示能源从生产到消耗的全过程，包含能源流向、各节点负荷及关键指标等。

（4）同类型设备及系统的对比分析：展示各站点间同类型系统及核心设备的关键指标、能效等，并通过数据分析的形式发现设备的异常。

（5）用能审计：为节能审计人员提供各站点能耗数据统计结果汇总和分析结论，可以自动生成综合能效评估报告，辅助管理人员制定进一步的能源运行管理策略。

（6）节能建议：结合历史数据，对各站点冷水机组和空调风系统进行建模及仿真，并对当前运行策略进行诊断，提出更合理、更节能的运行策略。

（7）趋势预警：对设备核心用能指标进行趋势预警分析，利用模式识别模型，自动识别关键用能指标的行为情况，并对指标的异常进行预判。

能源管理系统结构如图3-9-9所示。

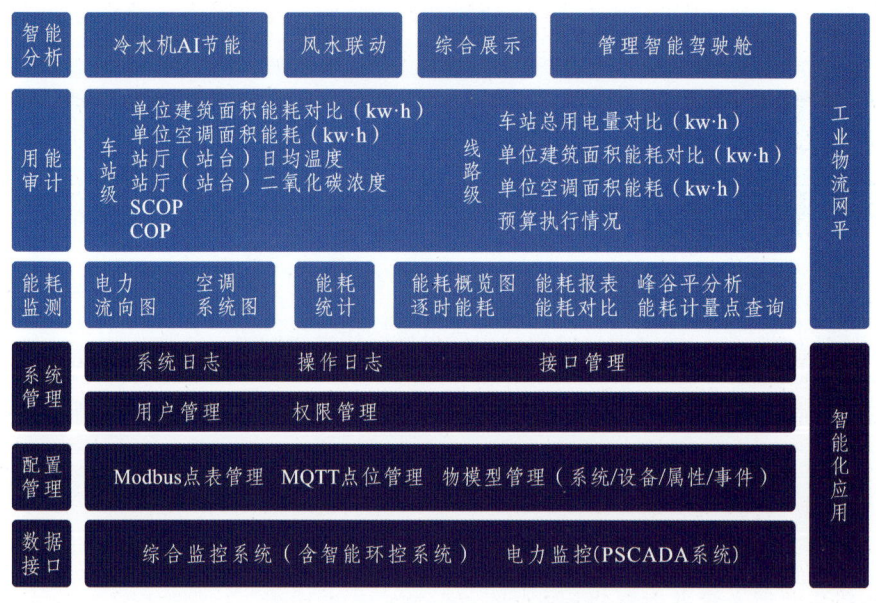

图3-9-9　能源管理系统结构

能源管理系统各功能如下：

（1）线路级支持对全线网各地铁站的能耗数据进行实时采集、动态监测，并借助大数据分析对能耗趋势进行分析，辅助优化节能方案。线路级能耗总览主要展示了整条线路中各个车站的重要数据的汇总数据，线路级就是中心级，是线路级管理员用于查看整条线路的能耗统计数据的工具，驾驶舱功能有利于总管和视察领导对该整体一条线路的电力能源的成本、质量、风险、绩效等进行集中展示和分析。

（2）车站级是指对某一个车站的管理权限，主要统计了一个站内的重要数据进行展示。车站级与线路级数据层面不同，车站级是统计一个车站内的所有数据，线路级是统计整条线中多个车站汇总的数据。展示的核心能源管理指标，包括但不限于单位建筑面积能耗、单位空调面积能耗、单位照明面积能耗、运行设备状态/开机数、主机COP性能参数、水系统COP、风水系统COP/开机数。

（3）电力流向图主要展示电力的流向以及在各节点实时电力负荷分布数据。可按照车站、系统下钻显示各节点实时负荷、同级百分占比等。以2.5维技术展示，可结合动画效果，美观大方具有科技感，以及将以变电所开始输出的电压及总功率等分别输送至一整条地铁线路中及各个车站点间的电力分配流向实时数据的展示体现了整条线路中的电力流向、电力功率的分布情况。方便用户从全局角度对线路电力负荷情况一目了然。

电力流向图自带编辑器，支持自主开发，可绑定设备、数据等。具有所见即所得的图形编辑界面，拖拽即可完成样式、交互、数据绑定，无需编程就能轻松完成工业2维/3维数据可视化应用界面搭建。

电力流向图支持将多种数据源接入展示，支持接入包括实时数据推送接口、关系型数据库、时序数据库和在线API等，支持动态请求。实时数据接口专门针对工业场景而设计，采用变化推送机制，实时性高，资源占用低，可支持百万点/秒实时数据推送。

（4）空调系统图是使用2维、3维等多样化展示能源系统图、能源的流向，用户能更直观地了解当前监测对象的能源流向、能耗消耗量、能耗变化趋势、区域用能情况等。其主要以工艺图的形式展示空调系统的工艺流程以及系统内管道、设备的实时参数。

（5）能耗统计可展示及导出日常的能源报表，内容包括线路与车站级的日报与月报数据，统计各站点的环控、照明、冷水机、空调、商业、其他等六类分项在时间段的用电量、六类分项的用能占比、六类分项时间段内的电量、同比、环比。该功能体现了能耗的成本、结构及其动态趋势。能耗参数与空调水系统核心参数结合展示，指导运营工程师对比了解站内冷水机的运行情况及能效，可作为切机的参考。

（6）用能审计是审计单位根据国家有关的节能法规法律、技术标准、消耗定额等对企业/建筑能源利用的物理过程和财务过程进行的监督检查和综合分析的评价标准。系统可展示用能预算的执行情况，即实际用能占预算用能的百分比，包含总执行情况及按用电分类的预算执行情况。

此功能可为节能审计人员提供各站点能耗数据统计结果汇总和分析结论，可以自动生成综合能效评估报告，辅助管理人员制定进一步的能源运行管理策略。对每个车站的关键能耗数据进行统计汇总，包括一些关键指标的计算（单位建筑面积能耗、空调面积能耗、碳排放量等），并能够将相关统计结果自动汇编成册，自动生成车站的综合能效评估报告。系统支持在报告中插入常见的多样化图表，包括但不限于折线图、饼状图、柱形图等。

（7）智能分析是基于大量历史数据，分析设备及系统的用能情况，通过建立AI节能模型，针对不同工况及外气条件等情况，对加减机及控制参数设置给予优化建议。项目公司拥有成熟的工业大数据分析团队，已经开发出多个中央空调系统大数据人工智能模型，并且经过实际工况数据的检验，节能效果明显。

冷水机AI节能是根据以往历史的运行耗电情况，通过负荷率、温度的监测、冷水机

COP 曲线值等进行 AI 大数据算法计量，AI 智慧推荐出开机节能模式，对于地铁站这种长期性的能耗大户进行 AI 智慧节能的加持，是长期性可大量节约电力用能及环保的智慧体现。

5. 一键开关站功能

原有模式下车站开站各设备系统独立运行，设备不能按开关站程序联动各设备系统，完成一个标准车站开关站程序需多人协同进行，约 20 min 完成。开关站涉及到 PIS 系统、电扶梯、出入口卷闸门、广播、照明等设备，需要人工逐个开关，缺乏效率，存在开站晚而影响服务质量的风险。结合现有智慧运营模式将开关站关联各个设备系统集成在统一管理模式下，实现一键开关站功能。一键开关站控制的系统包括车站照明、广播、扶梯、电梯、卷帘门、PIS 系统。

在用户登录界面时先判断用户是否有开关站权限，在开关站界面上，用户可以选择不同的场景（开站或关站）。在步骤栏里预设好的控制动作中，选择需要的步骤（默认全选）并执行。在开关站执行过程中，遇到电扶梯、卷帘门等需要现场确认安全的设备，平台会在三维模型上跳转到对应设备的位置，并调用合适的摄像头实时视频，由操作人员浏览并按键确认后，才会下发控制命令。电扶梯、卷帘门需要逐台、逐扇进行控制以确保开关站过程中不会造成人员受伤的突发情况。关站的顺序为先控制 PA（公共广播系统）、PIS（乘客信息系统）系统通知乘客即将关站，随后先控制卷帘门的下降，再停止出入口电扶梯，最后停止站内电扶梯，这是由外而内的。开站则反之，先做好站内准备，再打开出入口卷帘门。

开关站涉及到的设备都是通过平台与综合监控的接口进行控制下发。卷帘门具备内外雷达、安全触边、内外光电等多种防护措施，在上升或下降的过程中遇到异常情况时会及时停止动作，并将报警信息推送至车控室，待车控室确认现场情况复位后方可继续动作。

开关站的历史操作会记录在平台数据库中，并支持在界面上查询。

6. 乘客感知功能

既有线在大客流管控方面主要靠人为经验判断管控，即设备系统数据不共享，不能对大客流进行预警及预案推送，车站大客流主要依据人为经验判断，缺少客流数据技术分析支持。CCTV 系统不具备智能判断现场人的不安全行为、环境不安全状态、客流计数、客流密度分析及主动报警功能。现有智慧运维模式下系统可根据视频分析结果，实时检测相应区域异常情况，并实时弹窗报警，现场可联动信息屏、广播等设备进行预警，车控室可远程查看现场情况，并根据现场实际情况，下发相应指令。减少了原有需要人工巡视发现或周边人员告知才可发现区域性聚集导致客流受阻的问题，人工手动切换摄像头区域，现场人员分散值守，人工估算各自所处区域客流密度等情况的出现。

乘客感知展示各出入口、各电扶梯、站台层各区域该时段的实时客流量，同时显示实时客流量与上一统计时段的变化趋势预测客流，并在车站三维模型上进行叠加乘客热力图，根据当前时段客流值进行色彩演变，展示不同颜色对应的客流密度。

7. 智慧客流调度系统功能

智慧客流调度系统基于生产云平台建设，用于日常运营管理维护。系统通过 NOCC 二期数据库获取客流数据，通过信号系统获取行车数据，进行客流、行车大数据分析，解决线路调度工作人员对线路及车站客流的感知盲区。铺画线路正线平面图，对行车位置复视的同时，掌握当日实时的客流指标及行车指标，向用户展示可能存在的大客流、行车偏离等预告警信息。基于运力运量匹配算法，提供分时运力运量匹配趋势及决策建议，便于更好地开展行车及客运组织。展示次日客流趋势，分析次日运力运量匹配情况，给出调整建议。搭建 WebSocket 服务器作为数据传输中心，数据传输中心及车站作为客户端进行即时通讯。数据传输中心可将管控建议及时下发至车站系统，便于车站能够提前进行相应客运管控措施的部署。

车站系统提供车站实时客流及预测客流展示，通过客流大数据分析算法，对车站进行 OD（出行起终点）分析，识别客流来源去向并进行展示。对周边车站拥堵情况分析，通过即时通信建立与线路系统的联系，将站、线运营串联起来。支持查看当日途经本站的所有计划列车信息，并基于 ATS 报点消息自动生成行车日志。选择不同日期对车站历史客流分析，包括客流总览、来源去向分析、换乘客流分析、对比分析、客流报表导出等功能，可为车站当日及特殊日客运组织提供数据基础。

随着 NOCC 二期线网客流调度系统的建设，打通点、线、网协同调度指挥，可使深圳地铁线网客流运输组织效率再上一个台阶。

8. 智慧运维系统功能

智慧运维管理系统及大数据应用要求基于云原生的微服务架构，通过采用微服务架构、DevOps（开发和运营维护的总称）、容器等技术，以松耦合的方式，提升应用程序的整体敏捷性、弹性服务能力、可扩展性和可维护性。要求通过轻量灵活的微服务架构快速实现业务应用迭代以适应变化和服务创新，满足高性能、高可靠、高可用、弹性伸缩的应用要求。智能运维系统利用 RFID（射频标签）标签对地铁的重要资产设备进行信息标识，实现资产设备联网化管理；通过工业互联网平台接入设备状态信息；通过点检应用实现设备的易化点检；在设备操作培训及维修辅助方面，通过增强现实技术，展示设备机理结构、维修及保养流程，使员工能够快速了解设备结构并掌握设备运维技能。通过数字孪生，对设备状态进行直观展示及仿真。

系统为满足运维人员的业务需求，设计了设备管理、设备点检、数字孪生、AR（增强现实）培训及维修指导大数据分析 5 大功能模块。

（1）设备管理。

维护智慧运维设备台账信息，包括设备台账信息导入、设备新增、修改、删除、查询、设备 AR 标签生成及打印功能。报警模块主要针对本系统实时监控设备的范围，包含数字孪生建模设备及大数据分析设备。通过设备及报警参数指定获取设备报警信息。针对从综合监控传来的设备报警对报警的分类和高频报警进行梳理。高频报警在报表界面和系统报警界面均会有所体现。

（2）设备点检。

点检任务生成主要分为自动生成、导入两种情景。导入是指从其他系统或电子表格导入已经生成的任务；自动生成是根据在智慧运维系统里导入或创建已被审批通过的计划自动生成点检任务。点检任务无需手动创建。

点检任务由工班长委派给具体点检员，点检员执行领取点检任务操作后，代表点检任务将开始执行。点检员可查看所有委派给自己的点检任务，查看具体点检设备信息，各点检项标准。

智慧运维系统利用 RFID 及 AR 技术实现对各设备的点检。利用手持 RFID 平板及应用实现设备的点检功能。点检报告如图 3-9-10 所示。

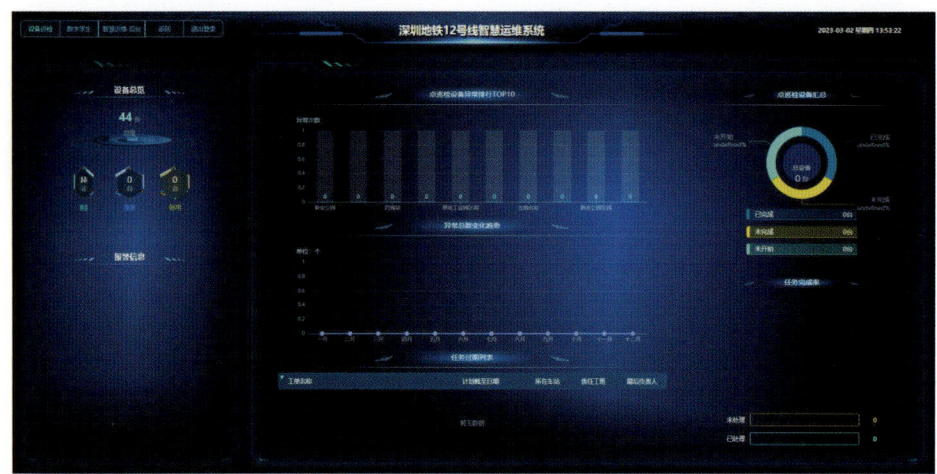

图 3-9-10　点检报告

（3）数字孪生。

系统对深圳地铁试点车站内的设备及系统实现数字孪生。基于 BS（浏览器/服务器）架构，采用 2 维/2.5 维/3 维技术进行数字孪生展示（其中三维模型可使用"AR 点检、培训及维修指导"中构建的三维模型，不必构建更多的三维模型），显示系统及设备的实时状态数据（包括设备运行时间、启停状态、关键运行参数、故障及报警等）数字孪生界面如图 3-9-11 所示。

图 3-9-11　数字孪生界面

（4）AR 培训与维修指导（图 3-9-12）。

运营人员佩戴 AR 眼镜扫描设备 AR 标签后，根据 AR 增强现实技术展现设备培训课程。培训方式包含培训视频演示、结合 3 维设备拆解图进行互动动画演示、查看设备 SOP（标准操作规程）文档等三种方式。通过点击三维模型指定部位，进入相关维护演示界面，包含 AR 故障知识库维修相关的说明文档。演示动画进行查看，所有数据和动画显示于眼镜前方，操作一目了然。将 SOP 可视化，便于指导现场人员自我操作和进行人员培训。

图 3-9-12　AR 培训与维修指导

（5）大数据分析。

通过深度学习模型，以庞大数据量为基础，通过对设备的全生命周期（即设备健康到生命结束的全过程）的观察和学习，模拟健康设备的衰减程度。根据设备的历史维护信息、厂家推荐的维保周期，以及设备实际的健康指标，智能推荐最佳维保时机并提示。寿命预测界面如图 3-9-13 所示。

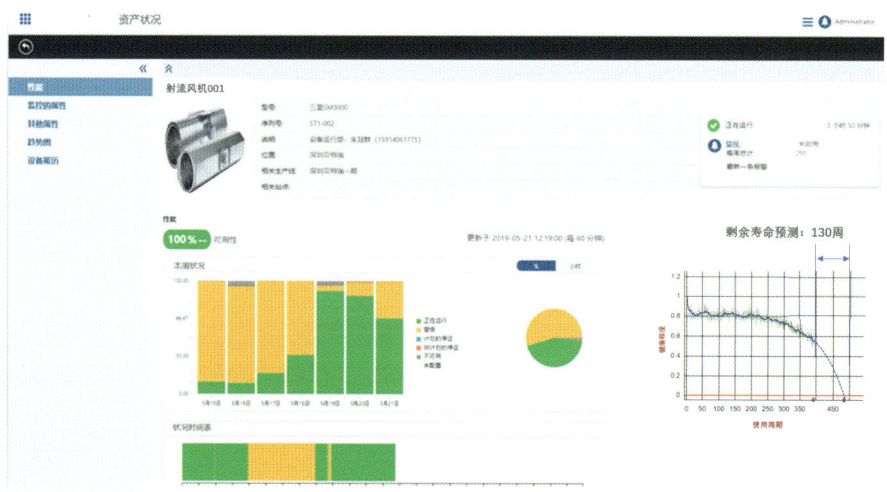

图 3-9-13　寿命预测界面

（二）智慧车站的效益

1. 安全效益

智慧车站的建设可在安全方面实现三个转变：① 人工指挥向智能数字化指挥转变，降低人为因素的安全风险；② 被动响应向主动处置转变，提高事件处置效率；③ 重要风险人防向技防转变，减少主观因素影响，提高安全生产效率。三个转变可整体提升风险控制和应急处置水平，保障地铁安全可靠地运行。

2. 人力效益

智慧车站技术在提高车站客服质量的同时，可减少人工引导、服务等工作，达到节省人工的目的。依托智慧运维创新技术，实现远程抄表、智慧巡检和设备健康管理等功能，并据此开展维修模式改革，推动计划修模式向状态修的转变，提高设备检修效率，降低检修成本。利用视频巡视等技术手段，可达到技术代替人工的目的，视频巡视效率相比人工巡视效率提升约 75%，节省保安巡视的人工成本，视频智能分析覆盖率 100%，节省扶梯值守人力 100%。

3. 节能效益

研究环控系统风、水、环境温度、湿度、二氧化碳与能耗之间规律，建立高效节能的控制策略，实现大数据分析、融合和多机联动、多场景协同节能控制。结合智慧管理平台，优化运行管理策略，可以大大减少在非繁忙时段（如晚间 23:00—6:00 之间和人流较少期间）的能耗，降低车站运营成本。

第十章 建设工程管控

第一节 建设工程安全管控

一、基于"精细化"管理思路下的网格化安全管理模式探索

2021年下半年，12号线工程建设全面进入施工阶段，各项施工作业全面铺开，交叉作业明显增多，面对工程建设点多、面广、工期紧、任务重等重重压力，安全形势较为严峻。为保证工程建设安全有序、平稳推进，实现"0伤亡"安全管理目标，项目公司联合深铁建设，在工程建设安全管理工作中引入网格化管理思路，大力推行网格化安全管理模式，强化基层安全生产基础工作，延伸安全监管触角，实现群防群治，努力构建资源整合、全域覆盖、上下联动、齐抓共管的网格化安全管理体系。

（一）网格化安全管理释义

网格化安全管理是指将管理区域按一定的标准划分成单元网格，通过"建设单位、监理单位、总承包项目经理部、施工单位"四级监管，强化地盘管理对单元格中工程、场地、人员的巡查，建立监督及处置相协调的一种工程动态管理方式。

（二）网格化划分及网格员要求

1. 建设单位

（1）网格化划分。

根据专业、施工区域等划分相应的网格，并可进行动态调整。

（2）网格员要求。

建设单位网格员为各专业工程管理人员，职责要求如下：

① 督促监理单位、施工总承包项目经理部及施工单位做好工程安全生产和文明施工管理，负责施工现场的安全隐患排查，检查各参建单位领导带班、包保巡查等情况。

② 检查监理单位、施工总承包项目经理部、施工单位网格员的履职情况。

③ 每周网格检查不得少于3次，其中每月节假日或夜间网格检查不少于4次。

④ 每次检查施工现场均须进行打卡，并填写网格化安全管理工作记录。

⑤ 每月定期编写网格化安全管理报告，报告内容包括但不限于网格检查执行情况、网格检查发现的问题、现场整改情况等。

2. 监理单位

（1）网格化划分。

针对系统设备安装工程线性化、流动性等特点，将监理网格分为作业网格及巡视网

格两种形式。其中,作业网格是以关键施工工序或需监理旁站的施工工序进行划分,流动性较强;巡视网格是以地盘管理单位标段进行划分,巡查常规性安全问题,具有固定性特点,保证监理巡查全覆盖、无死角。

作业网格划分原则:轨道工程以铺轨基地(含散铺基地)或作业面各为1格,机电设备安装工程按监理旁站或隐蔽验收作业面为1格。

巡视网格划分原则:以区段或地盘管理单位标段为1格。

(2)网格员要求。

监理单位网格员为施工现场监理员,总监、总监代表、安全总监不得兼任网格员。

作业网格员职责:

① 落实"一岗双责"及网格安全生产管理。

② 全程旁站作业每2 h打卡1次,非旁站作业每班巡检打卡1次。

③ 发现现场存在安全隐患时有权要求停工,落实现场安全管理监理责任。

巡视网格员职责:

① 检查监理单位作业网格员、施工总承包项目经理部、施工单位网格员履职情况。

② 巡查要深入到施工作业面,以现场文明施工、习惯性违章及常见安全隐患治理、施工现场安全防护设施设置、"十大禁令"等内容为重点,对网格责任区域进行巡回检查。

③ 每天对网格区域施工现场全覆盖检查1次,每次检查施工现场均须进行打卡,并每天填写网格化安全管理工作记录。

3. 总承包项目经理部

(1)网格化划分。

按工区划分网格。

(2)网格员要求。

总承包项目经理部驻地代表或相关管理人员担任网格员,职责要求如下:

① 检查施工单位网格员履职情况。

② 负责施工现场安全隐患排查,以现场文明施工、习惯性违章及常见安全隐患治理、施工现场安全防护设施设置、"十大禁令"等内容为排查重点。

③ 每周每个区域打卡不得少于3次,全覆盖打卡点打卡不得少于1次。

4. 施工单位

(1)网格化划分。

轨道工程以每个铺轨基地(含散铺基地)、轨行区作业面为1格,机电设备安装工程以每个作业面为1格,待工程建设进展到调试阶段,则以调试小组为1格。施工单位的网格员为各工区施工现场管理人员,项目部领导及专职安全员不得兼任网格员。

(2)网格员要求。

① 落实现场管控安全的主体责任,了解作业人员身体状况,落实风险提示。巡查要深入到施工作业面,以现场文明施工、习惯性违章及常见安全隐患治理、施工现场安全防护设施设置、"十大禁令"等内容为重点,对网格责任区域进行巡回检查,并负责有关单位交办整改问题的督促落实。遇有问题和突发情况,应立即报告。

② 每 1 h 打卡 1 次，并每天填写网格化安全管理工作记录。

③ 发现现场存在重大安全隐患时可立即要求停工，并把检查问题汇总上报给安全总监或项目经理，报告监理单位及建设单位。

（三）实施保障措施

为保证网格化安全管理执行到位，经各方讨论，制定实施保障措施如下：

（1）制定网格化安全管理责任牌，设置在铺轨基地出入口及车站指定位置。责任牌上的网格员必须与现场当值网格员一致，如责任牌人员与实际在岗人员不同，视为责任牌上的网格员未在岗履职。同时，每日应根据施工内容及具体工序要求，在作业面设置的公示白板上用简明易懂的语言填写风险提示，风险提示与作业内容同步更新。

（2）在铺轨基地出入口、轨行区铺轨小吊、车辆段、停车场、主所及车站等指定地点设置打卡记录本，各方网格员巡查时按顺序依次签到，不得代签和为其他单位网格员预留补签空位。

（3）各参建单位结合自身工程特点，编写网格员工作手册，指导网格员开展监管工作，提升其安全管控能力和水平。监理单位、施工总承包项目经理部、施工单位网格员上岗期间应佩戴网格员胸牌（含照片、单位、姓名等信息）。各参建单位应为网格员配置喇叭、耳麦、袖标、胸牌、口哨、对讲机等标配物品。

（四）执行过程中遇到的问题及采取的措施

网格化安全管理推行过程中存在一定的阻力和困难，究其根本，主要是管理人员及网格员对网格化安全管理认识不足。网格化安全管理模式是通过明确管理责任人及管理职责、细分管辖区域范围、细化监管项目、调整检查记录方式等手段，实现施工现场安全监管全覆盖、无死角，强化基层安全管理。其本质上只是提升了管理手段，并未对现场人员的工作内容提出过多、过分的要求，但部分内部管理不规范、职责划分不清晰、安全监管存在缺漏、工作执行粗糙、按经验处事的单位则认为这项工作给他们带来了巨大的负担及变化。他们没有意识到这种负担及变化是由其自身原因所导致的，反而把矛盾点引向网格化安全管理模式，导致前期推行受到了较大的阻碍，且现场执行效果不佳。

自 2021 年 9 月开始，项目公司从思想意识层面切入，多次组织召开网格化安全管理制度宣贯会，要求各单位加强对制度执行要求的理解，提升网格化安全管理意识。同时，约谈个别推行阻力较大的单位管理人员，以上率下使其充分认识网格化安全管理模式的本质及推行的必要性，积极推进该项工作。从实际操作层面深入管理，日常检查中增加对网格化安全履职情况的检查，同时联合深铁建设定期开展专项检查，并对检查结果以发通报、奖优罚劣等方式，强化各单位履职管理意识。

历时近三个月，在深铁建设的协同管控下，现场人员的安全管理意识及管理水平均得到较大提高，现场安全生产管理情况得到有效改善。

二、专业调度超前介入——专业化管控轨行区安全

安排专业调度员提前介入，以专业的行车组织及施工管理经验进行管理。一是管理

轨行区施工作业，包括优化作业申报及审批流程、协调各施工作业、审批周施工计划等；二是管理二级调度室，包括人员培训，提升现场调度员的专业素养，在调度室增设"模拟板"，强化轨行区安全管理，常态化检查调度室工作，压实调度员工作职责；三是管理施工现场，包括轨行区出入管理、施工现场管理等。

12号线工程有三个轨道工区，每个轨道工区设立一个轨行区调度室，每个调度室负责各自管段内的轨行区管理工作，全线设立一个联合调度室，负责统筹协调全线的轨行区工作。项目公司有三名运营行车调度员加入到建设期的轨行区管理工作，三名行调作为联合调度室成员统筹全线管理，同时每人分管一个轨道工区，并作为该轨道工区轨道专业的网格员。

随着12号线工程整体进度的不断推进，全线轨道贯通后，为实现轨行区统一管理，提高安全生产效率，确保后续各专业的联调联试工作能稳定开展，联合调度室自2022年4月21日起进行架构调整并搬迁至机场东车辆段维修楼，领导及工作小组成员由建设单位、监理单位和总承包项目部指派人员组成。调度室采取深圳市十二号线轨道交通有限公司三名运营行车调度员和一名电力运营调度员为主，六名工区调度配合的管理运作模式，主要为集中调度、统筹指挥，强化相关方协作及应急处置能力，合理分配轨行区资源，保障各项生产计划安全、有序进行。

（一）轨行区规章制度建立

相比运营期的轨行区管理，建设期的轨行区所面临问题的复杂性远远大于运营期。建设期轨行区的人、机、具都充满着种种不确定性，当这些不确定性交织在密闭空间时，必然会产生危险源。所以对于进入轨行区的作业标准和流程必须建立清晰、严明的规章制度，让轨行区管理有章可循，对违章作业进行处罚时有规可依。当运营专业调度介入轨行区管理后陆续发布《深圳市十二号线轨道交通有限公司工程建设期轨行区管理办法》和《深圳市十二号线轨道交通有限公司工程建设期轨行区管理实施方案》，以此作为轨行区管理的基本准则。

（二）调度人员专业化选拔

在轨行区管理过程中，轨行区调度员负责现场作业条件确认、作业的请销点、设备监控、工程车辆的运行、应急处理等工作。轨行区调度员对轨行区管理有着不可替代的重要作用。而一名合格的轨行区调度员必须具备扎实的业务基础、高度的责任心、丰富的工作经验等必要条件。

在运营专业调度介入轨行区管理后，先后组织了两次轨行区调度员的笔试和面试工作。笔试的主要内容包括轨行区规章文本的基础知识以及施工作业组织情景模拟；面试的主要内容包括轨行区日常管理要求、突发事件处理以及轨行区管理建议。结合笔试和面试的最终成绩来选拔一批能承担轨行区管理重任的调度员。

选拔结束后运营调度将运营的轨行区管理经验与建设期轨行区管理现状相结合，对调度员开展日常培训和安全交底，对调度员工作职责、安全职责、应急处置等方面进行加强培训，促使各工区调度员对轨行区进行严格管理，降低轨行区作业风险。

（三）设备功能完善

调度员掌握轨行区管理的安全核心。系统负责实时记录和更新轨行区作业情况。一套完善的轨行区管理系统有助于调度员更高效、更直观地开展相关工作。在运营调度介入轨行区管理工作后，对轨行区管理系统功能做了如下改进。

1. 新增作业冲突检测功能

动车作业与非动车作业在请点时必须保持 200 m 及以上的距离，否则后加入的作业无法请点。以此达到在轨行区内实现人车分离的效果，降低作业风险。

2. 优化批点流程

每一项作业的审批都必须经过专业监理、业主代表和调度员的审批方可施工，即一项作业，多方卡控。

3. 增加行调确认请点功能

施工负责人通过扫码（作业票二维码）请点，但请点并不代表具备施工条件，只有当调度员根据现场情况判断具备作业条件后在系统上确认请点，同时生成带有联合调度室的印章，此时施工负责人方可凭带有印章的作业票进入轨行区到达指定的作业区域开始作业。

4. 超时作业显示

此功能可监测已超出作业时间的作业，以此对相关作业作出提醒，避免影响其他作业的进场。

5. 规范作业的安全注意事项

针对动车作业、非动车作业、带电作业、停电作业等不同作业类型作业提出不同的安全注意事项，提醒施工负责人和作业人员做到有针对性的安全防护。

（四）轨行区作业计划管理

建设期轨行区作业计划受影响的因素较多，变化较大。所以对轨行区作业计划实行周计划和临时计划管理，督促各专业按计划大开展作业，使工程进度按照工程需求有序推进。各工区每周三提报下周作业需求，每周五召开轨行区调度例会，各工区相关负责人参会。联合调度室根据工程进度现场协调冲突作业，在确保安全的前提下保障各工区作业的开展。

根据调度例会的作业协调结果于每周六发布《12 号线轨行区作业周通告》，各工区根据施工通告将下周作业计划录入轨行区管理系统，联合调度室按时按需审批。在周计划施行过程中如有突发情况导致作业无法按计划开展或者需要新增临时计划，此时由相应工区填报临时计划申请单，由本项目经理审批和监理审批后上报联合调度室，联合调度室根据实际情况进行审批。

（五）轨行区检查

运营调度介入轨行区管理后，在身兼联合调度室成员和轨道工区网格员双重身份下，调度员每周至少进行三次现场检查。检查范围包括作业安全防护、作业票是否按规办理、是否按计划请销点、现场作业隐患以及轨道专业施工质量等。在实时掌握工程进度的同时也对检查过程中发现的安全隐患和工程质量问题进行记录，并向相关单位提出整改要求。对于一再发生的惯性违章或严重的安全隐患或质量问题，对相关责任单位予以罚款和通报，甚至约谈项目相关负责人。

每周汇总轨行区检查问题并对上周发现的问题进行闭环管理，形成《12号线轨行区管理周报》发送至各单位，在对问题单位提出整改要求的同时也对其他单位进行提醒，避免发生同样的问题。

三、借助"全覆盖"的视频监控系统及"精准定位"的定位模块为轨行区安全管理助力

（一）视频监控系统

要求在铺轨基地、散铺基地、下料口、站台区域、联络通道等施工关键、重点位置或龙门吊、铺轨小吊、轨道车、铺轨机等机械设备上安装视频监控系统。这样，一是可以通过远程监控，为施工安全加一道保障；二是通过视频记录，便于分析突发情况下的事件情况。视频监控系统有以下三个特点：

（1）高清录像。系统不仅支持抓拍高分辨率图片，还能在白天或夜间实现24 h高清视频录像功能。

（2）数据存储。系统将前端采集的数据保存在后端中心的硬盘录像机，数据可以保存15 d以上，以便发生材料丢失或安全事故的时候可以随时调取查看。

（3）数据防篡改。系统支持从前端摄像机上对视频录像（图3-10-1）添加水印，也就是从数据的源头加密，防止在传输、存储、处理等过程中被人为修改，断绝了数据篡改的可能性。

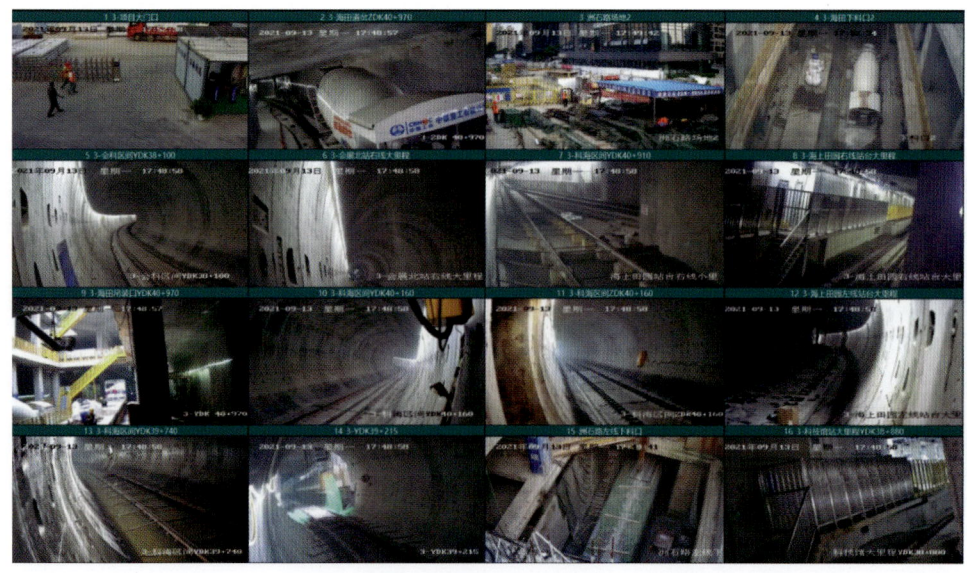

图3-10-1　视频监控

（二）人员定位系统

要求在施工作业负责人的安全帽上配备定位模块，实时监控人员位置信息，实现施工作业远程卡控。

在隧道安装人员定位基站，工作人员佩戴人员标签，可实现人员实时定位，并生成相应的统计表格以供查询。当人员经过基站时，自动检测人员定位标签进行人员角色分级并用不同颜色标注在调度监控大屏上实时显示。隧道人员定位管理系统可以集隧道施工人员具体位置定位、人员考勤日常管理等功能于一体，使管理人员能够随时掌握施工现场人员、机具的分布状况，便于进行更加合理的调度管理以及安全监控管理。当发生事故时，救援人员可根据该系统提供的数据、迅速了解有关人员的位置情况，及时采取相应的救援措施，提高应急救援的工作效率。人员定位系统如图 3-10-2 所示。

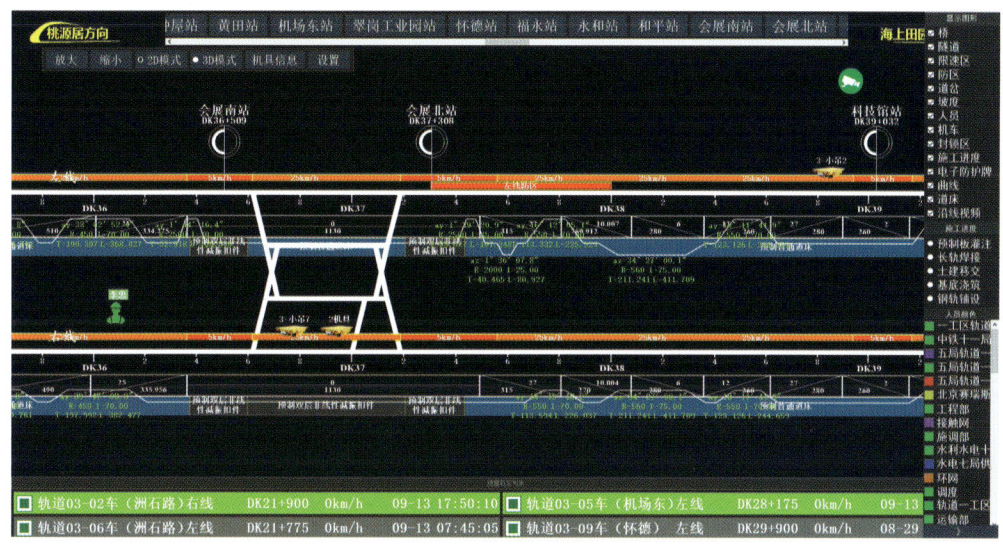

（a）

（b）

图 3-10-2　人员定位系统

四、首创轨道车障碍物防撞系统,保障轨行区作业安全

建设期的轨行区作业场景复杂,铺轨作业、供电作业、信号作业等各项施工全面铺开,轨行区作业面交叉施工多、人员管理难度大,安全风险高。从保障轨行区作业安全的角度出发,本项目首创一套适用于建设期的轨道车障碍物防撞告警系统。障碍物防撞系统安装在轨道车两端,端面处安装摄像头、雷达两位一体机,结构精简,拆装便捷。在行车时,该系统能精确识别轨行区行车限界范围内前方 100 m 的障碍物,实时检测前方机车、行人,判断与前方机车、行人之间的距离、方位及相对速度,当存在潜在碰撞危险时,系统会发出语音播报信息,提醒司乘人员及时刹车,有效保障轨道车的行车安全,提升轨行区的安全管理。

第二节　工程进度管控

一、首调段调试经验实践

12 号线采用全自动化无人驾驶模式的 GoA4 系统。通过首调段策划方案，明确首调段各专业完成时间，积累无人驾驶经验，为全线全自动无人驾驶调试提供数据支持，缩短总体调试时间。

PPP 模式下联调联试涉及 A、B 两部分，在联调联试方案编制时，须明确 A、B 两部分分工，将 A、B 两部分统一纳入联调联试组织机构，建立 A、B 两部分联调联试协调机制，并与 A 部分建设单位联合发布联调联试方案，有效做到 A、B 部分目标统一、方案统一、规则统一、行动统一，确保首调段调试按期完成。

（一）首调段实施范围

根据工程进度情况，12 号线选取灵芝站（含）—黄田站（不含）、机场东车辆段及出入段线作为动车首调段，包含 9 站 10 区间（含车辆段出入线），如图 3-10-3 所示。其中，灵上区间和钟黄区间为保护区段，隧道区间里采用硬隔离措施，轨道在道岔处加装绝缘节，首调段接触网与其他正线接触网断开进行物理分隔，正线首调段全长 11 千米（含保护区）。

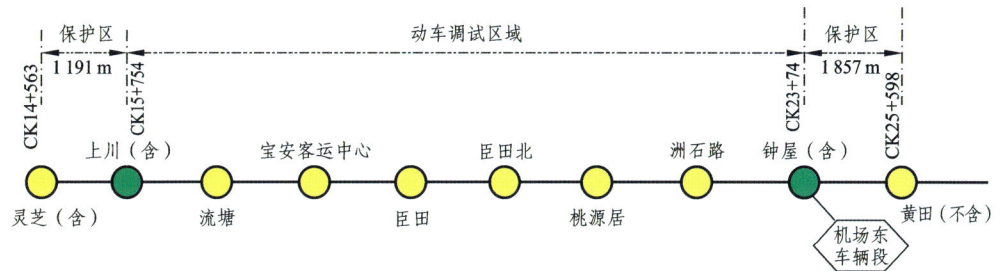

图 3-10-3　首调段动车调试区域

（二）首调段总体目标

12 号线首调段 100%完成 44 个场景功能项及数据项调试，其中正常运营场景 19 个、故障运营场景 15 个、应急运营场景 10 个。其中，不具备调试条件的 3 个场景分别为救援、土建结构异常变形、隧道变形导致设备侵入行车限界。通过计划、实施、检查、处理（PDCA）的持续改进过程，对列车运行和设施设备系统的可用性、安全性和可靠性进行检验，使 12 号线整体系统具备可用性、安全性和可靠性。

（三）专业达成目标及验证方式

专业达成目标及试验方式见表 3-10-1。

表 3-10-1 专业达成目标及验证方式

序号	目标类型	专业	达成目标	验证方式
1	行车组织	行车调度	● 验证调度员对工作站设备操作的熟练程度。 ● 验证调度员分工及配合的合理性。 ● 验证调度员对全自动功能的掌握程度。 ● 验证调度员应急处置能力。 ● 验证信息通报流程的合理性	管理人员对调度人员每日调度指挥指令及现场事件处置指挥进行评估
2	行车组织	车厂调度	● 验证车厂调度员对工作站设备操作的熟练程度。 ● 验证车厂调度员分工及配合的合理性。 ● 验证车厂调度员对全自动功能的掌握程度。 ● 验证车厂调度员应急处置能力	管理人员通过每日收发车流程组织,对人员技能进行评估
3	行车组织	站务	● 验证站务人员对行车事件处置能力。 ● 验证站务人员对信号 SPKS、紧急停车的正确使用。 ● 通信、车站机电设备的操作的熟练程度。 ● 验证对站台门设备操作的熟练程度。 ● 验证站务人员对全自动功能的掌握程度	管理人员通过每日行车事件应急处置,对人员技能进行评估
4	行车组织	乘务	● 验证运转值班队长出退勤作业流程的合理性。 ● 验证正线司机交接班模式的合理性。 ● 评估 SPKS 使用情况下司机上下车风险。 ● 评估软隔离司机室盖板收装安全风险。 ● 评估司机正线故障处理能力	管理人员现场验证及评估
5	设备运行及专业运作	车辆	● 验证列车服务可靠度。 ● 验证列车运行性能及稳定性。 ● 验证车辆故障处理指南的合理性	车辆保障人员跟车并对故障进行记录
6	设备运行及专业运作	信号	● 列车自动防护、列车自动监控等应符合设计要求及安全要求。 ● 信号与车辆、站台门、综合监控、通信接口功能和可靠性满足运营需求。 ● 信号值班、巡视制度可以及时发现故障报警并正确启动故障处理流程。 ● 信号抢修制度运作可靠、抢修及故障处理能力满足开通运营需求。 ● 信号安全设备可以起到可靠人员防护作用	通过列车站台作业验证信号与车辆、站台门的联动功能。 通过故障处理验证信号专业运作情况及故障应急响应能力、故障处理能力。 通过人员轨行区作业的流程验证人员防护功能正常

续表

序号	目标类型	专业	达成目标	验证方式
7	设备运行及专业运作	通信	● 验证传输系统设备传输信息功能正常，带宽、延时、误码率、传输速率等参数是否都满足全自动驾驶各业务设计要求。 ● 验证专用无线 800 M 的各种通信功能是否正常。 ● 验证 LTE 承载信号 CBTC 全自动驾驶功能是否符合设计要求。 ● 验证 LTE 二次开发（包括车载台和调度台）功能是否正常。 ● 验证广播的到站广播、消防紧急广播以及广播音量音质等是否符合设计功能要求。 ● 验证 PIS 屏是否正确显示到站信息，画面播放是否正常，紧急信息播放是否正常。 ● 验证车站站台摄像头图像是否清晰，调度中心上拉车站图像功能是否正常，录像存储和回放是否正常。 ● 验证调度中心上拉车载图像功能是否正常，录像存储和回放是否正常	列车运行测试，记录与传输有关的各专业业务功能是否有因传输问题影响的。 各专业岗位在全线各地进行组呼和个呼，记录是否有通话断断续续或者连接不上的情况。 列车运行测试，记录是否有 LTE 无线网的网络故障或告警影响行车的。 行车过程中，司机用车载台，场调或行调用调度台，相互间进行通话，记录是否有通话异常的问题。 列车运行测试，记录首调段车站上下行站台广播的到站广播是否正常。 列车运行测试，记录全线各车站上下行站台 PIS 屏是否正确显示到站信息，播放预制垫片，看画面是否达到 4K 画面要求，模拟火灾，记录车站 PIS 屏是否显示预设的火灾紧急信息。 在调度中心安防工作站上查看各车站的图像是否有并清晰（已安装好摄像头），选中一个图像进行录像回放，看是否可以回放。 在调度中心安防工作站上查看各列车的图像是否有并清晰，选中一个图像进行录像回放，看是否可以回放。 测试 5 列车以上
8		综合监控	● 验证多系统间的接口功能。 ● 验证委外专业抢修技能、响应时间及抢修组织能力。 ● 验证系统对环境状态监控。 ● 验证系统对各终端自动设备控制	管理人员现场验证及评估
9		站台门	● 验证站台门与信号专业接口连接可靠。 ● 验证站台门对位隔离功能。 ● 验证站台门间隙探测工作可靠性。 ● 验证站台门的封闭和安全状态	技术人员通过对列车站台作业进行验证
10		供电	验证供电系统供电能力及可靠性。 验证接触网	管理人员通过监控数据评估供电能力。通过弓网录像评估弓网关系
11		轨道	验证轮轨关系。 验证工电关系	通过列车运行状态评价

二、轨行区施工协调管理探索

结合建设期轨行区施工单位多、工期紧、密度大的特点，制定合理的建设期轨行区管理制度，明确轨行区管理系统所需功能，形成一套安全的人机互控机制。充分利用轨行区空间并合理分配作业时间，为各参建单位安全、如期地完成工程保驾护航。

（一）施工协调总原则

施工协调总原则是：减少制约、同步推进。轨行区施工的前提条件是土建结构工程完工，无明显渗漏水以及影响后续其他专业施工现象，在土建单位将轨行区管理权移交给轨道专业后方可开始施工。轨行区移交后最先入场的轨道专业由于施工具有量大、工序多、线路长、作业人员多、需要轨道车运输物料等特点，所以在轨道专业施工区域，在满足人车分离，禁止冲突作业发生的前提下，其他专业施工的时间和区域都十分有限。这也是整个站后施工阶段最大的制约因素，即动车作业对非动车作业的制约。

从整个工程来看，土建移交轨行区的时间和工程质量将影响轨道专业的施工进度，而轨道专业施工的进度则直接影响供电、接触网、通信、信号、消防等站后专业的进场和施工。对进行站后施工时，各专业需结合本单位工程量和工期节点进行倒排计划，对相互制约的施工作业需在每周五的调度例会上进行协商，根据实际情况对作业计划进行合理编排。

结合各专业的工程量和进场时间，站后工程协调的重心以全线短轨通为节点。在短轨通之前，站后工程施工以轨道专业施工为主，其他专业视轨道专业的施工情况进行不冲突作业；在短轨通之后，站后工程施工以供电专业为主，其他专业视供电专业的施工情况进行不冲突作业。

（二）站后工程施工制约因素

在站后工程施工过程中，除了动车作业对非动车作业这一主要制约因素外，有以下几点因素也会对整体工程协调产生较大影响。

（1）人防门施工。由于人防门施工在站后施工阶段，人防门的施工需要搭设脚手架，而脚手架将会阻碍轨道车的通行，所以对于需要轨道车经过人防门施工处运输物料的施工都将受到影响。此时需进行分段运输或是进行其他非动车作业。

（2）下料口封堵。轨行区施工所需钢轨、预制轨道板、混凝土、线缆等所有的物料和大型工器具都是通过起重机从下料口吊入，为了维持城市路面交通的有序运转，设在市政公路上的下料口都有明确的时间，而这个时间很有可能是在站后施工阶段。下料口封堵将会导致物料运输路径变化和扩大，因此运输路径上的非动车作业将受影响，施工时间和区域都将受到限制。

（三）施工优化措施

鉴于以上情况，在轨行区施工协调时，为了维持各专业施工进度的整体推进，最需要解决的问题是如何维持动车作业的同时给其他作业最宽裕的时间和区域。以下措施可以改善这个问题。

1. 在时间上分段施工

固定需开行轨道车的时间。由开行轨道施工的单位制定动车计划，每日固定时段实施动车作业，动车作业结束即可进行非动车作业。

2. 在空间上分段施工

固定轨道车动车路径，在轨道车不经过的区域可合理安排其他专业施工。

3. 编排合理运输计划

减少轨道车运输的频次，在不超载的前提下，一次运输尽可能满足更长时间和更多专业的作业需求。

三、联调联试阶段轨行区资源利用方式

全线轨通及电通后，拉开联调联试的序幕，前期的轨行区管理模式不再完全适用，新的挑战主要在于信号调试占据较长的时间及区域、停送电风险大且耗时较长，严重影响其他站后工程的开展，在生产安全与工期紧张的双重压力下，联合调度室积极研究切实可行的轨行区资源利用方案。

1. 合理开放天窗期

为维持各专业施工进度的整体推进，在阶段性联调联试完成之后，下个阶段调试开始前，开放天窗期，合理安排各专业进入轨行区作业。

2. 发布风险告示及停送电安排

停送电期间存在较大的安全风险，故在停送电前联合调度室均会发布风险告示及停送电安排，并组织属地管理单位进行清场，确保停送电安全有序进行。

3. 合理编排行车通告

动车调试期间，在时间及空间上进行卡控，根据各专业调试任务及验收要求等，合理编排行车通告。

4. 合理安排各项调试及施工作业

联合调度室严格卡控安全的前提下，合理安排各项调试及施工作业，按照时间节点，如期地完成冷滑/热滑、联调联试及试运行等重要环节，为后续开通奠定基础。

四、工程策划及重难点管控

PPP 项目主要负责站后工程，2021 年结合工程进度编制了站后工程策划方案，主要以"2022 年 7 月 28 日前全线具备试运行条件""2022 年 11 月 28 日具备初期运营条件"节点为目标，结合土建工程的实施进度与推进计划，对 12 号线站后工程设备招标采购、设备安装、轨通、电通、首列车到段、冷滑/热滑、系统联调、试运行、开通初期运营等关键节点目标进行分解、策划，明确各项工作的责任主体、重难点及管理措施等，实现土建工程向站后工程有序转换，稳步推进站后工程的实施。工程目标明确、责任清晰、组织有序、衔接到位，确保工程合同目标节点与总体开通目标的实现。

（一）工程计划编制

在主体结构完成的前提下，各专业有序组织进场，工程计划以"里程碑节点"为目标，车辆段以完成接车目标为主线，主变电所以完成送电目标为主线，车站以完成400 V送电和联调联试为主线，区间以具备列车热滑上线调试条件为主线，合理安排施工转序和衔接。关键里程碑工期见表3-10-2。

表3-10-2　关键里程碑工期

序号	关键里程碑工期任务	计划工期	实际完成
1	全线"轨通"	2021年11月30日	2021年11月30日
2	首列车到段	2022年1月15日	2021年12月31日
3	全线"电通"	2022年2月28日	2022年2月28日
4	全线400 V电通	2022年3月16日	2022年4月16日
5	热滑完成	2022年3月26日	2022年5月20日
6	全线试运行	2022年7月28日	2022年7月28日
7	竣工验收	2022年10月26日	2022年11月8日
8	具备开通初期运营条件	2022年11月28日	2022年11月28日
9	开通初期运营	2022年12月28日	2022年11月28日

1. 合理安排车站安装装修工程，为设备安装调试提供良好条件

安装装修工程中重点关注安装装修衔接有序、综合管线统筹优化、设备管线合理布局、运输方案提前规划方面。安装装修施工期间注意各专业间的施工配合与协调，保证各工序无缝衔接。车站装修区域上依次进行设备区、公共区、出入口通道、风亭及出入口上盖装修，空间上遵循先上后下、先底后面的原则。综合管线施工前由各专业对照施工图，结合实际情况初步复核管综图，遵循"小让大、软让硬、弱让强、有压让无压"的原则处理完成后，向设计提交管综图意见，修改形成最终的管线图作为安装装修工程纲领性文件。设备管线施工中相对位置按照电管在上，风管在中，水管、气管在下的原则布置，并充分考虑管道支吊架、保温层厚度、吊顶龙骨安装等空间要求，同时避免将灯具、通风口等布置在各种用电设备正上方。各专业施工前制定合理的设备吊装、运输方案，尤其是体积、重量较大的冷水机组、变压器、TVF风机（隧道通风风机）、配电柜等设备，必须结合现场情况，规划好运输方式和路径，合理安排砌筑顺序，做好运输通道预留。

2. 优先开展轨道工程，确保设备安装基础

轨道工程以确保全线"轨通"为目标，根据12号线关键节点目标制定轨通专项策划，制定全线铺轨基地移交、轨行区移交、短轨通、长轨通等节点目标，指挥部根据各项节点，统筹管理协调铺轨基地、轨行区移交工作事宜，为铺轨展开创造条件，督促轨通目标的实现。

3. 全力推进供电工程施工，为设备调试提供稳定电源

供电工程以全线 35 kV "电通" 为目标，统筹 A 部分车站、主所等主要供电设备房移交，按照适当提前的原则明确主变电所及外电源安装完成和 110 kV 送电计划，细化供电设备到货安装、环网电缆敷设、电缆耐压试验和 SCADA 调试完成等节点。指挥部统筹制定设备房装饰装修、隧道区间移交的标准，根据车站供电设备房、轨行区、主所移交计划，统一组织协调 A 部分按期、按质量要求完成移交工作，同时督促供电工区按节点要求完成设备安装与调试。

4. 有序开展系统设备工程安装，合理安排施工工序

通信、信号、监控、安防、自动售检票等弱电系统设备安装工程以单位工程验收及单系统调试、综合联调为工期节点目标，以管线安装、机房设备安装和系统调试为工程施工主线，根据 A 部分工程装修专业进展，由指挥部统一协调各专业分批次、按移交时间分先后顺序组织实施。

（二）工程重难点管控

12 号线工程主要存在 A、B 部分接口协调与统筹管理、轨道工程施工组织与管理、供电与系统设备房移交管理。

1. A、B 部分接口协调与统筹管理

12 号线地铁站后工程包括常规机电、轨道、供电、通信、信号、AFC、综合监控、站台门、电扶梯、安防、导向及装饰装修等十几个专业的施工。其具有线路长、环境复杂、协调量大、接口种类多等特性，同时站后工程具有空间小、工期短、穿插多、接口密、标准高的施工特点，各专业系统间的接口及与其他接口的施工单位应相互服从、制约、联系，因此施工组织和协调是本项目的重点。

2. 轨道工程施工组织与管理

轨道工程是控制本项目工期的关键，对区间常规设备安装与系统设备安装、实现电通目标、开展联调联试等工作均起到承上启下的作用。前期涉及铺轨基地和轨行区的验收、移交相关工作，后续为各专业提供作业条件，部分区间（如左炮台—太子湾区间）土建移交时间相对较晚，预计 2021 年 8 月洞通。线轨道施工单位的铺轨时间仅有不到 3 个月的施工周期，铺轨施工任务重，施工组织难度大。通过以下措施可对铺轨施工做好策划。

（1）优化施工组织，增设散铺基地。

考虑现场施工进度、施工组织、施工任务等因素，除按计划在全线设置 5 个铺轨基地外，根据各铺轨基地承担的铺轨任务、结合各区间洞通的节点计划，考虑在左炮台站预留散铺基地，辅助完成左炮台—太子湾区间的铺轨任务。在臣田站预留散铺基地，辅助完成宝田一路—平峦山区间的铺轨任务；在机场东站预留散铺基地，辅助完成黄田—机场东区间的铺轨任务。在科技馆站左线预留散基地，辅助完成会展北—科技馆区间左线的铺轨任务。同时根据全线道岔的分布情况，考虑在南头古城、流塘站、和平站等部位增加下料口，以加快道岔的施工进度，推动铺轨工程的整体进展。

（2）加强组织管理。

① 充分利用 A、B 部分工程统筹管理的优势，提前进行现场进度的调查与预测，严格跟进、控制土建施工进度和验收进度，推进洞通后调线调坡资料的完成，力求在洞通后一个月内完成轨行区及相邻车站的移交。提前策划各铺轨基地的工作面移交时间（特别是怀德铺轨基地与机场东出入线铺轨基地），设置土建工区向轨道工区的移交铺轨基地工作面移交时间节点，按计划进行铺轨基地场地移交，同时要求轨道工区提前进行铺轨基地的策划与设备、设施的准备，在工作面移交后的两个月内完成铺轨基地建设，具备正式铺轨条件。

② 加强与设计单位的沟通，提出有利于施工和后期维护的设计建议，并提早开展设计联络会，确定轨道主材（轨道板等）设计招标技术文件。加快招标进度，尽快确定轨道板生产厂家，提出生产计划，预留厂家排产备货时间，同时加强对供应商的管理，保证轨道板等物资供货及时到位。

③ 提前组织与土建单位的沟通，提早开展轨道施工，同时充分利用沿线的通风井、盾构井等设施用于下料，增加散铺基地及散铺工作面，确保道岔在正线铺轨到达前，提前预铺完成。同时组织优秀劳务队伍，利用现有的条件尽可能多地展开工作面、分段作业、平行施工，优化各工序衔接调度、降低工序衔接时间，确保按期实现节点目标。

3. 供电与系统设备房移交实效管理

12 号线全线 33 个车站，主体工程 30 个车站均须进行附属结构的施工，有 27 个车站 52 个出入口附属、外挂，内部布置有常规专业、供电专业、弱电各专业设备房间。如何保障车站附属结构、外挂内部设备房间的按时移交，是 12 号线站后工程顺利推进的关键。

4. 换乘站施工管理

12 号线 33 个车站中 20 个车站为换乘站，其中海上世界站、南油站、桃园站、南山站、灵芝站、福永站等换乘车站需在既有地铁 1 号线、2 号线、5 号线、9 号线、11 号线范围施工。其中南山站 12 号线站台与 11 号线站厅层"十字交叉"设置。目前 12 号线站台被 11 号线站厅全覆盖，装修及系统设备均贯通 12 号线站台区域，所有在 12 号线站台部分（12 号线南山站站台层部分公共区 15 至 20 轴）的 11 号线既有设备、管线均需迁改，改造工作量大，改造难度大，还涉及既有线专业的迁改，需各方配合方能完成。

第三节 PPP 模式下施工质量一体化管控实践

为强化工程建设质量，规避既有线在运营管理中发现的质量问题，项目公司充分发挥"建设、运营"双身份作用，组织各专业工程师充分发挥运营管理经验，秉承"全过程、全方位"全生命周期管理思路，"标准化、表单化、可视化"原则，综合考虑既有线运营维护管理的重难点，按照工程建设在设计审查、施工过程、质量验收等不同阶段的侧重点，提前编制各专业质量管控方案，明确各阶段质量管控标准，并以此为抓手，全力推进质量管控工作。特别是在维保人员未到位、现场施工已开展的情况下，凭借"表单化、可视化"的管控标准，充分调动现有人员，执行"跨专业、全覆盖、无死角"检查，及时发现问题，督促责任单位进行整改，并对发现的问题执行闭环式管理。这样虽不能完全消除问题，但也大大减少了工程质量问题，并在各政府专项验收工作中，得到相关验收单位的一致认可。

一、狠抓设备与材料质量的源头控制

在设备生产及交付过程中加强质量监控，严格落实"进场检验""三检制"，不定期开展专项检查，对不合格材料进行清退，确保材料质量合格率达100%。全过程参与中国铁道科学研究院CRCC（中铁检验认证中心）的临时监督检查，检查轨道板厂商供应质量和钢弹簧浮置板CRCC资质范围，及时发现轨道板厂钢弹簧浮置板生产资质不符的问题。

对电客车、110 kV气体变压器、电扶梯等重要设备派技术人员进行驻厂监造，对设备生产过程中的重要工序、重要实验、重大节点等采取专项验收措施，及时排查并整改气体主变压器线圈PET膜（聚酯基片）破损绕组击穿、高等减震轨道板和钢弹簧轨道板批量生产前未做型式试验及钢筋笼未绑扎松脱、轨道板养护条件不达标、自密实混凝土和现浇道床外观不达标、扣件安装不达标等一系列质量问题，防止出现由于材料及设备性能下降不满足设计要求而造成的质量缺陷。

二、强化"样板引路"在工程质量中的管控作用

为避免质量缺陷引起的大面积返工，根据全线车站土建施工计划，正线安装装修工区选择样板站。对轨道现浇道床、预制板道床、减震垫道床、钢弹簧浮置板道床、接触网盾构区段隧道内刚性悬挂安装、高净空区段旋转腕臂刚性悬挂安装等重点施工工艺和工序分别设置样板段，实施样板工程管理。通过树立施工工作面交接样板、施工工序样板、施工工艺样板，强化"样板引路"在工程质量中的管控作用，实现工艺操作的标准化和规范化。

三、严格管控施工质量，铸造精品工程

为打造12号线精品工程，一是组织各专业工程师编制《建设工程质量管控方案》，

覆盖开工前条件验收、首件（样板）工程验收、关键节点施工前条件验收、工艺验收、设备安装调试阶段实施事前、事中和事后等全过程质量管控条例，确保验收组织精细化管理；二是组织设计单位及时向施工、监理单位进行施工图文件交底，重点说明设计文件中涉及工程质量的内容，施工单位根据工程设计和标准规范的要求，编制施工组织设计与专项施工方案，填报《施工方案报审表》，经监理审核后报项目公司批准，保证施工按照设计要求严格执行；三是定期组织各参建单位对施工现场进行专项检查，发现施工中存在较多的施工过程监管不到位、半成品或成品质量不达标、成品保护不到位等质量问题，及时要求施工单位采取措施进行整改，保证施工现场视频监控全覆盖，要求领导带班作业，落实隐蔽工程施工监理全过程旁站，全面落实隐蔽工程质量验收责任制。

四、搭建全自动运行系统测试平台

全自动运行系统测试平台由全自动运行系统核心专业共同搭建而成，包括信号、车辆、通信广播、PIS、安防、综合监控、站台门等，整体按照"硬件最小化，功能最大化"的中心思想，提取城市轨道交通列车运行控制系统中信号、车辆、综合监控、通信、站台门的核心设备和典型设备作为最小系统的雏形，选取功能和接口全覆盖的最小子集作为最小系统的首选模型，采用功能接口全部预留和增量式的整体架构，按照仿真设备、真实设备和外围设备结构进行设计，可实现全自动运行系统核心设备间的接口测试、全自动运行场景测试正常运营场景、故障运营场景、应急运营场景，实现对信号系统、车辆系统、综合监控系统、通信系统（包括安防、PIS）、站台门系统的多专业联调集成测试。同时可满足开通前全自动运行系统培训功能，包括在控制中心、车站、车辆段、列车上均增加新的系统设备以满足代替司机工作的新功能要求，通过该测试平台可对12号线运营人员进行全自动场景相关培训，以熟悉全自动运行相关场景，同时也为运营期间员工综合业务水平提升及现场故障复现，提供了良好条件和强大保障。

第十一章 工程接口管理

第一节 A、B 部分中间交接管理

PPP 模式下涉及 A、B 部分交接，主要有工作面交接和地盘交接，如何推动移交进程，做好交接准备和交接后的管理，对于全线轨通、电通、热滑、联调联试和现场管理具有重要意义。PPP 模式下，深圳市十二号线轨道交通有限公司与深圳市交通运输局（轨道办）、深圳市地铁集团有限公司（A 部分）成立了建设期协调委员会，协调委员会下设深圳市地铁集团有限公司和深圳市十二号线轨道交通有限公司接口管理工作组，指挥部全面负责 A、B 部分工程专业间接口协调、交叉施工、场地移交管理等，确保施工顺畅、工序衔接有序。接口管理组织架构如图 3-11-1 所示。

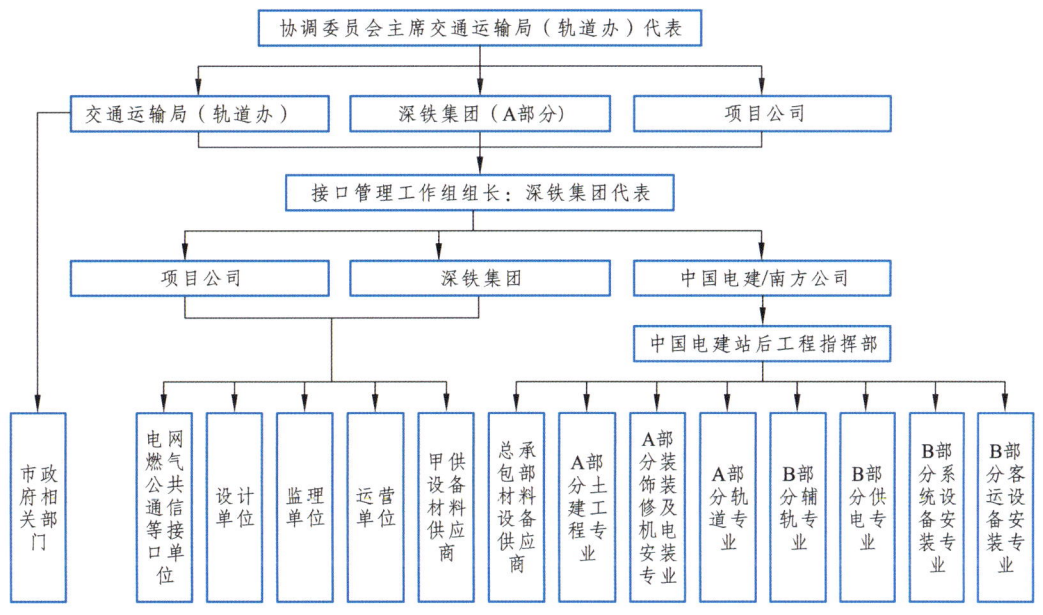

图 3-11-1 接口管理组织架构

一、工作面交接管理实践

与以往其他线路不同，12 号线建设管理涉及 A 包、B 包两个部分，A 包由深铁建设负责建设管理，B 包由 PPP 项目公司负责建设管理。A、B 包的工作面交接过程中，涉及了两个公司人、权、责等方面的接口管理，是一种区别于以往的新的管理模式。因此，本项目利用 A 部分、B 部分中股东方中国电建总承包的优势，成立 12 号线站后工程指挥部，建立站前、站后一体化施工管理体系，统筹对 A、B 部分进行管理和协调，在计划编制、设计管理、场地布置、接口协调、调试与验收等方面实现一体化管理。

（一）全面推进土建 A 包向站后 B 包专业移交轨行区

12 号线轨道工程全线 33 站 35 区间，轨行区移交工作量巨大，任务繁重。根据《深圳市轨道交通 12 号线 PPP 项目合同》关于 12 号线 A 部分工程关键工期的约定，明确移交节点要求。受种种原因影响，轨行区移交严重滞后，影响了轨道及系统设备安装专业进场施工，压缩了后续各节点工期。项目公司按照"整体部署、统一管理，局部服从整体，关键节点优先"的原则，充分做好协调配合的细化管理。针对具体的区间和站点，结合现场的施工进度和特性，公司牵头组织总承包单位各专业划分施工界面，统筹安排并制定出合理的措施，设定节点目标，加强接口计划管理，制定保障措施和应急预案，定期跟踪目标完成情况，及时组织召开专题协调会议，推进移交进度，顺利完成全线轨行区移交工作，为实现全线轨通、电通、热滑等节点创造条件，为试运行、试运营奠定基础。

为了有效推动土建施工单位向铺轨单位移交车站和轨行区，规定施工界面交接进场需满足以下条件：

（1）车站测量基准点完好无损并连同测量成果一并移交，测量成果包含以下内容：车站放坡比的测量数据，车站站厅、站台建筑标高数据，车站各轴线中心数据，结构墙偏差数据。

（2）预留预埋施工检验和验收合格，主体和附属结构施工遗留的问题移交后限期整改完成，不存在渗漏等严重影响站后工程施工的问题。

（3）完成全部土建相关垃圾清理以及不必要的施工料具清理等。

（4）区间废水泵房由土建单位负责日常抽排水及清淤工作，车站主废水泵房在土建单位向安装装修单位移交车站管理权后，由土建单位负责提供抽排水设备与设施，同时负责最终泵房集水井的清淤工作，安装装修单位负责进行日常的抽排水工作，至永久设备正式投运后由安装装修工区进行管理。

（二）加强协调沟通，稳步推进换乘站接口工作

12 号线 33 个车站中 20 个车站为换乘站，其中海上世界站、南油站、桃园站、南山站、灵芝站、福永站等换乘车站需在既有地铁 1 号线、2 号线、5 号线、9 号线、11 号线范围内施工，数量众多、范围较大，需要协调解决的问题复杂，难度巨大。在施工过程中如何兼顾运营和施工的安全、维护运营环境是本项目施工的重点和难点。项目公司成立了专项工作小组负责换乘站的协调沟通工作，利用好深圳地铁集团有限公司是项目公司的第一大股东，以及背靠深铁运营的有利因素，顺利地推进换乘站的接驳工作。

1. 成立专项小组

换乘站施工阶段成立换乘站施工保障专项小组，充分掌握各既有线换乘运营车站的运行状况，统筹安排可切入施工的间歇时间点、夜间施工接驳转换方案和实施性计划、手续办理以及请点作业。分系统、按计划定点定区域逐步推进施工，按照分时段、按步

骤逐一完善的方法有条不紊地对各系统进行接驳及转化。

2. 指派专人盯控

正式施工前，指派专人对既有车站的客流情况、运营安排及计划、站内设施布置，尤其是安全消防设施及通道的布置等情况进行深入调查，并与地铁运营管理部门就施工期间的安全防护、运营安排等事项进行充分沟通和协调，保证正常运营和乘客安全，保证施工人员安全和施工顺畅。

3. 深化接驳设计

认真研究设计图纸，详细了解换乘车站与规划车站的结构特点，厘清工序转换顺序，重点针对预留换乘接驳条件进行深化设计，确保换乘站的运营安全。

4. 优化防护措施

制定防护措施方案，合理规划施工场地，做好施工期间的安全防护及文明施工工作，规范设置隔离栏杆、客流导向标识、紧急疏散通道，达到运营部门的要求；施工前，按照地铁运营相关管理规定办理安保区施工手续、运营区域作业请点及动火申请，保证施工安全，减小对运营线路的影响。

（三）推进装修专业向站后设备专业移交设备房

供电与系统设备房的按时移交是系统设备顺利推进的重点。全线需移交设备房总计644间，如何保障外挂内部设备房间的按时移交是12号线站后工程顺利推进的关键。

1. 统筹管理、统一协调

发挥12号线A、B部分工程施工统一管理的优势。安装装修工区、供电工区、系统设备安装工区提前对土建结构施工完成时间、设备房间的需求时间进行梳理。由总包部工程指挥部统筹管理，协调A部分土建工区对计划进行倒排，制定全线外挂主体工程施工计划，制定土建工区向安装装修工区移交主体结构的节点目标，制定安装装修工区向系统供电工区、系统设备安装工区移交设备房的节点目标，在工程施工过程中对计划与节点目标进行跟踪与考核。

2. 加大协调力度

加强与设计单位沟通提出外挂的图纸需求前确定方案与施工图纸，有针对性地对那些影响电通、热滑等目标的设备房涉及的附属结构与外挂提前实施，特别是针对如四海站D口附属、桃园站C口附属、南头古城E口附属、新安公园A、B口附属、臣田站A、C口附属、桃源居站B端外挂、永和站A口附属等重要区域、交通疏解难度大的部位与区域。提前开展征地、围挡及土建施工工作，为站后设备房移交创造条件。

3. 提前规划

制定设备房移交条件与要求设备房移交必须在规定的时间内完成，按移交流程提前书面申报监理工程师验收，由监理工程师组织相关单位进行移交。原则上移交后，无特殊情况，土建及安装装修不再进行施工，遗留的安装、装修和整改施工与设备房接管单位协商进行。

二、地盘接口管理管控

从整个 12 号线建设管理时间轴考虑，土建工程施工完毕后，站后铺轨及系统安装工程逐步进入施工环节。由于线路长，施工单位多，为满足智慧工地管理，交叉施工管理将按照施工区域进行划分。其中 A 部分主要负责车站、车辆段、停车场、主变电所等区域的地盘管理，B 部分主要负责轨行区的地盘管理。本部分主要介绍轨行区地盘管理。为尽量避免交叉施工带来的影响，轨行区施工管理采用一体化信息平台进行组织施工，最大限度地减少交叉施工产生的影响，在工程实施前，就制定周密、全面的施工组织。规范参建单位施工现场管理行为，保证施工全过程符合城市建设要求，项目公司根据《建设工程安全文明施工标准》及深圳环卫（深圳市城市管理和综合执法局）、深圳市住房和建设局等部门的相关规定，从明确参建各方职责，制定规章流程和强化地盘管理等方面进行管理。地盘管理组织机构如图 3-11-2 所示。

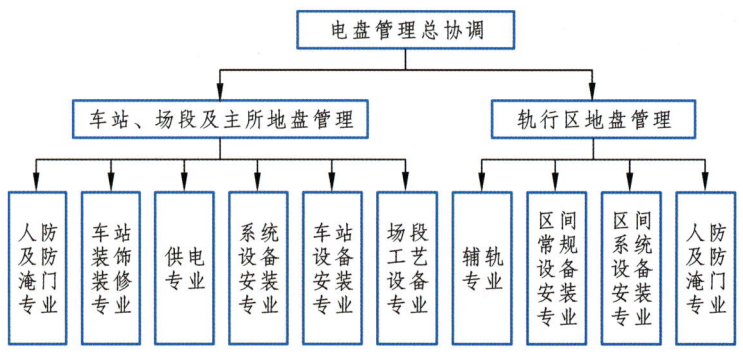

图 3-11-2　地盘管理组织机构

（一）轨行区地盘管理

1. 轨行区管理单位

成立联合调度室，由建设单位、建设管理单位、轨道监理单位、总承包单位、轨道施工单位组成。

2. 轨行区管理制度

深圳市十二号线轨道交通有限公司编发了《深圳市十二号线轨道交通有限公司地盘管理办法（试行）》《深圳市十二号线轨道交通有限公司建设期轨行区管理办法（试行）》《深圳市十二号线轨道交通有限公司工程建设期轨行区管理实施方案（细则）（试行）》等系列管理文本。

3. 轨行区管理基本流程

（1）轨行区计划审批流程。

施工单位提交（周、日）计划→汇总申请计划→召开调度会→编制《施工通告》→审核、签发《施工通告》→跟进、检查计划实施情况→计划变更。

（2）轨行区施工作业流程。

施工单位办理请点→轨行区调度室审批→施工负责人持批准的作业票在保安处登

记、审核→施工人员进入轨行区→按照作业票的时间、范围及要求等进行施工→施工结束后办理销点。

4. 轨行区计划管理要求

轨行区计划管理分为周计划、日计划和临时计划，具体要求如下：

（1）每周计划具有连续性和集中性，严禁采取跳跃式和分散式的施工组织方案占用轨行区。

（2）所有施工单位提报的计划要严肃对待，杜绝过多占用轨行区资源的行为，轨行区调度室对周计划兑现率进行严肃考核。

（3）各工区根据实际施工情况提报周计划，严格按周计划执行，原则上不允许变更。如有特殊情况，临时计划应有书面计划，由计划提报单位的监理和业主代表审批后，提报至各二级调度室和监理审核。临时计划必须经轨道业主代表同意后，经联合调度室审批后方可办理。

（4）严格区分作业票中作业区域和行车区域。按照实际的作业区域、作业类型、作业时间、作业内容和作业负责人提报作业计划，严禁提报 A1 类作业用于 A2、A3 类作业，A1 类仅限跑车作业。

（5）严禁将 A1 作业与 A2、A3 类作业交叉，仅在道岔区域作业的须单独提报作业票。

（6）行车作业票必须注明行车路径、所经道岔和起终点，安全措施须有针对性，需写明防护距离要求、防护用品、其他安全措施等。

（7）施工负责人在施工过程中随时保持与轨行区调度室的联系，以便轨行区调度室随时掌握施工进度等状况。

5. 轨行区工程运输及施工管理

（1）周通告须每周打印存放在各二级调度室、轨道车和混凝土罐车、焊轨车司机室，联合调度室存放全线周通告。

（2）动车令须每日动车前检查完后由现场监理签发，不得提前签发或无令动车，动车令要填写签发时间、行车路径、所经道岔和起终点，信息与周通告、调度命令保持统一，道岔位置尤其要详细说明防护位置、道岔开向。

（3）除轨道铺轨作业外，其他作业严禁进入在行车计划与非行车计划的防护距离。司机在距离防护牌 200 m 处停车，与调度室联系前方是否出清，具备行车条件，经调度室确认允许后，进入防护距离，防护员指引作业面人员做好接车准备。车辆离开作业面前，与调度室确认是否满足动车条件后方可动车，待车辆行驶至距离防护牌 200 m 处停车，与调度室确认后，作业面人员方可继续作业。

（4）道岔必须现场编号管理且在调度室屏幕上可视化。

6. 调度室管理

（1）调度室须安装摄像头接入视频监控。

（2）轨行区巡视员每小时对调度室视频监控、轨行区、保安等进行检查，并记录在《调度日志》上。

（3）每月 25 日前提交下月调度室值班人员排班表给总调，各调度室张贴值班表并严格按表值班,严禁随意更换。

(4)工程车司机、施工负责人必须服从当值轨行区调度员的管理。

(5)区间环网电缆、正线接触网,正线各变电所高压设备房及高压控制室设备,进入区间轨行区、变电所及电缆夹层等电管区的施工均需电调批准。

(二)B部分地盘管理措施

B部分地盘管理单位为轨道工区,地盘管理单位对地盘范围内的安全、文明施工和施工接口进行总协调,同时制定地盘管理办法,明确各单位职责,定期组织安全文明施工检查并督促整改,确保地盘范围内工程施工有序展开。地盘管理单位对地盘内的安全、文明施工负协调管理责任,其他进场施工承包商对所施工地段的文明施工、各自的施工安全负主要责任。

1. 地盘管理单位职责

(1)负责站后系统设备安装和土建、装修、常规设备安装等承包商、供货商、集成商在车站(车辆段/停车场)施工作业的综合协调管理。

(2)负责协调各系统设备安装承包商以及土建、常规设备安装、车站装修之间的工程接口关系。

(3)负责本专业和督促各专业管线安装的孔洞及电缆井、设备吊装孔及系统设备房,按预留孔洞封堵的技术要求进行封堵,以满足消防防火封堵要求。

(4)负责为其他施工单位和供货商提供设备进出、运输的临时专用通道。

(5)负责管理进入施工现场的所有人员。所有进入施工现场的施工人员、施工管理人员应实施挂牌制度或登记制度。

(6)负责车站内的公共区域的卫生管理。为进入施工现场的施工单位指定固定的地点临时存放垃圾,并督促责任单位及时向外清运。

(7)负责统一管理所有进场施工单位的明火作业安全,对整个施工现场进行例行安全检查。

(8)负责协调地盘范围内所有施工单位迎接各类安全和文明施工检查。对检查中提出的问题有权监督责任方整改。

(9)负责地盘范围内所有场地的统筹管理。

(10)负责在地盘范围内施工临时用水、用电的统筹管理。

2. 相关专业施工单位责任

(1)负责完善本单位安全管理体系,保证安全管理体系的有效运转,并接受地盘管理单位的监督和管理。

(2)负责对本系统内的工程进度、安全、质量管理,对各自的施工安全负全责。

(3)负责对本单位的职工进行安全生产教育,以增强职工的法治观念和安全生产意识及自我保护能力。

(4)负责将本单位在该地盘范围内的施工组织和主要施工人员名单报送地盘管理单位备案,并积极配合、服从监理和地盘管理单位的统一协调管理。

(5)遵守地盘管理单位的地盘管理相关规定,服从地盘管理单位对现场施工场地的规划安排，不准随意占用场地做仓储使用。施工区域和材料堆放场地要保持整洁干净，并按规定进行标识。

（6）对各自施工材料、设备、成品、半成品，承担全部保护责任。

（7）人员携带物资离开地盘管理范围时，应持有本单位现场负责人签字的放行条，并经过地盘管理单位现场安全保卫人员查验后才能携带物资离开。

（8）负责各自施工区域内的环境卫生，工完场清，及时清运施工产生的垃圾。

（9）负责本专业管线安装的孔洞，按预留孔洞封堵的技术要求进行封堵，避免遗漏以满足消防防火封堵要求。

（10）为便于地盘管理单位的监督管理，所有的进场施工单位在进场施工前，必须与地盘管理单位签署现场管理（地盘管理）协议和临时用水、用电协议，并按协议执行相关事项。

3. 统一规定

（1）地盘管理工作例会。

工区项目部根据工程进展情况每周或每两周组织召开一次本工区地盘管理工作例会，协调地盘管理范围内各专业施工及其工序之间现场配合存在的问题，包括施工现场安全文明施工、施工进度、工序搭接、施工计划、地盘使用计划等，以统一协调，统一意见。避免各种窝工、返工现象，有序整体推进各工区工程施工。

（2）临水临电管理。

地盘管理单位统一提供临水、临电，并负责现场文明施工管理，其他承包商进场后，推荐使用便携式充电电动工具，实现小型电动工具无绳化，避免出现因临时用电而乱拉电的现象。其他设备用电可采用三级配电箱或自带电度表的三级配电箱，从地盘管理单位的二级配电箱接水接电并接受管理。地盘管理单位在临时水电方案（施组）设计及安装时应考虑其他承包商的负荷，并预留接口。

（3）地盘管理押金。

① 其他承包商进场时向地盘管理单位缴纳相当数额的安全文明施工和临时用水用电押金，并按照本办法与地盘管理单位签订进场施工协议和安全责任协议书、临时用水用电协议。

② 根据各专业施工内容与施工区域的不同，将其他承包商分为 A、B 两类，地盘管理单位分别收取相应数额的押金。

③ 进场施工承包商向地盘管理单位按时缴纳水、电费，自觉接受地盘管理单位的协调管理，共同遵守文明施工、安全管理规定，自觉缴纳地盘范围内的安全及文明施工管理违章处罚款和临时用水水电费用。以上押金在承包商和供货商施工完毕退场时，由地盘管理单位按规定最迟在开通试运营后 1 个月内如数退还。

④ 进场施工承包商应按期（按月或按季度）向地盘管理单位缴纳临时用水用电发生的费用（按计量表计算）。如未按期缴纳费用，地盘管理单位应根据水电费清单有权在临时用水用电押金中扣取相应费用；如押金不足抵扣，则进场施工承包商应重新按标准缴纳押金；如不按时缴纳，地盘管理承包商有权拒绝其他进场施工承包商进入地盘范围内施工。

⑤地盘管理单位有权根据"安全、文明施工违章作业处罚细则"对地盘范围内其他施工承包商的违章作业行为进行管理和处罚，并经地盘监理确认（违章处罚确认单）后生效，其他施工承包商根据处罚单据自觉缴纳罚款。如未按期缴纳罚款，地盘管理单位有权在安全文明施工押金中扣除相应罚款；如押金不足抵扣罚款，则进场施工承包商应重新按标准缴纳押金；如不按时缴纳，地盘管理承包商有权拒绝其他进场施工承包商进入地盘范围内施工。

4. 进场前其他规定

（1）地盘管理单位应对工地出入口实行封闭式管理，凭证出入。所有进入施工现场人员必须佩戴工区施工证，在地盘管理单位指定的出入口打卡或登记（刷脸）进出，施工证由各专业施工单位自行负责。施工证上必须标注姓名、性别、年龄、工种、所属单位等内容，并粘贴照片以及各自施工单位加盖的单位公章。所有进场施工单位对各自所发的施工证负责。地盘管理单位可以拒绝未带施工证的人员进入现场施工。未经地盘管理单位同意擅自从其他通道进入施工现场的人员一律清理出场，并由业主代表或监理单位对该单位进行通报批评或处罚。

（2）其他承包商在进场后应向地盘管理单位申报用水用电计划和其他包括材料堆放、人员安排、现场施工接口等有关内容的计划。

（3）其他承包商在进场施工前必须向各自施工人员进行安全文明施工教育并组织安全技术交底，确保不违反本管理办法和现场施工管理其他相关文件规定。

5. 现场文明施工和成品保护管理

（1）地盘管理单位做好文明施工和成品保护工作，加强日常检查、巡视，落实责任单位、责任人，深圳市地铁集团有限公司将对文明施工和成品保护工作进行考核。

（2）各施工单位自行保管本单位设备、施工材料、成品、半成品。

（3）任何单位不得改移其他施工单位的成品或半成品（包括已完成油漆的墙面）。确需改移、打槽时，应与隶属单位协调解决。

（4）各单位应及时将当天各自产生的施工废料、垃圾等清运至现场管理（地盘管理）单位指定的施工垃圾堆放场所，确保施工现场干净整洁。

（5）其他承包商进场施工前，应制定相应的安全文明、消防施工管理措施。进场后，由地盘管理单位牵头，其他承包商参加监督检查整个工地的安全文明、消防管理措施落实情况，并至少每周进行一次联合检查。

6. 临时用水、用电管理

（1）其他承包商进场前要与地盘管理单位共同进行现场检查、协商，确定临时用地方案，并申报用水用电的规划方案，签订临时用水用电协议，以确保顺利进场施工。

（2）地盘管理单位在地盘范围内提供施工临时用水、用电接口。根据各施工单位报送的临时水电需求申请，把施工用水、用电接至相应的施工区域。并负责管理临时水电设施。在公共施工区域，车站出入口及站厅、站台层、扶梯安装现场及公共区两侧分别提供相应数量的380 V（160 A）、220 V（40 A）电源（二级配电箱），供相关施工单位接电使用。

（3）地盘管理单位结算水、电费时，可采取以下两种方式：一是根据自来水公司和供电局收费单上的所有费用总和（包括基本水、电费、损耗、表度电费等），按照所有用户表度数进行分摊，各分表用量之和与供水、供电部门计量的差额、基本电费、无功损耗等，按分表用户的用量比例分摊；二是根据工程规模大小商定固定数额水电费用，一次结清，随意取用。

7. 安全保卫工作

（1）施工现场地盘管理单位已接收的地面及车站、区间风井内的安全、保卫工作由各地盘管理单位负责，但其他承包商对各自施工区域内的安全、保卫工作负责。

（2）地盘管理单位的专职安全保卫人员，应统一着装，培训上岗，地盘管理单位应对其配备必要的防身、通信工具。保卫人员应对所有施工区域进行昼夜巡守，做好进入施工现场的外来人员的登记手续，做好车辆进场登记。

8. 垃圾清理

为保障12号线安装装修工区施工场地内的公共卫生、维护正常的施工程序秩序，切实加强地盘管理责任和义务，保障现场安全文明施工的正常运行。拟在每个车站站外地面设立封闭式垃圾池1座，垃圾池容积约60 m^3，可满足现场约3 d的垃圾储存量。垃圾由安装装修地盘管理单位定期进行清运。在地盘管理范围内进行施工的各系统单位向地盘管理单位缴纳相应的垃圾清运处理费用，可将施工中产生的垃圾收集后放入垃圾池内，否则必须每日自行将施工中产生的垃圾清理出站并外运。

现场垃圾清理与清运由现场地盘管理单位安全文明施工的专职安全员进行统一管理，各参建单位必须统一服从管理，对不服从管理的单位或班组，将在各单位上缴的地盘管理押金中扣除或由指挥部进行统一处罚。垃圾清运工作由站长统一进行协调管理，各站站长根据本站垃圾存量及现场施工计划，做好垃圾清运及管理，做到工完料净场地清。

第二节　基于 PPP 模式的政府专项验收组织分析

根据《城市轨道交通运营管理规定》(中华人民共和国交通运输部令 2018 年第 8 号)、《城市轨道交通初期运营前安全评估管理暂行办法》(交运规〔2019〕1 号)、《城市轨道交通建设工程验收管理暂行办法》(建质〔2014〕42 号)、《深圳市轨道交通项目建设管理规定》深圳市人民政府令(第 333 号)等相关法律法规要求，城市轨道交通线路在投入初期运营前需通过特种设备验收、消防验收、人防验收、卫生评价、档案验收、工程质量(含节能专项)验收、环保验收、水保验收、无障碍评测、防雷验收、安全评价、初期运营前安全评估 12 项政府专项验收。其中，水保验收及环保验收(第二阶段)在初期运营阶段完成，其余项目均在初期运营前完成。

政府专项验收项目及内容见表 3-11-1。

表 3-11-1　政府专项验收项目及内容

序号	验收项目	验收内容	验收部门	成果文件
1	特种设备验收	每台电扶梯及垂直电梯、起重设备、压力容器等	市场监督管理局质安院	特种设备许可文件
2	消防验收	建筑防火、人员疏散、给水、供电与应急照明设施、车站防排烟、气体灭火系统、防灾报警、消防联动控制等	市住建局消防验收处	验收文件
3	人防验收	人防门、防爆地漏、阀门、配电箱和控制箱、监控等	市住建局和军民融合办	监督意见及验收备案文件
4	卫生评价	1.建筑卫生学。 2.地铁站选址与平面布置。 3.地铁站站厅站台室内空气卫生质量。 4.地铁站公共区域(大系统)空调通风排气设施及卫生质量。 5.地铁站消声防震设施及卫生质量。 6.地铁站给排水设施及供水水质卫生质量。 7.地铁站照明及卫生质量。 8.地铁站辅助卫生设施。 9.地铁站卫生管理。 10.地铁站公共卫生应急事件有关设施和制度	市卫健委、市疾病预防控制中心	验收文件
5	档案验收	技术档案、施工管理资料	市城建档案馆	验收文件

续表

序号	验收项目	验收内容	验收部门	成果文件
6	工程质量验收（含节能专项）	1.工程质量验收：工程实体，内业资料。 2.节能专项：冷水机组的性能系数，冷冻水泵的输送能效比，冷却水泵的输送能效比，空调机组的水流量，冷冻水总流量，冷却水总流量，空调系统总风量，系统风口风量，室内温度，低压配电电源的供电电压偏差、三相电压不平衡度、电压总谐波畸变率、谐波电压含有率、谐波电流允许值，照明照度及照明功率密度	市住建局	1.工程质量验收监督意见。 2.节能检测报告
7	环保验收	第一阶段（建设期完成）：施工期大气、噪声、振动环保措施落实情况，废水、废气、固体废物处置情况，对噪声、振动敏感点、文物等环保措施落实情况	市生态环境局	环保验收报告
		第二阶段（运营期完成）：运营期噪声、振动环保装置及措施实际效果，运营期废水、废气、固体废物处置情况，公共意见调查等		环保竣工验收报告
8	水保验收（运营期完成）	1.水土保持方案。 2.水土保持监测资料。 3.水土保持监理资料。 4.水土流失防治指标。 5.重要防护对象不存在严重水土流失危害隐患。 6.水土保持设施	市水务局	备案文件
9	无障碍评测	1.车站出入口与市政道路接驳情况。 2.无障碍电梯及残疾人坡道设置情况。 3.站内盲道设置情况。 4.轮椅过AFC闸机情况。 5.无障碍洗手间施工情况。 6.站内、站外的无障碍导向标识。 7.公共区域紧急呼叫装置	市残联	无障碍评测报告
10	防雷验收	1.新建建（构）筑物防雷设施检测，包括所有车站、停车场、车辆段。 2.检测内容：（1）防直击雷检测（接闪器、引下线、接地装置）。（2）等电位和雷击电磁脉冲防护检测（天面上各种天线及各种金属管道与防雷装置的连接、进出建筑物各种长金属物与防雷装置的连接）。（3）供电系统检测（检测供电系统的接地方式、检测重复接地的情况、建筑物内总配电盘（箱）的接地方式检测、接地电阻的检测、检测供电系统的SPD（浪涌保护器）配置情况、接地与等电位措施、进出建筑物电缆引入方式的检测、电缆屏蔽措施的检测、用电设备接地情况的检测）	第三方负责检测及备案	新建（构）筑物雷电防护装置检测报告

续表

序号	验收项目	验收内容	验收部门	成果文件
11	安全评价	1. 危险、有害因素辨识。 2. 各系统安全设备设施评价。 3. 常规安全防护设施安全评价。 4. 防火防爆措施评价。 5. 特种设备安全评价。 6. 冷热滑及空载试运行安全评价。 7. 地铁防灾安全热烟测试评价。 8. 地铁大客流疏运安全评价。 9. 安全管理及运营组织评价。 10. 初期运营基本条件评价。 11. 现场隐患分级评价	第三方负责检测及备案	安全评价报告
12	初期运营前安全评估	1. 系统功能核验。 2. 系统联动测试。 3. 运营准备（详见《城市轨道交通初期运营前安全评估技术规范》交运规〔2019〕17号）	市轨道办	初期运营前安全评估报告

对于常规线路而言，只有一家建设单位，且"建设、运营"分属两家不同单位，职责划分清晰明了。上述12项政府专项验收工作统一由建设单位统筹开展，运营单位、监理单位、设计单位、施工单位等相关参建单位根据建设单位安排，配合开展相关工作。但对于12号线一期工程而言，建设工程分属两家建设单位，其中一家建设单位兼负后期运营管理职责，不可完全套用原有验收组织方案，需稍微调整，以适应PPP模式的特点。

一、验收组织

从表3-11-1中可以看出各项政府专项验收内容均与A、B部分工程相关，除档案验收、单位工程验收的独立性较强，可按照不同建设单位分开组织验收，其他项目的验收内容均难以分割，分开验收基本不可能，况且针对档案验收、单位工程验收而言，刻意分开组织也浪费时间及资源，使得本可在同一时间段完成验收某一车站相关所有建设工程，但分开组织则可能需要对同一车站安排不同的时间段，或者在同一时间段内变更配合验收的人员，这样不但给专家组成员带来不便，组织工作上也存在较多接口。

因此，为保证验收工作统一协调，项目公司与深圳市地铁集团有限公司决议将A、B两部分合为整体实施验收，同时为避免出现多头领导的现象，一致同意遵循"高度集中、统筹策划、统一指挥"的原则，由深铁建设统筹开展相关工作，项目公司配合开展。职责划分见表3-11-2。

二、验收费用

除验收组织问题外，还存在卫生评价、防雷验收、环保验收、水保验收、节能验收、安全评价、初期运营前安全评估7项政府专项验收的费用分摊问题。

表 3-11-2　职责划分

序号	项目	深圳地铁建设集团有限公司	深圳市十二号线轨道交通有限公司
1	验收计划	1.制定 12 号线一期工程投入初期运营专项验收计划，并组织召开讨论会。 2.上报验收计划至轨道办审核（深圳市十二号线轨道交通有限公司意见作为附件）。 3.根据轨道办审核意见对验收计划进行调整，并正式下发各单位执行	1.配合制订验收计划，参与讨论会，按照会议要求落实相关工作。 2.配合调整验收计划，并按照正式下发的计划要求组织开展相关工作
2	专项验收方案	牵头编制各专项验收具体实施方案，与相关负责人前置沟通后，上报深铁建设、深圳市地铁集团有限公司审议	配合编制各专项验收具体实施方案，与相关负责人前置沟通后，上报公司经营班子会审议
3	验收交底	组织召开验收交底会	参加/督促各参建单位参加培训交底会
4	资料检查	检查验收资料是否齐全、合规	配合开展资料检查工作，督促相关责任单位及时完成整改
4	三方机构招标	完成第三方机构招标工作，组织签订三方合同	配合完成合同签订工作
5	验收实施	统筹开展各项工作，包括但不限于资料审核、资料报验、场地预订、会务组织、验收配合与协调等工作	根据深铁建设验收工作需求： 1.提供 B 部分建设工程相关资料及 12 号线运营相关资料。 2.配合开展现场工作

（一）招标策划

涉及到需建设单位委托第三方单位实施检测/认证的专项验收项目（防雷检测、环保验收、水保验收、节能检测、安全评价），由项目公司授权，深铁建设统筹招标，招标策划按程序报深铁建设审议。招标完成后，由项目公司与深圳市地铁集团有限公司分别与中标人签订合同，但由于验收内容难以根据 A、B 部分进行划分，合同金额同样无法完全参照 A、B 部分内容进行切割。对此，经两家单位多次商议，决定按照 2020 年 11 月上报市发改委的 12 号线初步设计概算中 A、B 部分投资概算金额按比例进行分劈，以较为简单、清晰且合理的方式处理费用问题。

（二）会务策划

涉及到会务费用的专项验收项目（卫生学评价、安全评估），同样由深铁建设统筹安排，费用支付实行"分别开票、分别报销"，两家单位按照各自内部的要求完成相关流程，费用支付比例与前文相同。

三、验收总结

前期两家单位就充分意识到各自的优劣势，协商达成一致共识后，决定由深铁建设作为主导单位统筹开展相关工作，由深圳市十二号线轨道交通有限公司配合。其实，本质上来说，验收模式与既有非 PPP 线路是一模一样的，一家单位全权主导、另一家单位全权配合，从而将事情简单化处理，避免出现多头领导、多头指挥问题，这样更有利于验收工作顺利推进。但需要注意的细节问题是，在第三方检测单位出具验收报告时，需要提醒注意落实两家建设单位的名字。在提供安全评估所需资料时候，PPP 项目公司不仅需要准备运营管理相关资料，还需组织提供 B 部分工程建设相关调试、检测的过程性文件。

值得一提的是，对于其他仍处于 PPP 模式策划阶段的线路而言，可在前期策划阶段，就充分考虑后期验收问题，把验收组织、费用预算及支付等相关问题列入政府招标文件内，从而大大简化后期组织流程，实现以相同的验收标准和更简化的流程，完成验收工作。

四、三权移交

待 12 号线一期工程通过初期运营前安全评估、正式开通运营前，由深铁建设牵头，向项目公司移交 A 部分工程建设的使用权，两家单位共同签订租赁及移交协议，项目公司内部也按照相关法律法规要求完成"建设主管部门"向"运营主管部门"的交接手续。

04

第四篇 运营筹备管理

第 十二 章
建设运营一体化模式探索及运作方案实施落地

一、运营管理超前介入——以需求主导设计

各专业工程师在筹备阶段,以设计为抓手,逐项梳理各专业设计问题,从缺陷整改及运作优化角度在建设期进行综合专业分析,提出整改意见并最终落实完善,为后期运营管理创造更好的条件。

(一)缺陷及危害

(1)离壁沟积水,挡水坎渗水问题。

危害或影响:①站台层电扶梯洞口周边渗水。②站台屏蔽门站台门上方、侧式站台绝缘层下方渗漏水。③地面通道渗水。

(2)轨顶风道渗漏水未设置防排水设施。

危害或影响:积水,影响行车安全。

(3)区间中隔墙防火门未设置加固措施。

危害或影响:存在门体倾倒隐患,影响运营安全。

(4)机场东车辆段 KL1-段 E、KL1-黄 E、KL2-段 E、KL2-黄 E 及赤湾停车场 KL1-场 E、KL1-海 E、KL2-场 E、KL2-海 E 共 8 台可视化接地装置的硬件闭锁对应的是临近隔刀,缺少最近来电方向的闭锁。

危害或影响:①目前这 8 台可视化接地装置的硬件闭锁对应的都是临近的联络开关(常分状态),未能起到上网隔开与可视化接地装置闭锁的作用。②可视化接地装置应与本供电臂对应的上网隔离开关形成硬件闭锁,防止上网隔离开关未分闸接触网可能带电的情况下,可视化接地装置误合闸的风险。

(5)全线弱电综合设备室设计图纸未体现尾纤线槽。

危害或影响:易造成坠落物损坏及鼠害导致光纤受损。

(6)全线多处发现摄像机、PIS 屏和导向牌相互遮挡。

危害或影响:①导向牌和 PIS 屏被遮挡,导致乘客无法看全导向等相关信息,影响客服质量。②摄像机被遮挡,影响监控画面。

(7)多处弱电电源室及弱电综合设备室的照明灯在桥架上方。

危害或影响:设备房照明不足,影响检修作业。

(8)初步设计阶段未充分考虑各车站综合监控系统设备的用电功率,导致给通信设计提供的 UPS 用电偏少

危害或影响:主变电所 FAS 系统未接入 UPS 电源,车站综合监控系统 UPS 备用功率不小,后期改造新增设备无法采用 UPS 供电。

（9）综合监控合同对火灾报警控制的数据接口要求缺少多台主机的联网要求，导致不同品牌间存在不同的理解。

危害或影响：多台火灾报警控制器无法同步联网，数据无法实时同步。

（二）功能需求调整优化

1. 低压动照设备调整优化

机电专业针对照明灯具故障检修问题，提出了将电源变换器与灯具的连接方式从既有线的端子或直接线缆连接的方式改成标准规格、可快速插接的航空插头的方式，将电源变换器更换时间从原来的 30 min 降低至 10 min 内，为机电系统设施设备维保"减员增效"的目标提供了设备级解决思路。同时，针对 400 V 开关柜智能化程度不足的问题，积极协调 A 包建设单位、设计单位以及设备供应商，增加 400 V 开关柜智能低压系统（含硬件及软件）。

（1）运行记录为设备履历台账提供数据基础，故障记录为设备故障修复提供数据支持。

（2）为运营期实现 400 V 低压开关柜智慧运维提供系统支持。

（3）降低对 SCADA 系统的依赖度，实现 400 V 低压开关柜就地级"远控"功能。

为减少设备巡检、检修时间，分别提出并协调各方落实优化照明灯具安装方式，采用增加出入口照明灯具检修吊挂件、备用照明电源装置柜门改为防爆玻璃门、配电箱和配电柜进出线孔洞封堵、轨行区设备安装防侵限及防松脱、统一全线箱柜门锁样式（减少检修时佩带钥匙的数量）等措施。

2. 换乘站车控室布局调整优化

站务专业针对换乘站共用车控室协调问题提前从设计阶段开始介入，从实际使用人员角度对设计进行调整，同时兼顾减少对既有线日常运作的影响，并保留日后一体化运作实现的可能性，完善提出以下优化建议：

（1）安防设备上墙。在原来设计基础上调整监控设备位置及使用支架，使监控设备上墙，为车站值班人员尽可能创造更多的办公台面，同时减少需既有线调整的范围。

（2）话务机整合。仅 12 号线一个标准站车站（行调、环调、乘客调设置一主一备；车站对外及内部电话共 3 台；垂梯直通救援电话 1 台；可视化对讲设备 1 台）就有多达 11 台占用大量工作台面的话务机，既有线站也配有不少于 8 台话务机。通过内部整合机一体化运作后，可减少话务机约 4 台，使用电话支架可释放桌面空间同时提高整洁度。

（3）监控设备满足要求的情况下从简设置。监控设备结合车站办公区域调整至最方便监控位置，同时根据实际需要减少屏幕数量，既确保车站设备设施监控需要，同时解决办公桌面不足的问题。

二、运营管理体系建设

（一）组织架构扁平化，实现公司运作精简高效

在建设期，运营筹备管理人员基于深圳地铁既有线运营期及运营筹备期管理经验进行 12 号线建设管理。积极学习控股股东建设管理经验，融合控股股东运营管理经验，作

为业主方针对 12 号线现场施工问题、设备招采问题、设备安装质量问题，与 A 包建设单位、设计单位、施工单位以及设备供应商进行沟通协调，提出项目公司的解决方案。

公司充分利用市场竞争优势，挖掘各建设单位、设备供应商、社会专业机构等成熟资源，发展、培养长期合作伙伴，构建相对稳定、技术过硬、响应迅速的专业维保团队，在确保运营生产安全的前提下实现维保模式的不断优化和成本的有效降低。

根据 12 号线全自动运行的特点，公司采用中心、班组两层管理架构，生产单位设立生产控制中心、站务中心、乘务中心、车辆设备中心、维修工程中心等五个生产中心。由于地铁系统复杂，专业接口多，技术更新快，维保社会化、专业化已成趋势，需根据行车关键设备维保市场变化情况，积极发展、培育长期合作伙伴，推动维保模式向多元化、合理化方向发展已势在必行。目前实行专业化集中管理的原则，车辆专业负责车辆及车载设备（含通信、信号设备）维护管理，中央综合工班负责控制中心的通信、信号以及 AFC 设备维护管理。

（二）实施"自修+委外"模式策略研究

地铁设施设备维保模式一般按照实施主体的不同，分为自主维保、委外维保和联合维保三种模式，三种维保模式在特定情况下各有利弊，维保模式的选择，必须根据设施设备的专业特点，并结合线网发展阶段和未来规模、企业性质和战略，以及维保现有资源和发展趋势等情况进行综合考量，从而确定相对科学合理的维保模式。综合深圳市十二号线轨道交通有限公司内外部、近远期情况，设施设备维保以委外为主更符合项目公司发展战略，并已具备实现这种战略的基本条件。

1. 必要性分析

（1）改革探索的需要：12 号线 PPP 项目为深圳市轨道交通可持续发展的重要试点项目，项目公司系独立法人、自负盈亏。因此，项目公司必须由原来单纯的建设线路、运营线路向经营线路转变，充分利用各种社会资源和有利条件创新运维模式，在设施设备维保由运营管理型向项目管理型转变上做出有益的探索。

（2）成本管控的需要：设施设备各阶段表现不同，维保规程应随之做出适当调整。因此，各阶段维保作业内容和作业量是有差异的，相应投入的维保人力、物力、财力也应有所不同。只有当维保投入与设备设施各阶段表现相匹配，才能达到有效管控成本的目标。相较而言，委外维保优势明显，能较迅速地达到此项要求。对于市场化程度较高的机电设备维保及劳动密集型的设施设备维保，成本控制效果则更为明显。

（3）队伍建设的需要：项目公司将长期专注经营 12 号线，由于规模有限，必须在组织架构、运维模式、岗位配置、生产管控、业务拓展、绩效管理等方面做出针对性、灵活性和前瞻性设计，建设一支精干高效、一专多能的员工队伍将是必然选择。

2. 可行性分析

（1）符合维保市场发展趋势：科技的快速发展、维保市场规模的急剧扩大，进一步促进了社会分工的细化。委外市场迅速发展，激发各专业工程单位、设备供应商及社会专业维修机构不断深入对地铁设施设备维保的参与，维保市场已呈现社会化、专业化发展趋势。

（2）有广泛的委外经验可供借鉴：目前国内其他地铁公司除车辆及信号等少数系统设备日常维保委外较少外，其他设施设备日常维保委外已很普遍，尤其以机电设备、劳动密集型作业委外为多。委外的实施及管理已比较成熟，就深铁运营而言，设施设备大中（架）修委外及各系统核心设备和部件故障修委外已是通常做法。深铁及其他地铁公司广泛开展的委外实践，已为项目公司实施设施设备委外工作提供充分的借鉴和参考。

（3）队伍建设的需要：深圳地铁经过十几年建设、运营，技术实力雄厚，积累了大量的建安单位、专业厂家、承包商资源和丰富的自主维保、委外维保经验。依托深铁运营及符合条件的各参建单位，通过签订框架保障协议等方式，可有效防范委外实施过程中存在的风险。

3. 技术性分析

（1）技术风险方面：12号线位于经济发达地区，各专业维保资源相对充分，维保市场相对规范。同时，深圳地铁经过十几年建设、运营，技术实力雄厚，积累了许多建安单位、专业厂家和承包商资源和委外维保经验，委外实施不存在技术风险。

（2）安全风险方面：委外维保的技术与质量水平，将直接影响运营生产安全与秩序。截至目前，深铁运营已实现安全运营6 600多天，在长期的设施设备日常自主维保工作中积累了丰富的经验，建立了完备的安全体系、维保制度和工艺流程，已培养出一支安全意识强、管理经验丰富、技术过硬的维保队伍。未来项目公司委外实施与管理将主要由深铁运营调配的维保骨干人员承担，对委外维保的技术、质量、安全管理将参照运营自身管理要求执行，能够确保运营安全。

（3）可控性方面：加强委外管控是实现维保质量与服务要求的重要保证。通过严格招采程序、严核资质和业绩、开展履约评价、建立准入制度等手段，把好入口、严控过程、奖惩分明，使委外承包商能够迅速并持续地满足维保质量、安全、服务等各方面的标准和要求。同时，有意识地开展维保市场培育和优质承包商遴选活动，逐步形成长期、优质、可信赖的合作伙伴队伍。

4. 经济性分析

维保成本中，人力、机具装备、备件为主要成本，在三项主要维保成本控制上，委外维保较自主维保具有如下优势：

（1）技术风险方面：维保成本与设施设备投用后各阶段状态紧密相关，起伏较大。自主维保从机制上难以做到维保力量与各阶段设施设备状态匹配，造成人力、机具装备利用率偏低，成本虚高。而委外维保力量能更好地与各阶段设施设备状态匹配，有效提高人员和机具使用效率，极大降低维保成本。维保市场相对成熟、委外维保有充足的设施设备，此项优势尤为明显。

（2）安全风险方面：地铁许多备件因技术、供应垄断，选择范围和议价空间有限，价格受制于设备厂商。采取自主维修，经常出现部分核心备件价格因垄断而虚高，造成自修综合成本偏高。如采取委外维修，因在前期合同中大部分设备或部件有价格依据，且原合同中有一定的约束条款及市场有多家潜在竞争对手，往往能取得较理想、合理的成本控制。

（3）可控性方面：单线运营规模小，不利于机具装备的充分利用及备件成本的控制。即使与深铁运营建立资源共享制度，由于备件通用性问题，备件成本控制效果亦有限。采取委外为主的维保模式，可减少不必要的机具装备购置，减少或取消非核心备件的储备，进而降低机具装备和备件成本。

5. 维保方案

（1）日常维保：车辆系统（电客车）、信号系统属行车关键设备，因故障时易造成大间隔，对应急抢修要求高，且车辆、信号系统目前日常维保委外案例较少，维保市场小，宜采取自主维保模式。其他设施设备采取委外维保模式。

（2）大中（架）修及更新改造：全部采取委外维修模式。

（三）专业化、属地化集中运作管理

经过近一年的深度调研工作，充分地了解、掌握了其他地铁各专业维保委外范围和方式、承包商资质和业绩要求、维保管理、成本分析、风险管控等内容。专业维修模式统计说明见表4-12-1。

表4-12-1　专业维修模式统计说明

序号	系统名称	日常维护 自主	日常维护 委外	日常维护模式说明	备注
1	车辆系统（以下子系统除外）	√		1.行车关键设备，技术要求高，备件成本高。 2.维保资源不够充分。 3.故障时易造成大间隔，对应急抢险要求高，自维人员可承担抢险任务	
	车门		√	劳动密集型作业，维保资源充分	
	空调		√		
2	信号系统	√		1.行车关键设备，技术要求高，备件成本高。 2.维保资源不够充分。 3.故障时易造成大间隔，对应急抢险要求高，自维人员可承担抢险任务	
3	通信系统		√	1.行车关键设备，技术要求高，备件成本高。 2.维保资源较充分	设备投入使用前至少三个月进场实施（需设备开荒）
4	供电系统		√	1.行车关键设备，技术要求高，备件成本高。 2.故障时易造成大间隔，应急抢险要求高。 3.维保资源较充分	设备投入使用前至少三个月进场实施（需设备开荒）
5	轨道系统		√	1.行车关键设备，道岔备件成本高。 2.劳动密集型作业，维保资源较充分	设备投入使用后实施

续表

序号	系统名称	日常维护 自主	日常维护 委外	日常维护模式说明	备注
6	隧道系统		√	行车关键设施，劳动密集型作业，维保资源较充分	设备投入使用后实施
7	综合监控系统		√	1.安全保障设备，技术要求高。 2.维保资源较充分	设备投入使用后实施
8	防灾报警系统		√	消防设备，国家有资质要求	设备投入使用后实施
9	环境和设备监控系统		√	1.安全保障设备，技术要求高，备件成本高。 2.应急抢险要求较高。 3.维保资源较充分	设备投入使用后实施
10	电力监控系统		√	1.安全保障设备，技术要求高，备件成本高。 2.应急抢险要求较高。 3.维保资源较充分	设备投入使用后实施
11	安防及门禁系统		√	1.服务类设备。 2.故障时不会影响运营安全和基本服务。 3.维保资源较充分	设备投入使用后实施
12	自动售检票系统		√	1.服务类设备，技术要求高，备件成本高。 2.故障时不会影响运营安全和基本服务。 3.有较长期的合作伙伴	设备投入使用前至少三个月进场实施(需设备开荒)
13	通风空调系统		√	1.服务类设备。 2.故障时不会影响运营安全和基本服务。 3.维保资源较充分	设备投入使用前至少三个月进场实施(需设备开荒)
14	给排水系统		√	1.服务类设备。 2.故障时不会影响运营安全和基本服务。 3.维保资源较充分	设备投入使用前至少三个月进场实施(需设备开荒)
15	消防系统（水消防、气消防）		√	消防设备，国家有资质要求	设备投入使用前至少三个月进场实施(需设备开荒)
16	低压配电系统		√	行车关键设备，抢险要求较高，维保资源较充分	设备投入使用前至少三个月进场实施(需设备开荒)

续表

序号	系统名称	日常维护 自主	日常维护 委外	日常维护模式说明	备注
17	动力照明系统		√	1.服务类设备。 2.故障时不会影响运营安全和基本服务。 3.维保资源较充分	设备投入使用前至少三个月进场实施（需设备开荒）
18	电扶梯系统		√	特种设备，国家有资质要求	质保期有维保相关内容，质保期结束后开始实施
19	站台门系统		√	1.安全保障设备。 2.技术要求高，备件成本高。 3.维保市场相对较小	质保期有维保相关内容，质保期结束后开始实施
20	房建系统		√	服务类设施，劳动密集型作业，维保资源较充分	设施投入使用后实施
21	车场智能化系统		√	服务类设备，技术要求高，备件成本高，维保资源较充分	设备投入使用后实施
22	车辆基地检修及检测、监测设备		√	检修类设备，技术要求高，备件成本高	设备投入使用后实施
23	工程车辆		√	施工作业类设备，技术要求高，备件成本高	设备投入使用后实施
24	车辆基地专用机动车辆		√	特种设备，国家有资质要求	设备投入使用后实施

注：上述所列各专业大中（架）修及更新改造拟采取委外维修模式

第 十 三 章
资源共享降本提效

项目公司秉持"资源共享、优势互补、诚实守信、合作共赢"的发展理念，优化配置工程总体资源，降低经营成本，提高生产运营经济效益以及应急处置能力。为了更好地体现"五好"的经营理念，项目公司与深圳地铁签订《深圳12号线公司共享深圳市地铁集团有限公司资源服务协议》，以实现资源共享，降本提效。

一、资源共享的必要性和可行性分析

（一）响应PPP项目投标文件

根据《深圳市轨道交通12号线PPP项目投标文件》第15.9条："深圳市地铁集团有限公司已建立功能强大的、以企业资产管理维护系统为核心的信息化管理系统，包含轨行区施工管理系统和运营统计分析系统等19个子系统。项目公司共享该资源，可有序、高效地开展各项工作，降低经营成本。"对此，为了响应投标文件的要求，项目公司与深圳地铁签订资源共享协议。

（二）利于项目公司生产安全和降低经营成本

深圳地铁经过24年的发展，经验丰富，设备设施齐全，技术和管理底蕴雄厚，已建立可复制的功能强大、运作成熟的资源体系，包括但不限于信息系统、客运服务管理、救援抢险（含消防队）、各专业备品备件、工器具及设备检测等。若项目公司共享地铁集团上述资源，可充分发挥其专业、规模和资源优势，极大利于项目公司生产安全和提升服务质量，并节约经营成本。

1. 利于项目公司生产安全和提升服务质量

以救援抢险为例，地铁集团下辖的运营、建设和设计等单位救援抢险人才、设备、技术资源丰富。其企业消防队已成熟运作将近5年，共配置灭火、防汛、破拆、防护、侦检、救生、排烟送风、发电照明、指挥通信等综合救援类器材装备及地铁列车事故、接触网故障和轨道故障等设备类救援装备共计17类368种5 129件，总价值达6 370万元。配备专业消防队员42人，已成功应对20余起影响运营安全突发事件和外部增援事件，在业内具有较高声誉，被广东省消防救援总队评为"2021年度执勤训练工作先进政府（企事业）专职队"。若共享地铁集团救援资源，可极大提高项目公司救援抢修能力和运营服务质量，为项目公司安全生产保驾护航。

2. 节约项目公司经营成本

经测算，如项目公司共享地铁集团资源，可节约一次性投入费用4 964.77万元，每年维保费用可节约 467.3 万元，具体见表 4-13-1。

表 4-13-1 资源共享项目表

序号	项目	一次性建设投入费用/万元		每年运维费用/万元		备注
		共享	自建	共享	自建	
1	信息系统	645.73	4 285.5	140.7	180	4 285.5 万元为系统设备建设费用；180 万元为人员工资及其他费用
2	客服热线	5	30	12	100	30 万元为系统设备建设费用；100 万元主要为人员工资等费用
3	消防队	0	1 300	60	400	根据广东省《关于进一步规范和加强企业专职消防队建设的实施意见》（粤公意字〔2017〕4 号）要求，运营单位必须建设专职消防队；1 300 万元为购买装备费用；400 万元主要为消防队员工资费用
	合计	650.73	5 615.5	212.7	680	

3. 有利于地铁线顺利开通

若项目公司共享深圳地铁上述资源，可充分发挥其专业、规模和资源优势，有利于项目公司通过初期运营安全评估，为 12 号线顺利开通提供有力保障。

4. 符合 PPP 项目合同约定

根据《深圳市轨道交通 12 号线 PPP 项目合同》第 7.6（b）："如乙方作为项目公司股东依法能够自行建设、生产或者提供的，则项目公司可依法直接与该股东单位签订相关工程的施工、设备、材料、服务等合同，该股东单位应当至少具备相应的资质及同等规模类似业绩，提供符合本合同要求及投标确定的产品、服务。"等有关条款，项目公司与股东方的资源共享进行了相关承诺和约定，签订了资源共享协议，符合项目合同约定。

二、资源共享的内容

项目公司与深圳地铁资源共享内容主要包括信息系统、客服热线、车辆、信号、轨道、供电、救援抢险、专业培训、票价表制作 9 项资源服务内容，具体如下。

（一）信息系统专业

1. 共享内容

信息系统共享内容具体的系统名称及功能需求见表 4-13-2。

表 4-13-2　共享内容系统名称及功能需求

序号	信息系统名称	基本功能需求
1	人力资源系统	需使用人力资源系统的考勤管理、工时管理、请休假管理、人员排班、人事管理、绩效管理等功能模块，以地铁集团既有系统功能为主，包括未来地铁集团扩展的功能
2	安全管理系统	需使用安全管理系统的安全培训、演练方案、危险源管理、动火管理、安全检查管理、临时用电管理、重点监控管理、安保区管理、安全信息月报等功能模块，以地铁集团既有系统功能为主，包括未来地铁集团扩展的功能
3	EAM（企业资产管理系统）系统	需使用 EAM 系统物资计划提报、物资出入库管理、固定资产管理、工单提报及管理等全部功能，满足公司日常生产经营管理活动，以地铁集团既有系统功能为主，包括未来地铁集团扩展的功能
4	邮箱系统	需使用邮箱系统收发邮件便于工作的开展，每位员工邮箱的空间须≥10 G，提供邮件数据安全防护、过滤垃圾邮件、不明链接邮件等功能防护
5	标准文本信息系统	须使用标准文本信息系统提供查询、线上阅览、按需求归类展示、数据统计分析等功能，方便公司员工翻阅技术资料文档
6	轨行区施工作业管理系统	需使用轨行区施工作业管理系统施工作业计划提报、审批、施工作业证申领，揭示板，报表管理、施工请销点等功能，满足公司使用人员的使用需求
7	MAS（移动短信发布系统）系统	需使用 MAS 系统的消息发送功能及统计分析功能，用于日常生产调度等工作
8	乘务管理信息系统	使用乘务管理信息系统基础设置、人力管理、排交路、排班表、备班/叫班、出退勤、统计分析等全部功能模块，满足公司人员使用需求
9	调度运作管理系统（含电子工作票系统）	使用该系统实现调度信息的确认和反馈功能，满足公司人员的使用需求
10	运营前安全确认系统	使用该系统实现各车站、场段、各专业运营安全确认，满足公司人员使用要求
11	运营统计分析系统	1.统计分析系统现有功能全部可以正常使用，具备部门级查看权限。 2.报表数据查看功能，能够查看运营日报、票务类、营运类、车辆类、维护类、能耗类、人事类、安全类、车务类下的全部线路的报表数据（仅限内部分析使用）。 3.数据查询功能，能够查询运营台账下的全部线路的报表数据（仅限内部分析使用）。 4.单个指标查询功能，能够自定义查询特定指标数据（仅限内部分析使用）。 5.只限查看 12 号线报表，数据和指标查询也应该只限于 12 号线，并且报表的填报不得影响地铁集团线路

续表

序号	信息系统名称	基本功能需求
12	安全防护系统（含防病毒软件）	需使用安全防护系统的病毒库和防病毒软件等一些安全防护系统，确保项目公司设备安全可靠运行，采购数量约为650个终端授权
13	互联网资源	使用互联网资源以及账号权限分配等功能，共享使用带宽为200 M
14	电子表单系统	应有电子表单系统的子管理员权限，深圳市十二号线轨道交通有限公司员工可以使用该系统平台提供的所有基本功能，能使用子管理员数量、附件上传量、总数据量、数据工厂、智能助手等资源，以减轻深圳市十二号线轨道交通有限公司基层员工负担，贯彻节能减排，绿色低碳环保理念，实现无纸化办公，同时实现管理提升，便于精准决策
15	精准气象服务系统	面向12号线所辖区域（车站、车辆段、停车场、主变电所）提供地铁精准气象服务，精准掌握好气象灾害监测预警信息，有效保障汛期运营生产安全，提供精准的气象监测、预报、预警、决策分析等服务

2. 共享机制

信息系统专业共享内容需长期共享（7天24小时持续稳定提供资源共享服务，计划停机检修除外）。在已共享资源的前提下，地铁集团根据管理制度规定满足公司信息系统资源使用需求，确保每个信息系统的使用人的账号密码正常登录使用。

地铁集团提供包括人力资源系统、安全管理系统、EAM系统、邮箱系统、标准文本信息系统、施工作业管理系统、MAS系统、乘务信息管理系统、调度运作管理系统、运营前安全确认系统、运营统计分析系统、防病毒管理系统、电子表单系统等应用系统服务及其日常技术支持、系统运维、故障应急处理、系统升级等。

（二）客服热线专业

1. 共享内容

项目公司共享地铁集团客服热线处理平台，便于乘客反馈项目公司的服务质量和问题，包括但不限于咨询、建议、表扬、投诉等。

2. 共享机制

（1）客服热线业务需建立长期共享机制，由项目公司指定专人与深圳地铁管理中心对接，负责处理市民乘客向客服热线处理平台反馈项目公司的相关服务质量和问题。

（2）深圳地铁管理中心统一受理市民乘客向客服热线处理平台反馈咨询、建议、表扬、投诉等。

（3）市民乘客致电热线咨询项目公司相关信息时，由地铁集团管理中心热线值班员直接答复乘客，如不能及时答复，则录入EAM系统。市民乘客反映关于项目公司的建议、表扬、投诉，由地铁集团管理中心统一录入EAM管理系统。

（4）项目公司指定专人定期登录EAM系统，查看客运服务单，按要求时限进行关闭，严格按照地铁集团相关管理制度要求开展客服热线业务处理工作，有时间期限要求的，须及时向市民或乘客回复涉及项目公司的咨询、建议、表扬、投诉等。

（三）车辆专业

1. 共享内容

主要共享内容为车辆专业周转件的维修、测试服务，包括电客车、工程车阀件、单元制动器、压力开关的维修、测试、检测服务，具体清单见表4-13-3。

表4-13-3　车辆共享部件清单

序号	专业	周转件	数量（单台次）	台次	小计	备注
1	工程车	单元制动器	8个	5	40	
2		JZ-7阀	1套	2	2	
3		120阀	1套	6	6	
4		DK-2阀	1个	2	2	
5		安全阀	2	4	8	
6	电客车	安全阀	4个	56	224	
7		溢流阀	6个	56	336	
8		减压阀	6个	56	336	
9		压力开关	10个	56	560	

2. 共享周期

车辆专业周转件项目均为长期共享，具体使用车辆共享周期见表4-13-4。

表4-13-4　车辆共享周期表

序号	周转件	台次/套次	维修/检测周期
1	单元制动器	5	每5年维修一次，按计划在第五年开展5套次的维修、检测
2	JZ-7阀	2	每1年维修一次，按计划在第1年开展2套次的维修、检测
3	120阀	6	每1年维修一次，按计划在第1年开展6套次的维修、检测
4	DK-2阀	2	每1年维修一次，按计划在第1年开展2套次的维修、检测
5	安全阀	4	每1年检测一次，按计划在第1年开展8个的检测
6	电客车安全阀	56	每3年检测一次，按计划在第3年开展224个的检测
7	电客车溢流阀	56	每3年检测一次，按计划在第3年开展336个的检测
8	电客车减压阀	56	每3年检测一次，按计划在第3年开展336个的检测
9	电客车压力开关	56	每3年检测一次，按计划在第3年开展560个的检测

3. 共享机制

项目公司在每年9月中旬前，以工联单的形式发送至深圳地铁提交下两年度的周转件检修计划，由深圳地铁负责统筹安排下一年度的周转件的检修计划。

项目公司在每月20日前根据上一年度提报的周转件检修计划，以内部邮件方式发送至深圳地铁，同时电话告知地铁集团做好检修计划安排。

深圳地铁各相关单位完成周转件检修后，以内部邮件方式发送至项目公司，同时电话告知做好接收准备。

深圳地铁负责周转件的备件的储备，采购回来的新件，统一由深圳地铁校验合格后，由项目公司当作周转件备用。

(四)信号专业

1. 共享内容

信号共享部件清单见表 4-13-5。

表 4-13-5　信号共享部件清单

序号	名称	设备参数
1	应用服务器	品牌：惠普。 型号：HP DL580
2	ATS 分机	品牌：惠普。 型号：HP DL380
3	通信前置机	品牌：研祥。 型号：研祥 IPC-820JY
4	应答器传输控制单元 BTM	品牌：思诺。 型号：Y.BTM
5	车载 ATP 主机板组	品牌：交控。 型号：TCT
6	车载 ATP 通信控制器（记录）板-板组	品牌：交控。 型号：TCT
7	ZC 测试台	品牌：交控
8	联锁测试台	品牌：交控
9	应答器报文读写器	品牌：思诺
10	车载设备 ATP/ATO 综合测试台	品牌：交控
11	内燃钢轨钻孔机	品牌：科安达

2. 共享机制

工器具、设备仪器、备品备件需建立长期共享服务。

项目公司每年 10 月中旬前以工联单的形式向地铁集团相关部门提报下一年度的工器具、设备仪器和备品备件的需求计划，地铁集团需核对库存数量能否满足项目公司的需求，针对所需设备仪器应告知下年的送检时间。

在非应急情况下，项目公司提前一周与地铁集团管辖车间联系，取得同意后安排专人前往管辖车间办理借用手续。

在应急情况下，项目公司与地铁集团管辖车间沟通确认后，派专人前往存放地点领用，并填写相应借用单据，工器具、设备仪器和备品备件使用完毕后应在借用期内及时归还。

项目公司借用备品备件需在 1 个月内归还，续借需提前 1 周征得对方同意。

使用费每年结算一次，每年 11 月 25 日前完成借用单据的统计工作，经双方部门经理签字确认并盖公章后，交由财务部根据结算流程进行结算。

(五)轨道专业

1. 共享内容

轨道共享部件清单见表 4-13-6。

表 4-13-6　轨道共享部件清单

序号	名称	设备参数
1	双轨式钢轨超声波探伤仪（电动力）	1.型号：RISE-02。 2.若型号不一致，技术条件须满足 TJ/GW 157-2017《双轨式钢轨超声波探伤仪暂行技术条件》的要求
2	钢轨波磨测量仪	1.型号：BiCAT。 2.随设备配置 Windows7 操作系统的工业电脑，运行内存不小于 2 G，与主机采用 Wi-Fi 或蓝牙无线连接，实时存储测量数据，连续工作时间≥5 h。 3.测量结果能够以图形或表格形式输出打印，针对波纹磨耗情况提供具体打磨建议。 4.若型号不一致需满足同等技术条件，并为双轨式（14、16 号线），能够同时对两股钢轨进行测量
3	组合式推瘤机	1.品牌：PANDROL。 2.型号：带独立液压动力站（EGH2）
4	铝热焊机具（组套）	1.品牌：法国拉伊台克。 2.型号：CR57。 3.包含热处理、燃烧装置，坩埚、支架等配件。 4.包含焊剂、封泥、高温火柴、氧气、液化石油气等耗材
5	轨道动态检测服务	1.车辆编号：W105、W603、W1105。 2.能准确测量左（右）高低、水平及曲线超高、轨距、左（右）轨向、三角坑、曲率、车体垂直、横向加速度、运行速度、走行距离等轨道几何参数。 3.数据处理系统具有对当前和历史检测数据实时连续对比分析功能。能自动生成并由人工发出指令随时打印如下中文报表：轨道几何超限报告、TQI（轨道质量指数）报告、曲线报告、公里小结报告、区段汇总报告。 4.检测里程精确定位系统：采用射频技术实现里程精确定位，同时各检测系统之间能做到里程同步，定位误差≤1 m。 5.配备轨检车操作员，配备牵引机车牵引和牵引机车司机
6	高锰钢辙叉	1.适用于 60 kg/m 钢轨 9 号曲尖轨单开道岔。 2.厂家品牌：宝桥。 3.图号： （1）4/12/DO1/S/L00/G00/QT/041006/A。 （2）4/12/DO1/S/L00/G00/QT/041006/A。 4.若图号不一致，须与相应技术标准一致

2. 共享周期

轨道项目根据运营实际情况，均需建立长期共享机制，具体使用频次如下：

（1）双轨式钢轨超声波探伤仪（电动力）。使用频次：1次/季度，每次使用10天（5个作业点）；使用月份：计划每年1、4、7、10月份上旬使用。在计划使用的月份内不可连续使用，同时项目线公司采取作业计划调整及优化等措施，实际使用时可适当缩短使用天数。

（2）钢轨波磨测量仪。使用频次：2次/年，计划每次使用30天（16个作业点），项目公司采取作业计划调整及优化等措施，实际使用时可适当缩短使用天数。使用月份：计划每年6月、12月上旬使用。

（3）组合式推瘤机、铝热焊设备（含所有配件及耗材），主要用于应急及实操培训使用，应急使用计划每次连续使用2天（2个作业点）；实操培训使用频次：1次/年。计划每年5月使用，连续使用2天；

（4）轨道动态检测服务。使用频次：1次/季度，每次连续使用2天（1个作业点），不含转线时间，计划每年3月、6月、9月、12月中下旬使用。

（5）高锰钢辙叉，项目公司存在备件不足的情况下紧急情况使用。

3. 共享机制

（1）双轨式探伤仪检测每次使用前，项目公司维修中心工建项目组提前2个月以工联单的方式向地铁集团相关部门提报作业计划。深圳地铁在接到工联单后，需在工联单内直接回复或在10个工作日内另以工联单的形式回复具体共享使用时间，使用前、后48小时内在接收地完成交接手续。

（2）钢轨波磨测量仪检测每次使用前，项目公司维修中心工建项目组提前2个月以工联单的方式向深圳地铁相关部门提报作业计划。深圳地铁在接到工联单后，需在工联单内直接回复或在10个工作日内另以工联单的形式回复具体共享使用时间，使用前、后48小时内在接收地完成交接手续。

（3）轨道动态检测每次服务前项目维修中心工建项目组提前2个月以工联单的方式向深圳地铁相关部门提报作业计划，深圳地铁在接到工联单后，需在工联单内直接回复或在10个工作日内另以工联单的形式回复具体共享使用时间，由深圳地铁提前1个月报行车转线计划。检测全过程由深圳地铁完成，并于检测完毕后2个工作日内提供检测报告。

（4）铝热焊设备（含所有配件）、组合式推瘤机使用，应急使用以实际使用次数为准。提前一天与深铁运营设备管辖车间联系，使用前、后24小时内在接收地完成交接手续。实操培训使用提前2个月以工联单的方式向深铁运营提报使用计划。深铁运营在接到工联单后，需在工联单内直接回复或在15个工作日内另以工联单的形式回复具体共享使用时间，使用前、后48小时内在接收地完成交接手续。

（5）高锰钢辙叉在项目公司备件不足的紧急情况下使用，提前1个月提报行车转线计划，由项目公司提供牵引机车及平板吊车进行高锰钢辙叉转运，转运前48小时内，双方在设备存放地确认设备状态符合质量要求，转运后48小时内在接收地办理交接手续。

（六）供电专业

1. 共享内容

供电共享清单见表 4-13-7。

表 4-13-7　供电共享部件清单

序号	名称	设备参数	存放地点
1	SF6 气体回收车	1.工作电压：220～240 V，50/60 Hz。 2.标准设备：2 个无油压缩机（2 m³/h，最终压力 5 MPa，抽空后的最终压力＜5 kPa）。 3.真空泵 16 m³/h（2 进程，最终真空度＜500 Pa）。 4.配备干燥除尘过滤、减压器、显示表、SF6 气瓶连接器。 5.每端带 DN8 接头的 5 m 长软管。 6.带手推车的小型可液态存储的维护车。 7.内置 SF6 瓶称重装置。 8.配套 SF6 气体重充气工具。 9.配中英文操作手册。 10.配置满足设备仪器操作需求的人员	3 号线横岗车辆段 1 套
2	交流工频耐压测试仪	1.用途：电气设备绝缘耐压。 2.技术要求：用于 35 kV 变压器、开关柜耐压。阻抗电压：4.5%～8%。输出电压波形：正弦波；空载损耗：0.2%～0.35%。允许连续运行时间：额定容量长时间运行。输入电压：AC 220 V、输出电压≥75 kV、容量满足容量 2 000 kVA/5 000 kVA 的 35 kV 变压器及 35 kV GIS 开关柜耐压试验，体积小、质量轻，单体变压器≤30 kg。 3.附件满足现场使用。 4.配置满足设备仪器操作需求的人员	1 号线竹子林车辆段 1 套； 11 号线松岗车辆段 2 套
3	移动式交流工频耐压装置	1.变频串联谐振总容量 1 400 kV·A，输出电压 54 kV/108 kV，能满足 10 km 240 mm² 交联聚乙烯电缆交接 52 kV，60 min 的变频交流耐压试验要求。电抗器要求干式电抗器分 16 节设置，要求干式励磁变压器分两台设置。操作步骤简单、便于携带。 2.配置满足设备仪器操作需求的人员	
4	电缆分接器	1.适应电缆规格 50～630 mm²，电缆内锥采用 size3#、额定电压 35 kV、最高工作电压 40.5 kV、额定电流 1 000 A、工频耐压为 117 kV/5 min。 2.配置满足设备仪器操作需求的人员	1 号线前海车辆段 1 套； 11 号线松岗车辆段 1 套
5	电缆故障定位系统	1.输出：0～32 kV（对地负的）。耐压（燃烧）：0～32 kV 时 35 mA，0～16 kV 时 65 mA。16（32）kV，1 500 J 能量输出。分辨率：5 mA。两个电源范围：108～132 V AC/208～265 V AC，交流 47～63 Hz。防护等级：IP64。尺寸：965 mm×536 mm×503 mm，需原版说明书完整中文翻译。 2.配置满足设备仪器操作需求的人员	1 号线前海车辆段 1 套

2. 共享周期

变电项目均为应急抢险共享。

3. 共享机制

当发生故障或其他紧急情况需借用工器具设备仪器时,项目公司与深圳地铁工器具、设备仪器管辖车间沟通确认后,派专人前往存放地点领用,并填写相应借用单据(自行编制),工器具、设备仪器使用完毕后应在次日 18:00 前归还。

(七)救援抢险专业

1. 共享内容

(1)深圳地铁企业消防队或各专业队伍抢险工器具、救援车辆。保证深圳地铁企业消防队在开展抢险时能使用全部器材装备。

(2)深圳地铁企业消防队作为专职救援队,负责工作职责内抢险救援方案的制定、实施,抢险救援方案的采纳与否则由项目公司现场指挥官决定。深圳地铁企业消防队或各专业队伍同时承担抢险救援现场前沿指挥,有序、安全、高效地实行救援工作,协助项目公司对接市属等外部救援力量,引导和配合其开展抢险救灾。

(3)承担项目公司管辖范围内各类公共事件的综合性应急处置工作。具体包括如下:

① 指导项目公司各级志愿消防队伍开展初期火灾扑救。

② 参与项目公司管辖范围内各类影响运营、行车及人身安全的火险、汛险、公共安全事件、自然灾害等事故事件的应急处置、抢险救援和救助工作。

(4)承担项目公司管辖范围内各类中断行车的突发事故事件(设备机械类)的现场处置、创造恢复通车条件。具体包括如下:

① 车辆类重大事故:参与地铁车辆因故造成掉道、脱轨、颠覆等事故后的复轨、复通救援,以及列车轮轴固死故障架设轮对故障走行器救援。

② 弓网类重大事故:参与大型弓网故障的应急救援及紧急临时复通工作。

③ 轨道类重大事故:参与中断运营的轨道故障救援及紧急临时复通工作。

④ 隧道类重大险情:参与隧道被外界打穿后的破拆、清障、救援等险情。

(5)参与指导项目公司准军事化训练、火灾现场处置培训及大型故障演练,协助项目公司开展市属外单位综合性应急演练工作。

2. 共享周期

应急抢险专业资源共享需地铁集团提供 7 天 24 小时全天候服务。

3. 共享机制

(1)正常情况下抢险人员、各专业人员及车辆应在接到救援任务后立即出动。

(2)出动命令以深圳市十二号线轨道交通有限公司 OCC 通知、地铁集团总值班室或指定接口人通知为准。

(3)提供服务过程中员工的行为必须符合安全操作规范保障安全。

（八）专业培训

1. 共享内容

共享深圳地铁各专业的讲师，为项目公司员工提供培训，提高项目公司员工的业务技能、专业知识等方面的水平。

2. 共享周期

专业培训资源共享周期需深圳地铁根据项目公司需求计划提供培训服务。

3. 共享机制

（1）项目公司提前7个工作日以工联单的形式向深圳地铁提报培训计划。

（2）深圳地铁收到工联单后，安排相应资质的讲师做好备课准备。

（3）根据项目公司的培训计划，深圳地铁讲师按时到指定地点为项目公司人员进行培训。

（九）票价表制作服务

1. 共享内容

由深圳地铁提供12号线一期开通初期运营前线网票价表制作、校对、配合测试服务，向项目公司提供线网新票价表。

票务共享部件清单见表4-13-8。

表4-13-8 票务共享部件清单

序号	名称	共享票价表制作服务内容
1	数据采集和导入	地铁集团制定标准的数据采集格式，按照技术要求收集票价表制作参数，校核后导入系统
2	线网票价表制作与校正	地铁集团对软件输出的线网票价表准确性进行测试和验证
3	内部组织确认	地铁集团组织相关业务部门、各运营商共同确认票价表准确性
4	票价表相关文件	地铁集团制作票价表相关文件： （1）普通车厢票价表Excel。 （2）商务车厢票价表Excel。 （3）票价表制作说明
5	系统发布测试	线网票务系统上传票价表配合测试验证； 票价系统对外发布衔接
6	票价规则对外解释答疑	地铁集团对线网线路票价规则及乘客疑问OD点票价进行解答

2. 共享周期

票价表制作为一次性共享服务。

3. 共享机制

（1）项目公司指定专人与深圳地铁战略部对接，以工联单方式向深圳地铁提供12号线站间距、列车区间运行时分、换乘站走行时间等票价表制作所需参数，审核深圳地铁制作输出的普通车厢票价表、商务车厢票价表，并向深圳地铁反馈涉及 12 号线所有 OD 点票价的审核结果。

（2）深圳地铁负责编制符合要求的线网新票价表相关文件。

第 十四 章
委外项目运作管理

一、设备维保委外项目管理概况

（一）行业现状

目前地铁设备设施委外维保已成发展趋势。经广泛了解和实地调研，因行业规模快速扩张和科技快速发展，目前地铁维保市场急剧扩大促进了社会分工的细化，激发各专业工程单位、设备供应商及社会专业维修机构对地铁设施设备维保的参与不断深入。维保市场已呈现社会化、专业化发展趋势，从而最终促使委外维保相比自主维保更具经济性和专业性。

据业内不完全统计，近两年来，国内各地铁线路专业委外维保呈急剧上升趋势，随机选取国内上海、广州、成都等 10 个城市 58 条线路重点 9 个专业进行统计，已知确定委外维保模式至少占 43.7%，其中两年内新增委外维保占 49.12%，涉及 PPP 模式的 8 条线路委外维保占比 61.1%，委外维保程度较高的轨道、隧道、AFC、机电专业比例甚至达到 78%。另外成都、南宁等个别近期开通线路已采用完全委外维保模式或基本全委外维保（除车辆专业）模式，采用委外维保的趋势逐渐增强。

（二）号线委外介绍

为充分响应《深圳市轨道交通 12 号线 PPP 项目》投标文件所涉及的设施设备运行维护及管理相关条款，总体按照自主维保和委外维保相结合原则开展。设备设施维保基于项目公司定位、运营规模、委外维保发展及维保市场资源等情况，以"提高运营安全及效率、促进线路维修资源高效配置、降低整体维护成本"为导向，以"设备安全稳定运行"为目标的总体思路进行设计规划，12 号线各专业运维策略见表 4-14-1。

表 4-14-1　12 号线各专业运维策略汇总

序号	系统名称	策略		备注
		自主	委外	
设备设施维保类				
1	地铁列车系统	√	√	
2	通信系统	√	√	
3	信号系统	√	√	
4	综合监控系统	√	√	
5	安防及门禁系统	√	√	

续表

序号	系统名称	策略 自主	策略 委外	备注
设备设施维保类				
6	自动售检票系统（AFC）		√	
7	供电系统		√	
8	通风空调系统		√	
9	低压配电及动力照明系统		√	
10	给排水及消防系统		√	
11	电扶梯系统		√	
12	站台门系统		√	
13	轨道系统		√	
14	隧道系统		√	
15	房建系统		√	
16	车场智能化系统		√	
17	防灾报警系统（FAS）	√	√	
18	环境和设备监控系统（BAS）	√	√	
19	电力监控系统（SCADA）	√	√	
20	车辆基地检修及检测、监测设备	√		
21	工程车辆	√		
22	车辆基地专用机动车辆	√		
23	特种设备		√	
24	人防设施设备		√	
25	车站安检设备		√	

（三）委外项目管理目的

为实现全面提升委外项目管理水平，科学高效地推进项目管理体系建设，提升项目管理能力，搭建项目管理人才培养平台，促进项目管理的科学化、制度化、规范化，在确保运营安全的同时，实现管理效益最大化的目标，需探索建立一套可执行、可持续的委外项目管理体系。

（四）委外项目管理建设思路

意外项目管理建设思路如图4-14-1所示。

（五）委外项目管理体系建设

项目管理体系以各项目管理组为责任主体，由项目管理相关业务人员支持协作，确保项目管理运作顺畅。根据委外项目属性分为设备维保、物业管理、车站服务三大类。

图 4-14-1　委外项目管理建设思路

1. 设备维保类

由具体项目管理组承担责任主体，运维管理部门施工配合人员、综合技术人员、厂调，以及行车客运部门站务、调度人员根据分工予以支持协作，如图 4-14-2 所示。

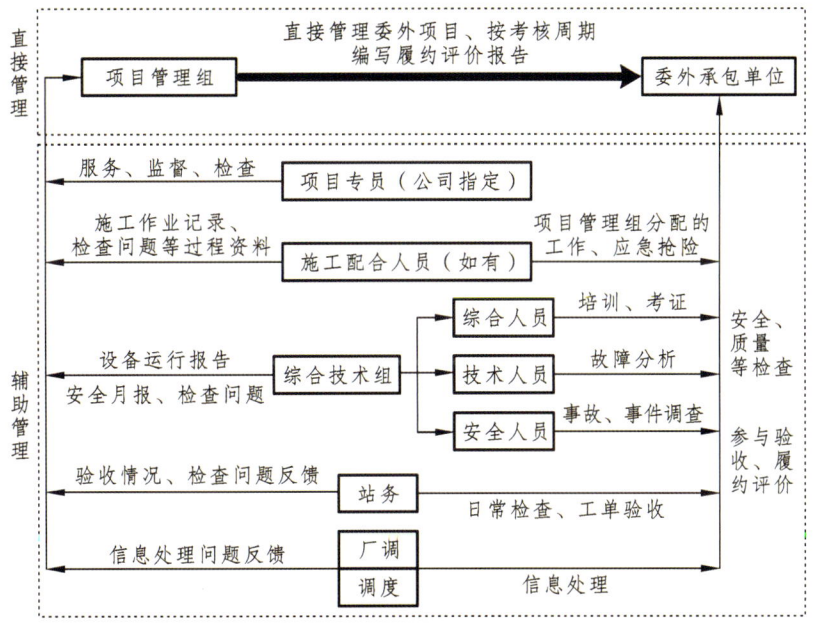

图 4-14-2　设备维保类管理体系运作

2. 物业管理类

由项目公司后勤物业组承担责任主体，运维管理部门委外管理人员、场段管理人员等根据分工予以支持协作，如图 4-14-3 所示。

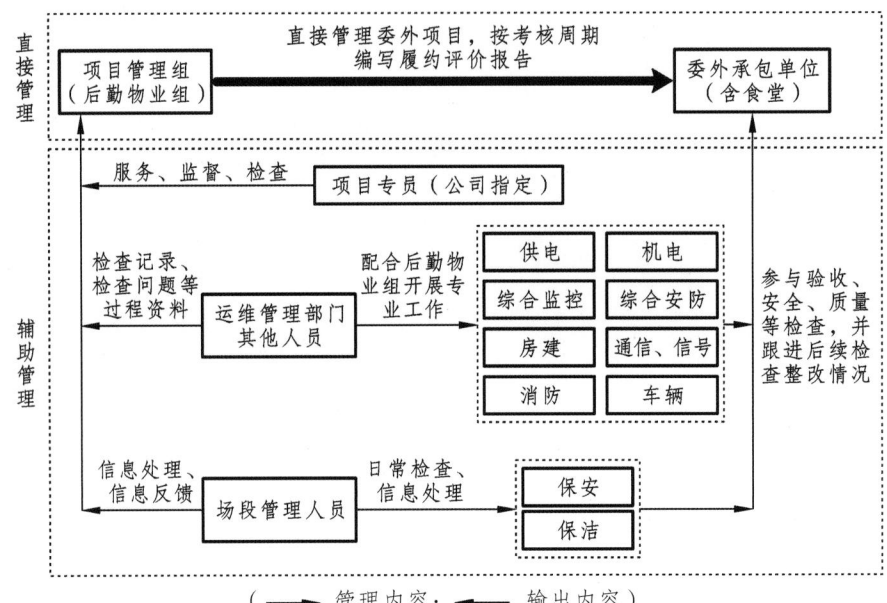

图 4-14-3　物业管理类管理体系运作图

3. 车站服务类

由行车客运部门乘客服务组承担责任主体，运维管理部门委外管理人员，行车客运部门站务、乘务人员等根据分工予以支持协作，如图 4-14-4 所示。

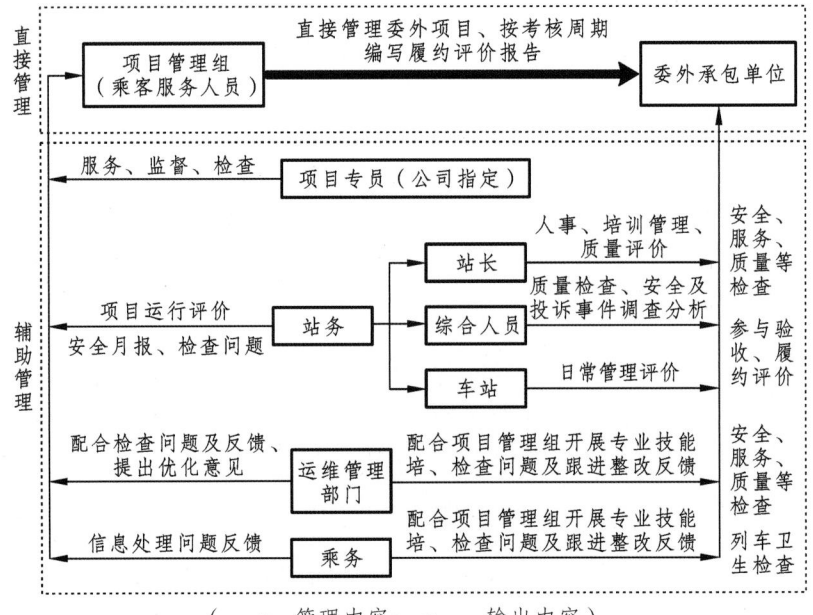

图 4-14-4　车站服务类管理体系运作

（六）委外项目管理内容

1. 项目管理组建设与职责

（1）项目管理组设置。

① 原则上以订立合同为单位，公司建立相应业务项目管理组，根据合同规模、难易程度等因素配置一名项目经理和若干项目副经理、项目成员。每个项目管理组人数原则上为3~6人，个别合同金额大、专业多、管理难度大的项目，可适当增加管理组人数，最多不超过8人。

② 同一项目（副）经理可同时负责多个委外专业。

③ 项目成员可同时参与多个委外项目。

④ 各项目管理组实行项目经理责任制。

（2）项目管理组职责。

① 负责委外项目招标采购工作。

② 负责委外维保项目日常管理工作，包括人事、计划、安全、质量、物资、培训等。

③ 负责委外维保项目承包商履约评价工作。

④ 利用数字信息化技术，丰富项目管理手段。

⑤ 借鉴同行业委外项目管理经验，提高项目管理水平。

⑥ 深度参与公司涉及项目管理体系建设，包括激励、奖惩、培训、考核等工作，提出优化建议。

⑦ 不断优化完善委外项目的招标文件通用、专业条款要求，并在相应项目招标文件予以运用。

⑧ 规范项目管理台账、资料的建立、存放、移交等管理要求。

（3）项目经理权责。

① 项目经理作为项目管理组负责人，主要负责项目管理"三控三管一协调"工作，即成本和预算控制、进度控制、质量控制、安全管理、信息管理、合同管理以及全面组织协调等，对项目实施全面管控。

② 项目经理对委外维保项目各生产要素有统一组织、指挥、管理权，生产要素包括委外维保项目的人员、机械或器具、物资、标准与制度、环境等。对项目承包单位合同范围内的违约罚款具有决定权，但开单现场至少有公司其他人员在场，且需向公司有关部门报备。

③ 项目经理有权根据项目的实际情况，对项目承包单位制订具体的管理要求和措施。项目经理在项目验工计价中作为负责人享有签字权，对所负责项目副经理有任用建议权，对项目其他成员有任用权，对所负责项目成员有考核权。

2. 项目管理内容

项目管理内容主要为"三控三管一协调"工作，即成本和预算控制、进度控制、质量控制，安全管理、信息管理、合同管理，以及全面组织协调等，如图4-14-5所示。项目管理组对项目实施全面管控，确保运营安全，并实现管理效益最大化的目标。

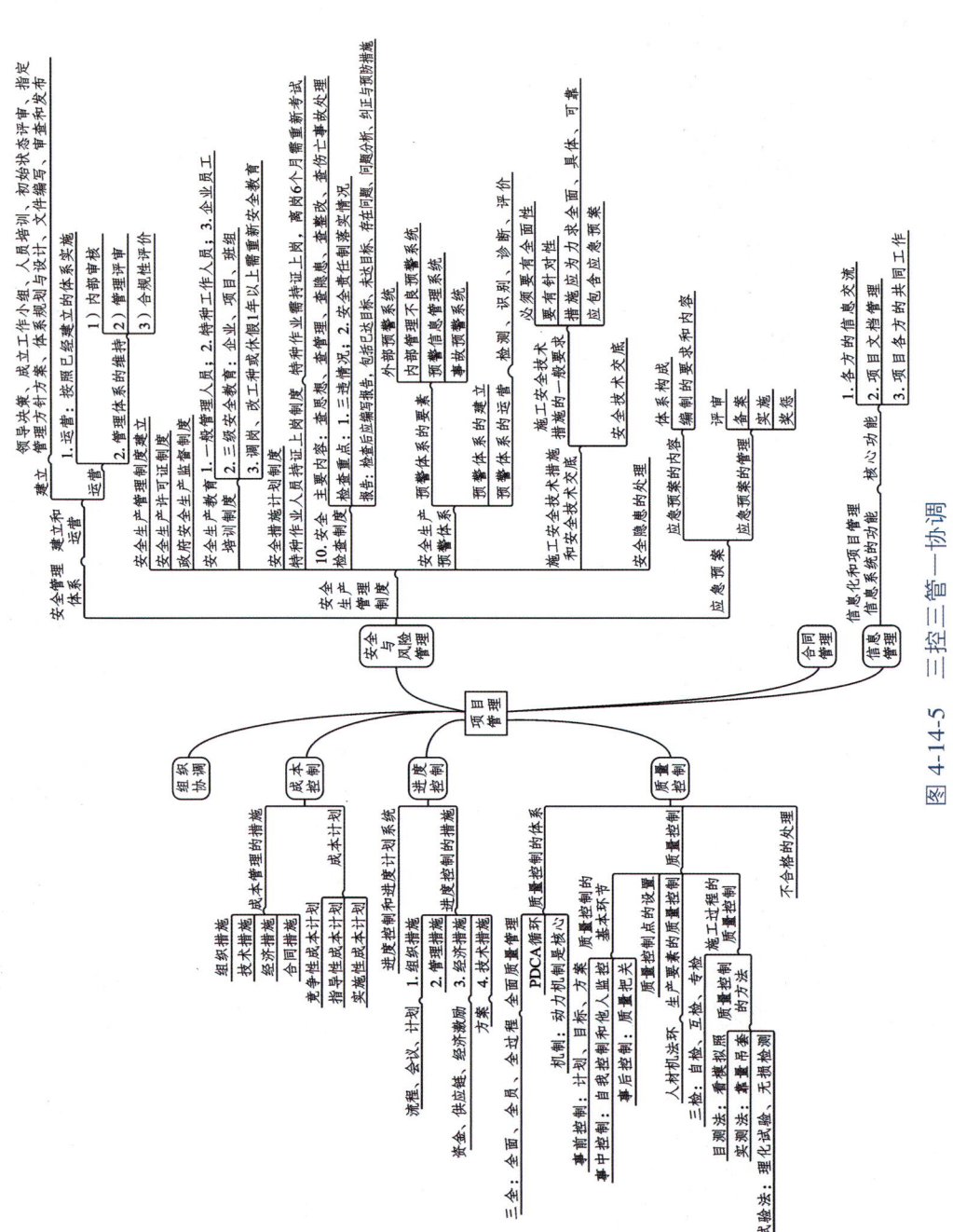

图 4-14-5 三控三管一协调

（七）评价与考核

1. 承包商综合评分

（1）综合评分。

每季度对承包商进行一次综合评分。综合评分包含季度考核评分和季度履约评价两部分。

季度考核评分由项目管理组从设备管理、生产管理、安全管理、服务表现四个方面对承包商进行考核评分。季度履约评价由验收小组在验收通过后进行履约评分。综合评分=季度考核评分×80%+季度履约评价×20%。而季度考核评分分为目标考核和日常考核两部分。

（2）目标考核。

承包商管理目标考核具体内容见表 4-14-2。

表 4-14-2　承包商管理目标考核

序号	类别	指标名称	考核标准	备注
1	安全管理	重伤及以上事故	发生一次扣 20 分	
2		五级及以上安全责任事件及三级以上服务责任事件	发生一次扣 20 分	
3		责任正线运营晚点事件（时间≥30 min）	发生一次扣 20 分	
4		火灾责任事故	发生一次扣 40 分	
5		工伤事件	发生一次扣 15 分	
6		有责火警事件	超出指标，每超出一次扣 10 分	因承包商自身维保原因导致的，被业主单位通报的
7	生产管理	设备故障修复率	超出指标，扣 5 分	
8		轨行区施工计划工时利用	超出指标，扣 5 分	
9		轨行区施工计划兑现率	超出指标，扣 5 分	
10		检修计划兑现率	超出指标，扣 5 分	
11		检修计划完成率	超出指标，扣 10 分	
12		故障修复时间	超出指标，每超出一次扣 5 分	因建设供应商备品备件长时间未到货的或属建设期遗留问题除外
13	应急抢修管理	响应速度	每超出一次扣 10 分	
14			每超出一次扣 10 分	
15		临时处理速度	每超出一次扣 5 分	
16			每超出一次扣 5 分	
17		故障修复速度	每超出一次扣 5 分	
18	服务管理	有责投诉	超出指标，每超出一次扣 5 分	

（年度目标按季度分解）

（3）日常考核。

承包商管理日常考核具体内容见表 4-14-3。

表 4-14-3　承包商管理日常考核

序号	考核项目	考核内容	考核标准	备注
1	设备管理	未按业主要求建立设备台账或设备台账信息有错误缺失，且屡次整改仍不合格的	整改超过 3 次的，每多一次扣 0.5 分	
2		设备检修完成后，仍发生故障，检查属于检修不到位的	每发生一次扣 0.5 分	
3		未按业主要求建立设备履历表或设备履历表填写错误，且屡次整改仍不合格的	整改超过 3 次的，每多一次扣 0.5 分	
4		未按业主要求粘贴设备责任牌或责任牌内容有误，且屡次整改仍不合格的	整改超过 3 次的，每多一次扣 0.5 分	
5		设备或设备所在房间 6S 不符合业主要求，且屡次整改仍不合格的	整改超过 3 次的，每多一次扣 0.5 分	
6	生产管理	当班人员未按要求上下班，出现迟到早退的现象	发生一次扣 0.5 分	
7		当班人员未按照规定正确交接班，且屡次整改仍不合格的	整改超过 3 次的，每多一次扣 0.5 分	
8		当班人员当班期间从事与工作无关的事情	发生一次扣 0.5 分	
9		办公场所、工班驻点环境未到达 6S 要求的，且屡次整改仍不合格的	整改超过 3 次的，每多一次扣 0.5 分	
10		调整计划未按要求上报业主审批	发生一次扣 1 分	
11		在没有提前申请或无其他特殊原因下，导致维护作业未按时完成	发生一次扣 0.5 分	
12		计划作业超期或存在漏检漏修情况	发现一次扣 2 分	
13		设备检修不合格，仍操作设备运行，导致设备故障的	发生一项扣 5 分	
14		发现故障或缺陷未及时上报、上报流程不正确、故障处理结果没有按时反馈、故障无记录	发现一次扣 1 分	
15		故障接报无人受理；由于承包商通信不畅，造成信息未能及时传达，导致故障处理延误	发现一次扣 1 分	
16		通过故障分析等未对设备事故做出正确判断，采取有效措施，导致故障重复发生一月内累计大于等于 3 次的	发现一次扣 2 分	
17		对于已发生的故障，未采取必要措施或处理不当，导致故障扩大的	发现一次扣 2 分	
18		应急物资未及时补充，且屡次整改仍不合格的	整改超过 3 次的，每多一次扣 1 分	
19		废旧物资未及时收回管理，且屡次整改仍不合格的	整改超过 3 次的，每多一次扣 1 分	

续表

序号	考核项目	考核内容	考核标准	备注
20	生产管理	未及时送检到期工器具、设备等	发现一次扣1分	
21		未按业主要求管理物资，建立物资台账、入库出库记录等，且屡次整改仍不合格的	整改超过3次的，每多一次扣0.5分	
22		检修记录表内容填写不规范、不真实的，且屡次整改仍不合格的	整改超过3次的，每多一次扣0.5分	
23		机电综合监控设备巡查不到位，导致设备、线路故障或存在安全隐患	发现一次扣0.5分	
24		未根据业主要求参加或组织的各类培训和考核，且屡次整改仍不合格的	整改超过3次的，每多一次扣1分	
25		值班人员当班期间违反业主单位劳动纪律	发现一人次扣1分	
26		值班人员未正确穿戴劳动保护用品	发现一人次扣0.5分	
27		未按规定组织、参加演练工作，组织进行应急演练过程中未按规定进行响应的	发生一次扣2分	
28		人员无故缺岗	发生一次扣1分	
29		机电及综合监控系统的技术资料配置未达到业主要求，且屡次整改仍不合格的	整改超过3次的，每多一次扣0.5分	
30	安全管理	未按规定办理作业手续，擅自进入轨道行车区域	发生一次扣10分	
31		承包商责任造成运营延误15 min≤t<30 min的设备设施故障	发生一次扣15分	
32		承包商造成运营延误小于15 min的设备设施故障	发生一次扣10分	
33		施工结束后，遗留工器具或工程垃圾于轨道行车区域	发生一次扣2分	
34		施工人员夜间在区间施工时，没有按规定穿着和放置（荧光背心、作业指示灯），做好自身防护	发生一人次2分	
35		未按照行车管理规定，及时注销作业票、作业完成超时	发生一次扣5分	
36		误碰或擅自动用施工区域内的紧急设备设施	发生一次扣2分	
37		未经允许，擅自开启站台门或端头门	发生一次扣5分	
38		存储、使用易燃易爆器材时，未按要求做好消防安全措施	发生一次扣5分	
39		在车站等禁止吸烟区域吸烟，或在施工现场发现烟头	发生一次扣1分	
40		未办理动火作业手续或动火手续不全，进行动火作业	发生一次扣5分	

续表

序号	考核项目	考核内容	考核标准	备注
41	安全管理	现场进行动火作业的人员和申报的动火作业人员不符	发生一次扣2分	
42		动火作业，未按规定放置安全设施，未清空作业区域周围的易燃品	发生一次扣2分	
43		作业完后，设备房门及通道门未按规定关上或锁	发生一次扣0.5分	
44		危险作业时，作业区域未设置警示标识	发生一次扣0.5分	
45		消防器材被遮挡影响使用或挪作他用	发生一次扣1分	
46		现场作业不符合作业安全管理规定，违章指挥、违章作业	发生一次扣5~10分	
47		进入气体保护房内不按规定操作的	发生一次扣2~10分	
48		特殊工种必须持对应的有效证件上岗	发生一次扣1分	
49		特殊作业佩戴相应劳动安全保护用品	发生一次扣1分	
50		未定期进行安全生产培训，无培训记录，相关通报传达不到位，且屡次整改仍不合格的	整改超过3次的，每多一次扣0.5分	
51		未办理相关手续，私拉、乱接临时电气线路，且屡次整改仍不合格的	整改超过3次的，每多一次扣0.5分	
52		施工过程中，不听从属地管理单位的管理，擅自扩大施工区域，野蛮施工	发生一次扣1分	
53		施工人员在施工区域内打架斗殴、酗酒赌博等不良行为	发生一次扣10分	
54		施工作业时，造成大噪声、坠物、尘土、崩进等情况发生，且屡次整改仍不合格的	整改超过3次的，每多一次扣0.5分	
55		施工过程中，存在随地大小便、胡乱粉涂等影响车站环境等行为	发生一次扣1分	
56		作业过程中危及乘客和轨道交通公司员工的人身安全，未造成后果的	发生一次扣5分	
57		施工过程中恶意造成其他专业设备损坏的	发生一次扣5分	
58		委外人员不服从业主管理	发生一人次扣5分	
59		作业过程影响正常运营秩序，对乘客造成影响，且屡次整改仍不合格的	整改超过3次的，每多一次扣1分	
60		隐瞒、延报或谎报意外事件	发生一次扣20分	
61		未经允许，擅自带社会闲杂人员进入工作区域	发生一人扣1分	
62		未经允许，擅自进入未被许可的区域	发生一次扣1分	
63		业主派遣人员在事故调查过程中，承包商不积极配合提供有关资料	发生一次扣5分	
64		施工结束后未及时消点	发生一次扣1分	

续表

序号	考核项目	考核内容	考核标准	备注
65	安全管理	其他违反合同条款的行为	视情况发生一次扣0.5~10分	
66	服务表现	在业主的各级工作检查中，出现推诿、不配合等情况	发生一次扣0.5分	
67		与业主工作配合不力、不服从管理且态度恶劣	发生一次扣5分	
68		业主通知与本合同项目内相关的工作，未按时间完成或内容不符合要求，且屡次整改仍不合格的	整改超过3次的，每多一次扣1分	
69		未按照要求准时参加业主组织召开的各类会议且未提前请假或请假未得到业主批准的	发生一次扣0.5分	
70	其他	业主检查中发现其他问题，且屡次整改仍不合格的	整改超过3次的，每多一次视情况扣0.5~5分	

2. 项目管理组考核评价与激励

（1）目标考核管理。

①项目管理组目标考核总体按照二级管理组进行评价，由项目管辖部门负责考评。

②涉及公司对项目承包单位的检查考核，原则上以目标结果为导向，与项目管理组充分关联。涉及承包商过程性管理考核，项目管理组以及项目管理组所在部门根据具体履职情况不强制关联考核。

③项目管理组目标考核结果运用于项目经理绩效评价。

（2）绩效考核单位和方式。

①项目经理绩效考核总体由其选定前所在单位负责，季度考核分=项目管理组季度目标考核分×80%+上级评分×20%+关键事件加扣分（最终分数保留小数点后两个有效数字，下同），年度考核分为当年所有季度得分平均分。上级评分由项目所在部门负责人或分管负责人（如有）、原管理单位评分人员共同评分取平均数。

②项目副经理、成员绩效考核总体由其选定前所在单位负责，绩效评分总体由本人当季度关键工作事项兑现得分×50%+上级评分×50%+关键事项考核加扣分组成。上级评分由项目经理和原管理单位评分人员共同评分取平均数。

（3）项目副经理、成员绩效考核要求。

①关键工作事项主要与项目目标、所在单位关键绩效指标、重点工作密切相关或直接分解转化，由项目经理和原管理单位评分上级和被考评人员在每季度初共同制定（最终由前者确定），数量一般为2~4项，满分100分（分项分值可灵活确定）。

②项目（副）经理、成员最终绩效分值无需执行选定前所在单位绩效强制关联要求，但项目管理组成员绩效平均分原则上不超过项目管理组目标考核分。

（八）委外项目管理实践

1. 班组建设管理

班组是委外项目管理的基石，也是面对一线生产最基础的单元，班组建设的好与坏直接影响委外项目管理效果。班组建设就是将工班管理行动、日常运作管理规范化、标准化，将岗位责任制落到实处，指引工班以具体的行动强化地盘管理责任，指引工班规范员工行为、6S 管理、检修质量卡控满足质量、环境、职业健康管理要求。

（1）班组的管理架构（以综合机电为例）。

机电班组管理架构如图 4-14-6 所示。

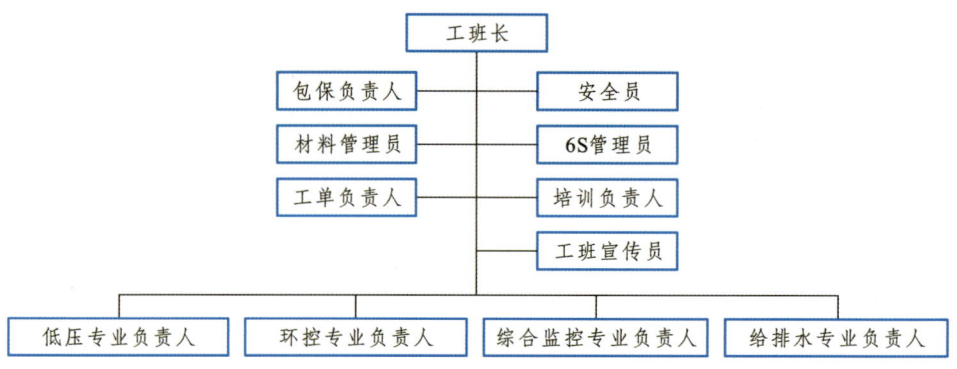

图 4-14-6　机电班组管理架构

（2）班组日常运作流程。

早班会→班后小课堂→各施工负责人按计划作业→作业完成后返回工班整理记录、填写工单等→班后会。

（3）班组目视化管理（图 4-14-7、图 4-14-8）。

图 4-14-7　班组值班室

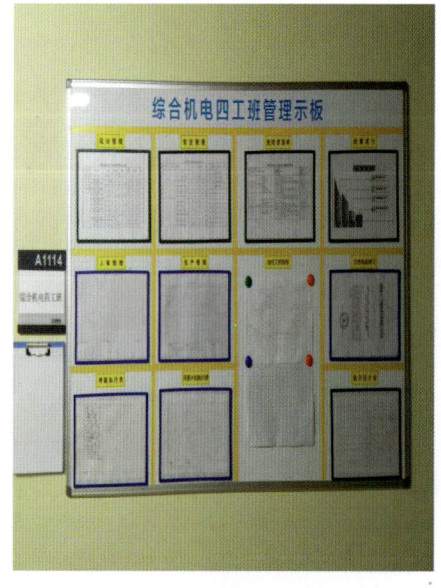

图 4-14-8　班组管理示板

2. 专业融合管理

为进一步加强项目组与项目部、专业和专业之间的协作，保障工作效率的有效提高、管理工作的有序开展、技术问题的快速顺利解决，现项目组与项目部相结合，与技术人员相结合，融合为一个高质量团队。以综合机电项目组为例，融合之后，分为环控给排水专业组、低压专业组、综合监控专业组、防灾报警专业组、站台门专业组、电扶梯专业组、综合组等 6 个小组，每个专业组由项目组专业工程师主管，如图 4-14-9 所示。每个月由主管工程师对项目部所有工程师进行绩效考评，并对考评结果进行公示，项目部依据公示结果对相应工程师进行奖励或处罚，以提高工程师工作积极性。

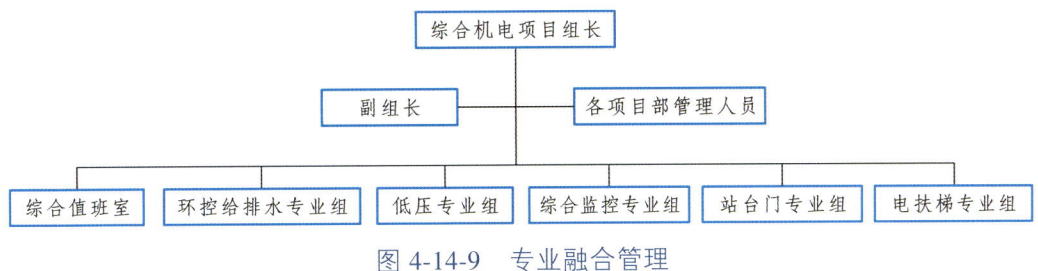

图 4-14-9　专业融合管理

3. 班组评比

为了引导员工干好本职工作，人人参与班组管理，促进班组安全生产、日常运作管理的规范化、标准化，将各岗位责任落到实处，提高班组员工参与班组管理积极性，制定了班组评比方案。评比以公司下发的标准工班建设指引为标准，增加现场质量管理、工单管理等内容，每个月评比一次，根据评比结果，推选出本月的优秀班组，项目部予以奖励。

二、车站服务岗位委外及运作模式创新研究

车站是项目公司客运服务和应急事件处置生产运营最直接的部门，通过做好现场属地管理，积极协调处理日常工作中与内外部接口中存在的问题，不断提升客运服务质量、突发事件应急处理能力。车站主要负责乘客售检票、候车、上下车、进出站、地铁列车到发、车站设备日常巡检、应急事件处理等相关业务，为市民的出行提供安全、便捷、舒适的轨道交通服务，并代表项目公司行使车站属地管理权，对外协调等客运职责。

在项目公司降本提效的经营方针指导下，车站服务岗位及运作优化势在必行。结合PPP合同中的承诺，在确保行车关键岗位自主运作的情况下，车站运作采取自主+委外的运营管理模式，以站务专业向多专业融合，承接更多的车站属地范围内的其他专业业务，建立高峰期站台值守、平峰期设备检修的工作新模式。其中站务员业务采取创新整体业务进行委外服务招采，车站保安及保洁分析深铁运营在委外管理上的问题，以对招标策划进行重新优化，对运作模式进行创新研究、提出关键优化意见并落实在后期招标策划中。

（一）车站运作模式创新研究

1. 组织架构

车站采用中心站区管理模式，每个中心站负责管辖相邻的 6～7 个车站。12 号线共

33个车站，原则上按大联锁区分段结合车站复杂度、客流量、换乘等要素实施分站区段管理，共设置5个站区，分别是左炮台站区（左炮台东—南光）、南头古城站区（南山—灵芝）、钟屋站区（流塘—黄田）及海上田园东站区（机场东—海上田园东）。每个站区下辖7~9站，每个站区设置站区长，对站区实行行政管理，同时配以站长、值班站长、车站值班员、站务员、服务支持人员。其中站务员、服务支持人员进行委外服务招采。车站实行由上至下管理，由下至上层级负责制度，各层级人员须服从指挥，并对本岗位工作负责。

2. 岗位配置

在维持车站日常客服运作以及应急处置中必要岗位设置，减少人员配置。站区岗位人员配置标准见表4-14-4。

表4-14-4　站区岗位人员配置

岗位	正班人员	备班人员	配置标准
站区长	1	0	正常日勤班。每站区设置站区长1人，管辖7-9个车站
综合组	2	0	正常日勤班。每站区设置2人
站长	3	0	正常日勤班。每站区设置站长3人，每个站长平均管理2.75个车站，共设12人。
值班站长	30~36	3~4	4班2运转，原则每站设4人，按照备员率12%计算，设置备员。运营辅站可视情况不设值班站长，由相邻车站（运营主站）值班站长兼顾
车站值班员	32~38	4~5	4班2运转，车站值班员原则上每站各设4人，按照备员率12%计算，设置备员
站务员（委外）	80~85	0	票亭岗、站台岗：4班2运转，巡视岗按工作日设置正常上班。 客服岗：有客服中心服务的车站按每个票客服中心4人。 巡视岗：原则主每站配置1人（公共区面积超8 000 m^2增加1人）。 站台岗：原则上每站设置4人（其中双岛式/侧式站台按8人设置）
保安（委外）	46~50	0	车站保安按标准每站早班2人、中班2人、晚班1人，个别客流大站、出入口较多、换乘站的车站视情况按每站早班3人、中班3人、晚班2人配置
保洁（委外）	115~120	0	车站保洁每站设置1名保洁主管，卫生间保运营期间按1名保洁值守，标准站按每站早班3人、中班3人、晚班4人最低人员定员配置，个别客流大站、出入口较多、换乘站的车站视情况增加岗位人数

3. 运作优化措施

（1）扁平化管理。

由车站站区长、站长、站务综合小组兼任站务综合技术（安全、客服、人事等）牵头负责人，负责代理各站区人员组建综合技术专业小组推进站务板块综合技术工作。

（2）业务融合。

车站业务实行"基本业务+扩展业务"通过跨专业支持、简单工作委外及优化运作流程实现减员增效。站务额外拓展业务如下：

① 设备设施巡检及简单故障修：承担车站属地范围公共区及设备房内（除高压设备房）设备巡检（不操作设备的目视状态检）以及简单故障修任务（在相关专业工程师远程视讯指导下重启、复位）。

② 施工配合：车站范围内 10 项专业项目施工配合工作由车站人员进行配合（车站范围内作为配合人员配合委外维修人员进行请销点作业）。

③ 应急处置：融合机电、乘务专业取得资质后参与设备故障快速处置，如扶梯维保监督及简单异常处理、垂梯困人解救、列车应急动车（远期）等 6 项应急处置。

④ 项目管理：通过设备状态运行情况、设备故障响应、设备修复验收等进行周期评价，反馈各专业工程师协助 12 项委外专业进行委外维保项目管理。

⑤ 商业管理：车站属地范围内广告设备巡视、营销配合、商铺协同管理，4 个自然形成空间连通物业应急处置响应等。

（3）运作优化。

① 票务运作。

a. 票务周清：票务清点设备根据站区设置（配 2 备 1），站区内配置了票务相关设备的车站需协助站区进行钱票卡清点工作。

b. 客服中心灵活值守：高峰期值守，平峰期在无乘客询问的情况下，可在站厅付费区内进行巡视，同时兼顾边门管理。

② 日常运作。

a. 远程一键开关站：通过智慧车站系统及远程监控设备在确保安全的情况下实现远程开关站。

b. 日常远程巡视：通过智慧车站系统及远程监控设备实现远程巡视，现场与远程相结合。

c. 站台值守优化：高峰期除车站值班员值守车控室，其余车站人员（后期视客流引入其他服务人员，如义工、钟点工等）均在站台保障行车秩序及站台安全，平峰期由委外站务员 1 人值守站台，有车时接发车，无车时监控亭进行监控。开展站乘融合后，司机驻站负责值守站台。

③ 施工管理。

a. 请销点：车站人员考取普通施工负责人证，协助各专业为委外维保人员进行请销点并进行验收管理。

b. 施工配合：针对特种设备（扶梯、垂梯）等进行维保作业时需有人旁站值守，车站人员考取相关资质后由车站人员负责监督施工周期巡视工作，同时对维保情况进行签字确认。

c. 可视化接地操作：通过可视化接地装置，协助完成接触网接挂地线。

④ 应急处置。

a. 开展站乘融合（远期）后，司机驻站负责值守站台。车站值班站长考取司机驾驶资质后，快速处理满足列车应急动车的需求。

b. 车站人员考取特种设备操作证后，可对垂梯困人进行快速处置。

c. 道岔故障需要摇岔，由值班站长或值班员带领委外站务员进入轨行区进行摇岔，紧急情况下保安人员协助携带工器具及进行防护（不参与摇岔）。

4. 用工模式对比

根据既有线路运作模式，用工主要有两种模式：模式一为1、11号线采用"站务员+保安"模式；模式二为2号线采用"站务员（联锁/大客流站）+站务助理+保安"模式。站务助理负责客服中心工作，保安负责边门、站台值守、车站巡视、安保、应急处理工作。

因12号线为全自动运行线路，对线路运营管理及人员技能有较高要求。按照上述两种运作模式的人员配置下，客服中心、边门及站台值守三个关键岗位的业务无法根据实际运作实现人力资源整合，其中站务助理外包模式在既有线运作上与站务员有重叠的工作内容，且站务助理在业务技能上仍能发掘继续提升的潜能，且运作经济效益上有一定的优势。

建议打通业务链，融合相连业务，以站务员取代保安边门岗及站台岗，站务员业务整体委外形成"委外站务员+保安（安保岗）"的用工模式，实现机电、通信及信号等专业向站务专业融合的方案，委外站务员承担专业融合队伍，建立高峰期站台值守、平峰期设备检修的工作新模式。

5. 其他探索创新模式探索

（1）站务部分全委外模式（分A、B包）。

其他运营模式探索，如通过压缩人员编制来实现自主人员的减少优化空间较小，考虑扩大岗位委外范围，原部分自主岗位通过委外实现降本提效方向进行优化，增加值班员、值班站长岗位的委外方式。

经过分析全线33个车站，按照不同车站性质设备差异、客流预测特点等综合因素结合站间支援距离进行考量后，在保持站务员岗位全委外的基础上，拟将重点站17座保留自主的值班员及值班站长岗位，非重点站16座的值班员及值班站长岗位纳入委外范围。

经过估算，委外岗位增加值班站长岗位68个，值班员岗位76个，共计144个岗位。
车站业务委外方式对比见表4-14-5。

表4-14-5 车站业务委外项目方式对比

	车站业务委外项目方式	原委外方案	优化委外方案	备注
岗位	站务员（委外）	330	330	
	值班员（自主）	148	72	总人数不变
	值班员（委外）		76	
	值班站长（自主）	136	68	总人数不变
	值班站长（委外）		68	

根据车站及站区设置，将项目初步分为A、B两个标段。A标从左炮台站到上川站（15个站），B标从流塘站到海上田园东站（18站）。

站务委外项目策划见表4-14-6。

表 4-14-6　站务委外项目策划

项目分包	岗位	数量/人	服务时间筹备+运营/月	预算/万元	服务范围	合计/万元
A 包	站务员	166	4+15	2 592.92	左炮台东站—上川站全部委外	4 485.44
	值班员	36	9+15	869.87	左炮台站—上川站中的太子湾站、工业六路站、四海站、创业路站、桃园站、中山公园站、同乐站、新安公园站共 8 个站实行值班员、值班站长委外	
	值班站长	32	9+15	1 022.65		
B 包	站务员	164	4+15	3 036.44	流塘站—海上田园东站全部委外	4 928.96
	值班员	36	9+15	869.87	流塘站—海上田园东站中的臣田站、桃源居站、洲石路站、黄田站、翠岗工业园站、永和站、和平站、科技馆站共 8 个站实行值班员、值班站长委外	
	值班站长	32	9+15	1 022.65		

（2）车站物业一体化模式。

物业一体化模式即通过一体化打包招标方式，将站务、保安及保洁通过职责融合、科学分工、薪酬分级、专业劳动力组织管理等方式，实现降低成本投入，增加服务效能，职员薪资增长的"三赢"合作模式。

车站精细化管理、网格化管理、责任到人，实现集约化、高效化管理，取消车站站务员管理岗、保安队长、保洁主管岗位，由物业管理员进行监管，骨干人员以在编和派遣员工为主，减少管理成本。站务员、保安、保洁、绿化人员多岗合一，优化减少作业人员，组织对新入职人员统一标准化的业务技能培训及岗前考核。

拟设置站务助理 A 岗和站务助理 B 岗，岗位职责服务范围见表 4-14-7。

表 4-14-7　站务委外项目策划预算

岗位	岗位职责	服务范围
站务助理 A	客服中心岗	面对乘客并提供客运服务，服务包括：售票、检票、问询、充值、便民服务等。
	站台岗	1.协助车站做好列车接车、发车，监护站台安全，督促乘客安全、有序候车，保障行车安全。 2.维护网格化职责区域内车站站台卫生工作
	厅巡岗	1.承担各车站的安保业务，防火、防盗、防破坏，应对自然灾害事故，维护工作区范围内运营秩序。 2.维护网格化职责区域内车站办公区、站厅、站台、消防通道、出入口等卫生工作。 3.车站相关站务工作

续表

岗位	岗位职责	服务范围
站务助理A	机动岗	1.日常机动岗与站务助理客服中心岗、站台岗替换轮休。 2.钟点工制机动岗为合同（或框架协议，预算金额占总合同费用5%）内约定，根据甲方要求，为应对车站突发事件如节假日大客流、雨季、应急抢险等情况，临时且有偿提供特约专项服务，根据实际发生的费用另外结算
站务助理B	车站专职保洁岗	1.维护办公区的日常卫生。 2.处理日常垃圾的更换及收集。 3.与卫生间专岗替换轮休
	车站卫生间专岗	专人清洁，主要内容为公共洗手间的日常清洁、垃圾清运工作及消耗性材料（大卷纸及纸盒、擦手纸及纸盒、喷香机及喷香液、洗手液及洗手液盒）24 h不间断供给、更换、补充，并提供车站员工洗手间耗材
	车站专项清洁岗	负责地铁车站运营结束后使用大型自动（半自动）清洁设备对车站所辖范围内进行深度清洁。 1.包括各站区间范围内的公共场地、办公场所（设备房清洁不在常规服务范围内）地面、出入口通道、消防通道、墙面、走廊、洗手间、电梯（电梯外部含观光梯，不含井道内侧的轿厢外部区域及井道内壁）、扶梯、楼梯、柱子、栏杆、窗户、座椅、玻璃、天花、灯具、风亭、出风口、过滤网的深度清洁工作。天花板清洁；空调水处理；夜班垃圾收集、清运等工作。 2.车站区域屏蔽门清洁、隧道清扫、冲洗；区间隧道冲洗；集水坑清理；消杀；出入口顶棚清洁；排水沟清理；化粪池清掏、空调水处理等

现有模式与一体化模式配置见表4-14-8、4-14-9。

表4-14-8　现有模式标准站站务、保安、保洁配置

序号	岗位	早班人数	中班人数	夜班人数	调休人数	合计
1	站务	4	4	1	3	12
2	保安	3	3	2	3	11
3	保洁	7	5（包含1人卫生间专岗）	4	5	20
	共计	14	12	7	11	43
一体化模式标准站站务助理A、B配置						
1	站务助理A	5	5	2	0	12
2	站务助理B	3	3（包含2人卫生间专岗）	5	0	11
	共计	7	7	7	0	23

表4-14-9　一体化模式标准站站务助理A、B配置

序号	岗位	早班人数	中班人数	夜班人数	调休人数	合计
1	站务助理A	5	5	2	0	12
2	站务助理B	3	3（包含2人卫生间专岗）	5	0	11
	共计	7	7	7	0	23

经对比，一号线侨城东站一体化模式后，站务助理 A、B 较现有模式车站站务、保安、保洁总人数减少 20 人，降幅达到 46%。

（二）客服岗位委外策划分析

1. 站务员

目前运营既有线车站站务员岗位有站台岗、巡视岗、客服岗。

站台岗执行站台相关作业标准，负责车站屏蔽门故障应急处理、提供乘客咨询导乘业务、维持站台候车秩序、处理站台各种突发事件。巡视岗主要负责车站管理范围内的周期巡视、处理各种乘客事务。客服岗主要负责按照车站售票员的工作标准发售各类车票、充值、兑零、乘客事务处理；办理各类退票业务；特殊情况下的票务处理等票务相关工作。标准站四班两运转每班 3 人配置共计 12 人，视客流情况等比例各班增加 1~3 人。

站务员属于劳动密集型岗位，技术水平较低、人员流失率高，考虑现有岗位的必要性，充分考虑新技术、新设备引入及岗位服务标准，在确保应急情况下的人员配置下，减少不必要的人力支出，在合同招标中明确人员配备需求。结合智慧运维成果适当减少部分岗位人员配置，同时为进一步提升岗位效益，将站务扩展为多职能队伍，承担车站整体客运服务和设备设施日常巡视、简易故障处置业务，满足应急情况下的人员最低配置。按此模式优化，标准站四班两运转每班 2 人配置共计 8 人，个别客流大站/出入口较多/换乘站的车站视情况按每站各班增加 1~3 人，车站配置保安 330 人，较原集团配置标准（370 人）减少约 10.81%。

2. 车站安保及保洁

（1）目前运营既有线车站保安岗位有站台岗、巡视岗、边门岗。

站台保安执行站台相关作业标准，协助车站屏蔽门故障处理、维持站台候车秩序、维护车站治安，协助处理各种突发事件。巡视岗主要负责车站管理范围内的巡视，处理各种乘客事务。边门岗主要负责检查进出边门人员是否符合要求，对符合的予以放行，并做好记录。遇到不符合的要耐心劝阻，礼貌讲解相关票务政策，制止违反《深圳市城市轨道交通运营管理办法》的行为，处理各种突发事件。标准站白班、中班、晚班 5/6/4 配置，视客流情况等比例各班增加 1~3 人。

结合智慧运维成果取消边门服务岗，由车站站务员协助进行管理，满足应急情况下的人员最低配置。按此模式优化，拟车站保安按标准站每站早班 2 人、中班 2 人、晚班 1 人，个别客流大站、出入口较多、换乘站的车站视情况按每站早班 3 人、中班 3 人、晚班 2 人配置，车站配置保安 207 人，较原集团配置标准（503 人）减少约 58.84%。

（2）目前运营既有线车站保洁岗位配置有站厅岗、站台岗、巡视岗、公共洗手间专岗、设备区岗。

站厅保洁执行站台相关作业标准，负责站厅区域卫生，协助车站处理突发事件和各类乘客事务。站台保洁执行站台相关作业标准，负责站台区域卫生以及折返站列车清洁工作，协助处理车站突发事件和各类乘客事务。巡视保洁主要负责车站各出入口区域卫生、辅助处理各类乘客事务。公共洗手间专岗负责车站公共区洗手间卫生清洁工作。设备区保洁负责设备区卫生清洁，以及配合车站完成其他临时工作。

根据市场调研情况，提高招标限价。在合同中明确保洁人员到手最低工资标准，保障人员收入、保障保洁队伍的稳定性，便于车站对其进行培训管理和日常运作。优化保洁岗位职责，减少人员配备需求，提升工作效率，简化车站管理模式。车站保洁管理要以提升车站服务质量为目标，将管理重心放在保洁服务质量的提升和监管上。

标准站人员配置标准为设置 1 名保洁主管，卫生间保洁运营期间按 1 名保洁值守，标准站按每站早班 3 人、中班 3 人、晚班 4 人，只负责站台的运营辅站配置标准为早班 2 人、中班 2 人、晚班 2 人，个别面积较大、出入口较多、换乘站、客流大站的车站视情况增加岗位人数。

经过测算，12 号线车站保洁最低配置标准为 406 人，较原集团配置标准（773 人）减少 47.48%。

3. 服务招采及项目管理策略

根据各专业作业特点、区域分布、市场竞争等因素，综合市场调研、优先股东单位、适当引入竞争等因素考虑，采用公开招标择优选择。

服务项目管理由车站直接统一管理，从劳动纪律、服务质量、专业知识、应急响应等维度综合考量保安考核评价，并与服务费挂钩，保障项目运转正常。

（1）人员配置情况对比。

① 模式一："站务员+保安"（1、7、11 号线）。

站务员：深圳地铁既有线车站站务员配置方式，拟定站务员按 10 人/车站（备员率 12%）的方式配置，12 号线共 33 个车站，配置 396 人。

保安：根据深圳地铁车站保安岗位最新配置标准及 1、7、11 号线车站特性，保安岗位分为边门、站台、巡逻三个岗位。依照车站保安岗位配置标准，基本站配置约 13 人/每站，换乘站配置约 17 ~ 21 人/每站，接驳、换乘、多出入口、大客流站配置约 22 ~ 24 人/每站的标准进行配置，拟定 12 号线共需保安 503 人。

② 模式二："委外站务员+保安（安保岗）"（12 号线）。

站务员：参照深圳地铁既有线车站站务员配置方式，站务员岗位分为客服+边门、站台、巡逻三个岗位。依照车站业务岗位需求，换乘站辅站无站厅的只保留站台岗，大客流站、双岛站、设备集中站适当增加站务人员配比，12 号线 33 个车站共需 330 名站务员。站务委外后备员由承包商提供。

保安：在确保应急情况下的人员配置下，结合智慧运维成果取消边门服务岗。配置结合深圳地铁反恐管理要求，按此模式优化。车站保安按标准站每站早班 2 人、中班 2 人、晚班 1 人，个别客流大站、出入口较多、换乘站的车站视情况按每站早班 3 人、中班 3 人、晚班 2 人，12 号线 33 个车站共需 207 名保安

（2）业务整合情况。

① 调度、票务、站务（涉及行车部分）等专业涉及运输策划、调度指挥、指标控制、应急处置及收入管理等核心业务，采用自主运维模式，以便持续提升网络联动能力和运营服务水平，保证与其他线路运营服务无缝衔接，实现 12 号线运营组织安全、高效、稳定的目标。

② 正线保安保洁、场段物业管理、站务（除行车业务外）等劳动密集型专业，技

水平较低、人员流失率高，采用业务外包模式。同时为进一步提升岗位效益，将站务扩展为多职能队伍，承担车站整体客运服务和设备设施日常巡视、简易故障处置业务。

（3）策略分析。

运营组织和客运服务以品牌化、精细化为手段对标行业一流轨道交通服务水准，打造"五星级"乘车环境和服务标准。项目公司充分依托合同赋予的运营自主权，以关键自主+车站服务委外方式开展，最大限度提高公司经营效益。

三、场段岗位委外及运作模式创新研究

（一）车场物业精益化管理研究

场段作为地铁运营的后方基地，为地铁运营提供保障，承担着地铁列车的停运、厂修、架修、清洁、运行指挥调度等重要功能。场段物业须时刻严谨、规范地履行岗位服务标准，才能树立公司优质"物业运营一体化轨道交通标杆"服务形象。

提高场段物业服务管理水平需物业服务管理系统不断优化管理体系，根据客户需求对物业服务进行优化提升，深入开展服务用语规范、服务形体规范、服务技能等培训，定期开展在岗员工的服务标准和服务规范的轮训，避免员工的不规范服务。采取现场应急演练、实例教学等多样化的培训方式来提高员工的服务专业技能以及服务能力，使整个车场物业服务管理系统处于最佳状态，并定期组织学习以往地铁场段物业服务优秀的管理经验，提高自身的业务水平，不断优化整个场段物业服务管理团队的建设。

1. 数智赋能的科技保障

通过研究探索及持续的科技投入，后勤物业服务变得更加智能化、专业化、现代化。场段物业致力于在显著改善服务体验的同时，降低管理成本，提升公司竞争力和品牌力。从 2022 年起，积极学习和参考同类服务科技应用案例，引进四格互联信息化平台、OA办公系统、智慧深铁、汽车智能充电桩和各类先进工器具，紧跟"数字中国"战略，推进信息化和创新应用的深度融合，全面推动场段物业工作的行业数字化转型与安全发展，将成果反哺到项目当中，与业主单位共享智慧物业、智慧深铁硕果。

2. 高效服务平台的建立

通过建立"前台接待，后台操作"的服务平台管理模式，第一时间接收场段员工需求信息，并迅速分类和归档，及时下达操作指令，启动事项跟踪程序，直至完成、回访和关闭，避免场段员工多跑一趟、解决重复诉求。设立客户服务中心，作为本项目物业服务中心办理场段日常事务；场段员工的需求可通过深铁物业工程 24 h 维修电话报单反馈，客户常规需求要在 10 min 响应，紧急情况下在 5 min 内处理，高效解决。

3. 场段智能化设备的应用

在场段管理工作中，智能照明控制系统采用先进的电磁调压及电子感应技术，对供电进行实时监控与跟踪，自动且平滑地调节电路的电压和电流幅度，改善照明电路中不平衡负荷所带来的额外功耗，提高功率，降低灯具和线路的工作温度，达到优化照明控制系统供电的目的。智能照明控制系统在确保灯具能够正常工作的条件下，给灯具输出

一个最佳的照明功率,既可减少由于过压所造成的照明眩光,使灯光所发出的光线更加柔和,照明分布更加均匀,又可大幅度节省电能。智能照明控制系统节电率可达20%~40%。智能照明控制系统可在照明及混合电路中使用,适应性强,能在各种恶劣的电网环境和复杂的负载情况下连续稳定地工作,同时还将有效地延长灯具寿命和减少维护成本。

利用四格互联信息化平台,定期定时提醒巡逻、消防栓、灭火器巡检,并上传检查情况,确保段场巡逻覆盖,巡检无遗漏,跟踪检查情况,实时监测。安保配置4G音视频执法仪,与轨道交通派出所实现联防联控。

利用物业管理系统平台,进行场段工单处理,通过管理系统派单到相关维修人员,维修人员接单后对报单内容进行处理。处理完成后,拍照反馈至系统平台并进行派工单销单。

4. 地铁列车清洗设备自动化

在后勤物业服务管理中,地铁列车清洗已形成专业化高标准的列车清洗服务,目前,一切技术都在高速发展,后勤物业服务管理与技术创新也应与时俱进。采用自动化、半自动化设备进行地铁列车清洗工作可节省出大量人力、物力,应以节省运维成本为首要目标。

(二)服务招采及项目管理策略

为提供更优质的安保秩序、环境卫生清洁、食堂运作及设备设施维保物业管理服务,实现场段物业规范化、标准化、专业化管理,项目公司充分依托《PPP合同》赋予的运营自主权,场段物业管理采用"四位一体、场段合并"的物业管理服务运作模式,实现12号线一场一段物业管理服务资源共享、统筹管理、统一服务标准,并通过公开招标方式,引入市场竞争、从而降低经营成本,达到节支增效、实现双赢目标。

1. 人员配置

(1)保安。

保安岗位采用包干制、三班两运转工作制,配置队长岗、大门岗、巡逻岗、中控岗保安人员,场段合计配置16个保安岗。

(2)保洁。

日常保洁人员根据保洁标准、工作量测算配置保洁人员。列车保洁人员按列车洁清项目内容,采用"计项计价"模式进行结算,实现多劳多得,按件计价,精准计费。

(3)维保。

维保人员根据修程修制优化、设备维保服务标准、周期、工作量等设置维保服务管理团队,采用"多工种多技能融合"配置维保人员22人,涉及18个专业设备设施维保服务。

(4)食堂。

食堂运作服务结合项目公司员工工作时间、运作模式及用餐需求等特点,采用智慧称重收银系统配餐,供餐时间设置早早餐、早餐、午餐、晚餐、宵夜五个供餐时段。食堂人员配置按实际就餐人数进行动态调整,有效降低承包商用工成本。

2. 服务标准

服务标准是增强服务质量、服务企业核心竞争力的有效保障。本项目制定场段物业设备设施维保、保安、保洁、食堂运作等 12 项服务标准文本，应急处置预案体系 27 项，物业管理评价标准目标 20 项，建立 7 天 24 小时服务值班制度，以接受业主的报修。建立检查、监管，物业服务考评机制。明确承包商故障响应、处理及反馈时限，明确安全管理责任，要求严格落实生产安全责任、火灾责任事故、反恐怖防范责任，食品安全责任制。

3. 管理策略

对本项目的深入分析、市场综合调研是设定物业管理模式、设计服务项目、确定服务标准的客观依据。地铁车辆段和停车场在满足地铁车辆停放、检查、整备、运用、修理、清洗、安全行车、餐饮服务等舒心办公的基本需求同时，为进一步规范物业服务支持车辆段及停车场生产业务管理，完善物业服务规范，合理配置物业服务资源，确保车辆段及停车场物业业务有效开展，支撑车辆段及停车场运营服务需要，将秉承"保障、服务、细致"的核心理念，基于"安全、专业、高效、环保"的服务定位，打造成规范、可靠、高效的场段物业服务标杆。

附 录

一、本书术语释义及简称

12 号线：《深圳市发展和改革委员会关于城市轨道交通 12 号线工程可行性研究报告的批复》（深发改〔2018〕72 号）中的"城市轨道交通 12 号线工程"。

PPP 项目：深圳市轨道交通 12 号线 PPP（政府和社会资本合作）项目。

市政府：深圳市人民政府。

轨道办：深圳市轨道交通建设指挥部办公室。

深圳地铁：深圳市地铁集团有限公司。

中国电建：中国电力建设集团股份有限公司。

特区建发集团：深圳市特区建设发展集团有限公司，为政府出资人代表。

项目公司：由特区建发集团和乙方专门为实施 PPP 项目而设立的有限责任公司，即深圳市十二号线轨道交通有限公司，简称深圳十二号线公司。

深铁运营：深圳地铁运营集团有限公司。

深铁建设：深圳地铁建设集团有限公司。

股东：深圳市特区建设发展集团有限公司、深圳市地铁集团有限公司、中国电力建设股份有限公司。

社会资本方：深圳市地铁集团有限公司、中国电力建设股份有限公司。

乙方：深圳市地铁集团有限公司和中国电力建设股份有限公司。

联合体协议：《深圳市轨道交通 12 号线 PPP 项目联合体合作协议》。

PPP 合同：《深圳市轨道交通 12 号线 PPP 项目合同》。

施工总承包工程单位：中国电力建设集团股份有限公司，简称"中国电建"。

施工总承包合同：由中国电建作为施工总承包企业签订的《深圳市轨道交通 12 号线 PPP 项目施工总承包合同》。

A 部分建设工程/A 部分：PPP 合同附件 1 所述的 A 部分项目设施的建设工程。

B 部分建设工程/B 部分：PPP 合同附件 1 所述的 B 部分项目设施的建设工程。

12 号线建设工程：A 部分建设工程与 B 部分建设工程之总称。

A 部分项目设施：PPP 合同附件 1 所述的 A 部分项目设施与项目设备之总称。B 部分项目设施：PPP 合同附件 1 所述的 B 部分项目设施与项目设备之总称。

工程监理单位：取得监理资质证书，具有法人资格的监理公司、监理事务所和兼承监理业务的工程设计、科学研究及工程建设咨询的单位。

建设期：除非根据本合同顺延或提前终止，为本合同生效之日起至开始全线初期运营日前一日的期间。

运营期：除非根据本合同顺延或提前终止，为开始全线初期运营日起至第三十个周年结束之日的期间。

全线：12 号线自宝安区海上田园东站至南山区左炮台站全线共计 33 站之间的轨道交通线路及 12 号线项目设施。

冷滑实验：在接触网不受电的情况下，通过电力机车受电弓的滑行，对接触网进行动态试验检查。

热滑实验：在地铁运营线路送电的情况下，依靠地铁试验列车自行运行，对地铁供电、信号、通信、线路、机电等系统设备进行全面检测的一种试验方式。

综合联调联试：采用高速检测列车等测试设备，在地铁开通运营前对沿线轨道、接触网、通信、信号等各项设备逐步进行测试，并依据测试结果对发现的缺陷进行调整，直至各个系统以及整体系统满足符合高速运行及动态验收要求的过程。

三权移交：在地铁建设中，工程项目联合调试（俗称大联调）经建设单位确认通过，进入 3 个月的试运行期间，建设单位的运营部门根据自身运营准备情况和运营接管计划，经过各专业全系统功能验证确认，陆续接管地铁系统调度指挥权、属地管理权和设备使用权的过程，称"三权移交"。

二、投标及建设期大事记

2020 年 8 月 3 日，深圳地铁与中国电建组成的联合体成功中标 PPP 项目。

2020 年 10 月 30 日，PPP 项目合同正式签署。

2020 年 11 月 27 日，深圳市十二号线轨道交通有限公司注册成立。2020 年 12 月 10 日，项目公司与市交通运输局、深圳地铁、中国电建签署承继合同。依法全面承继了 PPP 项目合同项下社会资本方的 12 号线经营权和对应义务，使项目公司法人治理结构合法合规。

2021 年 1 月 8 日，项目公司完成建设期履约保函办理手续。

2021 年 4 月 21 日，项目公司与中国电建签订《深圳市轨道交通 12 号线 PPP 项目施工总承包合同》

2021 年 9 月 22 日，PPP 项目轨道工程长轨焊接首焊仪式在海上田园站胜利举行，标志着 12 号线轨道工程无缝线路施工正式拉开序幕

2021 年 9 月 30 日灵芝主所主变压器吊装就位，标志供电工程全面进入施工高峰期，为 12 号线实现"12.31"主所单回路送电重要节点工期奠定基础。

2021 年 11 月 16 日，创业路主所第 1 台主变压器吊装成功。

2021 年 11 月 26 日灵芝公园主所顺利通过消防验收，标志着 12 号线全线开始正式进入政府验收阶段。

2021 年 11 月 30 日 12 号线全线全长约 11 公里的动车首调段实现短轨通，为全线区间施工奠定基础。

2021 年 11 月 30 日，项目公司完成搭建全自动运行系统实验室多专业联调平台。

2021 年 12 月 31 日，12 号线首列车接车仪式在机场东车辆段举行，标志着"首列车到段交付"重大工程节点顺利实现。

2022 年 1 月 12 日，《深圳市十二号线轨道交通有限公司委外项目管理办法》（试行）下发。项目公司在运营维保方面率先探索维保整体委外模式，标志着委外维保项目制管理进入实体化运作。

2022 年 1 月 29 日，灵芝公园主所 2 号主变所第一次冲击送电成功。标志着灵芝公园

主所首路外电源玉铁线安装、调试、试验取得圆满成功。为后续电通、热滑、调试提供了首发条件，具有里程碑意义。

2022年2月21日，机场东车辆段400 V一次送电成功。标志着车辆段低压设备安装调试工作取得圆满成功，同时为信号、通信等低压设备调试提供了电力保障，为全力实现3月31日机场东车辆段热滑的节点目标奠定了坚实的基础。

2022年2月28日，机场东车辆段试车线冷滑成功。标志着车辆段试车线接触网安装调试完成，具备送电热滑条件。

2022年2月28日，首调段35 kV电通。标志着首调段供电系统设备安装工程取得圆满成功，既是对供电系统安装工程质量的检验，也是开展设备调试的前提条件，为后续信号、通信、动力照明、通风等系统设备陆续受电调试提供了电力保障。

2022年3月2日，机场东车辆段试车线热滑成功。为后续机场东车辆段全段热滑、首调段热滑提供了宝贵的热滑经验。

2022年3月6日，首调段、机场东车辆段800 M信号覆盖。拉开了全线专用无线通信网络覆盖帷幕。为后续首调段热滑通信联络提供必要条件。

2022年3月29日，机场东车辆段冷滑成功，标志着车辆段接触网安装调试完成，具备车辆段接触网送电和热滑条件。

2022年3月31日，机场东车辆段热滑成功。标志着12号线正式进入到地铁列车与车辆段设施设备联调联试阶段，同时对首调段热滑前置条件进行了验证，为12号线的顺利开通提供了重要保障。

2022年4月6日，首调段接触网送电成功。标志着首调段接触网安装调试工作的完成，具备为列车安全稳定供电的基础条件，同时也为首调段接触网热滑试验提供了必要条件。

2022年4月8日，首调段热滑成功。验证了首调段已具备列车开行和上线调试条件，标志着全线设备系统联调正式启动，为实现年内高质量开通试运营目标奠定了扎实基础。

2022年4月22日，钟屋南站开始进行综合监控与风机风阀联调联试。标志着12号线车站综合联调联试正式开始。

2022年5月16日，全线冷滑成功。标志着全线接触网安装调试完成，具备全线接触网送电及全线热滑条件。

2022年5月18日，后调段接触网送电成功（全线电通）。全线电通是设备安装工程的一项重要里程碑节点，既是对供电系统安装工程质量的检验，也是开展设备调试的前提条件，为后续信号、通信、动力照明、通风等系统设备全面受电调试提供了最有力的电力保障。

2022年5月20日，全线热滑成功。标志着12号线轮、轨、电关系吻合，全面进入全自动运行系统联调联试阶段。

2022年6月15日，赤湾停车场冷滑成功。标志着停车场接触网安装调试完成，具备送电热滑条件。

2022年6月17日，赤湾停车场全场及出入场线接触网送电成功。标志着停车场接触网安装调试工作的完成，停车场接触网已具备为列车安全稳定供电的基础条件，同时也具备停车场接触网热滑试验条件。

2022年6月17日，创业路主所欢铁线启动送电成功。12号线第二路外电源正式投入使用，为后续供电系统、车辆设备、信号系统、环控系统、低压设备等其他专业的联调提供了可靠的双电源保障。

2022年6月18日，赤湾停车场热滑成功。12号线全线及一段一场已全部完成热滑，一段一场与正线的连接通道全面打通，为后续列车存放和调车作业都提供了必要条件。

2022年7月8日，CBTC（基于通信的列车控制系统）功能测试基本完成。标志着12号线列车已具备CBTC运行条件。

2022年7月14日，PPP项目施工总承包工程单位工程验收通过。标志着工程建设基本结束，消防验收、卫生评价等政府专项验收将陆续启动，为年底的初期运营夯实了基础。

2022年7月21日，12号线首批站点完成消防验收。标志着首批站点具备了入住和办公条件，为全线开通试运营奠定了坚实的基础。

2022年7月28日，PPP项目工程验收。标志着PPP项目工程建设取得圆满成功，既是对PPP项目工程质量的检验，也是12号线的初期试运营的前提条件，为12号线的正式开通奠定了坚实的基础，提供了有力保障。

2022年8月15日，12号线各站点迎来站务人员全线进驻。站务专业全线进驻标志着12号线离运营开通更近了一步，这是新线工程的重要里程碑节点，也标志着运营筹备工作进入后期阶段。

2022年8月29日，运营全面进驻仪式在机场东车辆段举行。标志着12号线全线将逐步从建设阶段转向运营阶段。

2022年8月30日，12号线机场东车辆段五防安全联锁防护系统通过功能验收。为电客车调试及现场作业提供了安全保障、同时提高了人员检修工作效率。

2022年9月1日，12号线完成列车型式试验。充分验证了12号线列车正线运营的安全性、稳定性、舒适性，为12号线的顺利开通做好了充足的数据保证。

2022年9月5日，12号线完成第三轮场景遍历测试。至此，12号线场景测试全部完成。通过三轮场景联调，全面检验全线各机电设备系统是否按整体设计规划形成有机整体。暴露各机电设备系统的设计、施工、集成缺陷，对发现的问题组织有效的整改，确保设备系统能满足运营使用要求。

2022年9月12日，12号线站台门系统144小时的全自动运行系统测试顺利完成。标志着12号线站台门设备系统在联合功能试验中的稳定性和可靠性得到了进一步检验。为后期试运营打下坚实的基础。

2022年9月24日，赤湾DCC值班室正式启用。标志着赤湾停车场正式迈入标准化作业阶段，也标志着无人区系统、调度系统已启动，为后续车辆检修、全自动收发车提供安全可靠的后备支援。

2022年10月23日至25日，12号线初期运营前安全预评估工作顺利完成。对于推进高质量开通具有重要意义。确保了政府专项验收工作顺利进行，距实现12号线高质量开通目标更进一步。

2022年11月11日至15日，12号线初期运营前安全评估顺利通过。意味着12号线已具备初期运营条件。

2022年11月21日，12号线"三权移交"仪式在海上世界站顺利举行。12号线属地管理权、调度指挥权和设备使用权正式移交给项目公司。

2022年11月28日，12号线正式开通运营。

参考文献

[1] 国家铁路局. 铁路车站计算机联锁技术条件：TB/T 3027—2015[S]. 北京：中国铁道出版社，2016.

[2] 深圳地铁集团有限公司. 深圳地铁信号专业安装预验收大纲：Q/SZDY-TH0151—2019[S]. 深圳：深圳地铁集团有限公司，2019.

[3] 国家铁路局科技与法制司. 铁路电力牵引供电设计规范：TB 10009—2016[S]. 北京：中国铁道出版社，2016.

[4] 深圳地铁集团有限公司. 深圳地铁牵引供电设计导则：QB/SZMC-20407—2020[S]. 深圳：深圳地铁集团有限公司，2020.

[5] 中华人民共和国住房和城乡建设部. 城市轨道交通站台屏蔽门系统技术规范：CJJ 183—2012[S]. 北京：中国建筑工业出版社，2012.

[6] 中华人民共和国住房和城乡建设部. 城市轨道交通自动售检票系统工程质量验收标准：GB/T 50381—2018[S]. 中国计划出版社，2018.

[7] 中华人民共和国机械工业部. 低压配电设计规范：GB 50054—2011[S]. 北京：中国计划出版社，2011.

[8] 深圳市地铁集团有限公司. 深圳地铁新线段场建设标准：QB/SZMC-1062—2019[S]. 深圳：深圳地铁集团有限公司，2019.

[9] 深圳市地铁集团有限公司. 深圳地铁低压配电箱标准化设计导则：QB/SZMC-20403—2019[S]. 深圳：深圳地铁集团有限公司，2019.

[10] 冯珂，王守清，张子龙，等. 城市轨道交通 PPP 项目政府票价补贴问题研究[J]. 价格理论与实践，2015，3：51-53.

[11] 徐成彬. 政府和社会资本合作（PPP）项目补贴模式比较研究——基于城市轨道交通 PPP 项目实践[J]. 宏观经济研究，2018（5）：94-106.

[12] 施颖，刘佳. 基于PP模式的城市基础设施特许经营期决策研究[J]. 当代经济管理，2015，37（6）：18-23.

[13] 王灏. PPP 的定义和分类研究[J]. 都市快轨交通，2004，17（5）：23-27.

[14] 武树礼. 城市轨道交通建设引入 PPP 模式研究——以北京地铁四号线为例[J]. 新视野，2014（6）：47-51.

[15] 何代欣. 大国转型下的政府与市场合作机制——中国 PPP 策略与事实[J]. 经济学家，2018（1）：5-11.

[16] 唐兴霖，周军. 公私合作制（PPP）可行性：以城市轨道交通为例的分析[J]. 学术研究，2009（2）：60-65.